U1016875

【春秋】老子【著】
刘乔周【主编】

道德经全集

洞见真谛的为人之道

家藏御書房

最透彻、最实用、最好读的国学典藏。融汇古今名家批注、传承千年文化精华的国学经典

古吴轩出版社

【前言】

老子与《道德经》

◎老子其人

老子，姓李名耳，字伯阳，又称老聃。中国春秋时代思想家，楚国苦县厉乡曲仁里（今河南省鹿邑县太清镇或今安徽涡阳）人，生卒年不详，与孔子同时。

传说老子出生时就长有白色的眉毛及胡子，所以后来被称为老子。老子著有《道德经》，是道家学派的始祖。道家后人将老子视为宗师，与儒家的孔子相比拟。而在道教中，老子是三清尊神之一太上老君的第十八个化身。

老子曾任周朝守藏吏，就是在周朝首都洛阳管理周朝的国家藏书、国家档案。孔子曾向他学习礼法，在现在洛阳仍然有“孔子入周问礼碑”。

据《史记》记载，孔子到洛阳去，想就礼的学问向老子请教。老子说：“你所说的礼，倡导这个

东西的人和骨头都已经腐烂了，只有他的言论还在。况且人格高尚的人时运来了就驾着车去做官，如果时运不济就像蓬草一样随风飘转。我听说，善于经商的人总是把货物隐藏起来，好像什么东西也没有。君子具有高尚的品格，他的容貌谦虚得像愚钝的人。抛弃你的骄气与过多的欲望，抛弃你做作的情态神色和过大的志向，这些对于你自身都是没有好处的。我能告诉你的，就这些罢了。”孔子回去以后，对弟子们说：“鸟，我知道它能飞；鱼，我知道它能游；兽，我知道它能跑……至于龙，我就不知道怎么办了，它是驾着风而飞腾升天的。我今天见到的老子，大概就是龙吧！”

此后老子的行踪越加扑朔迷离。比较流行的说法是，老子西出函谷关，被关令尹喜求留，留下五千言《道德经》倒骑青牛而去。此外还有说老子末年于狄道府（今甘肃临洮）飞升。又有传说老子游历到了今天的小亚细亚，同现在的基督教有一定的渊源。不过这是一种传说，缺乏历史考据。《庄子》书中载有“老

子死，秦佚哭之，三号而出”，有人认为这是老子老死于秦国的证据。

还有一种影响很大的传说，说老子并没有去世，而是到了西域，并对西域人实行教化，这就是所谓的“老子化胡”。汉桓帝延熹九年（166年）襄楷所上奏章中有“或言老子入夷狄为浮屠”的说法。《三国志·魏书》：“浮屠所载，与中国老子经相出入，盖以老子西出关，过西域，至天竺教胡，及浮屠弟子合二十有九。”西晋道士王浮伪造《老子化胡经》，称老子携尹喜西入天竺，化为佛陀，立浮屠教。书成之后，在道教引起强烈反响，同时被佛教徒指为伪经，双方争论持续近千年。直至元代，由于全真教失势，被彻底焚毁，禁止流传。

不过，老子的事迹始终是模糊不清的，甚至于连老子是谁都确定不了。

《史记·老子列传》对老子的事迹已不能确定，将李耳、老莱子与太史儋并列，称老子一百六十余岁或二百余岁。

有人说老子、李耳、老聃不是同一个人；也有人说先秦典籍中没有提及“李

耳”，此二字或由“老聃”二字转出，“耳”与“聃”字义相应，“老”和“李”古音同，“李”姓或由“老”姓转出。

司马迁在《史记》中总共记载了三个疑似是老子的人，分别是：李耳、老莱子、太史儋。至于哪一位是撰写《道德经》一书的“老子”，并未说明。史学界对于《道德经》一书的作者究竟是谁，至今未有定论，有人认为孔子向其问礼的那个“老聃”，应该不是撰写《道德经》的作者。

东汉中后期，道教逐渐形成。在道教中，老子被尊为道祖。从《列仙传》开始，把老子列为神仙，还说老子重视房中术。东汉时期，成都人王阜撰《老子圣母碑》，把老子和道合而为一，视老子为化生天地的神灵，成为了道教创世说的雏形。而在汉桓帝时，汉桓帝更是亲自祭祀老子，把老子作为仙道之祖。其道教尊称名为“太上老君”，也是道教三清道祖中的道德天尊。

◎老子的思想与《道德经》

老子在函谷关前著有五千言的《老子》一书，又名《道德经》或《道德真经》，是中国历史上首部完整的哲学著作。《道德经》《易经》和《论语》被

认为是对中国人影响最深远的三部思想巨著。

《道德经》是后来的称谓，最初老子书称为《老子》而无《道德经》之名。其成书年代过去多有争论，至今仍无法确定，不过根据1993年出土的郭店楚简“老子”年代推算，成书年代至少在战国中前期。

《道德经》分上下两篇，原文上篇《德经》、下篇《道经》，不分章，后改为《道经》在前，《德经》在后，并分为八十一章。全书的思想结构是：道是德的“体”，德是道的“用”。上下共五千字左右。

现在可以看到的最初的版本，是1993年湖北荆门郭店楚墓出土的竹简《道德经》。1973年长沙马王堆三号汉墓出土的甲乙两种帛书《道德经》，是西汉初年的版本，把《德经》放在《道经》之前，也受到学者的重视。

《道德经》以“道”解释宇宙万物的演变，以为“道生一，一生二，二生三，三生万物”，“道”乃“夫莫之命（命令）而常自然”，因而“人法地，地法天，天法道，道法自然”。“道”为客观自然规律，同时又具有“独立不改，周行而不殆”的永恒意义。

《道德经》书中包括大量朴素辩证法观点，如以为一切事物均具有正反两面，“反者道之动”，并能由对立而转化，“正复为奇，善复为妖”，“祸兮福之所倚，福兮祸之所伏”。又以为世间事物均为“有”与“无”之统一，“有、无相生”，而“无”为基础，“天下万物生于有，有生于无”。此外，书中也有大量的民本思想：“天之道，损有余而补不足。人之道则不然，损不足以奉有余”、“民之饥，以其上食税之多”、“民之轻死，以其上求生之厚”、“民不畏死，奈何以死惧之”。其学说对中国哲学发展具深刻影响。

《道德经》常会被归属为道教学说。其实，哲学上的道家和宗教上的道教，是不能混为一谈的。但《道德经》作为道教基本教义的重要构成之一，被道教视为重要经典，其作者老子也被道教视为至上的三清尊神之一道德天尊的化身，又称太上老君。所以应该说道教吸纳了道家思想，道家思想完善了道教。同时，前面所说的哲学，并不能涵括《道德经》（修身立命、治国安邦、出世入世）的全貌。

《道德经》提出了“无为而治”的主张，成为中国历史上某些朝代，如西汉初的治国方略，在经济上可以缓解人民的压力，对早期中国的稳定起到过一定作用。历史上《道德经》注者如云，甚至有几位皇帝都为其作注。这部流传两千多年的《道德经》是跨时代的作品，在不同的时代，这部作品会被解释出不同的含义。

唐贞观二十一年（647 年），译《道德经》为梵文，传入东天竺；唐开元二十二年（734 年），唐玄宗亲注《老子》。日本使者名代，请《老子经》及老子“天尊像”归国，对日本社会发展产生过影响。此后，《道德经》被翻译为多国文字。有人曾统计，《道德经》是仅次于基督教《圣经》被翻译语言最多的一部作品。

老子曰：「天之道，损有余而补不足」

《道德经全集》阅读指南

- 全面完整、权威的国学大全集。
- 彩色插图及全文双色印刷，既保持经典本色，又保证轻松阅读。
- 装帧独特别致，雅俗共赏。

古　注

- 精编古代名家批注，看古代大师讲解古文典籍。

今　论

- 精选当今名家解读，一书在手，博览众家风采。

阅典笔记

- 将古人的思想与今人的智慧相结合，启发对经典的领悟。

触类旁通

- 通典：针对国学原文内容与精神，精选相关案例。
- 评价：在每个案例后附有短评，方便您深入理解、活学活用。

精美古画

- 精美的古典绘画作品，与原典相得益彰。

道德经全集

古注

王弼注："自生则与物争，不自生则物归也，无私者，无为于身也。身先身存，故曰能成其私也。"

王夫之注："夫胎壮则母羸。实登则茎获，其不疑天地之羸且获者鲜也。乃天地不得不食万物矣，而未尝为之食。胎各有元，荄各有蓄，游其虚中，而究取资于自有。圣人不以身犯准，是后之也；不以身入中，是外之也。食万物而不恩，食于万物而万物不怨。故无所施功，而功灌于苴卤；无所期穗，而德行于曾玄；而乃以配天地之长久。"

今论

南怀瑾《老子他说》："老子说了一句天地之所以能长久存在的原因，是因为'不自生'，'故能长生'。既不说明是由他力而生，也不明显地说为万物而不得已不生。只是套上'是以圣人后其身而身先，外其身而身存，非以其无私邪？故能成其私'一段妙文，说明天地的'不自生'，正是天地极其自私的道理。"

阅典笔记

《阴符经》说："天之至私，用之至公。"这种理论，无异是说，大公与大私本无一定的界限。全体自私到极点，私极就是公。换言之，大公无私到极点，即是大私。不过，这样的大私，也可以叫他作大公了。因为大小粗细，公私是非，推理到了极点，都是无一定的界限与标准，所有这些界限与标准，都是人为的分别而已。

触类旁通

◎ 通典

一　以其无私，故能成其私

"先天下之忧而忧，后天下之乐而乐"这句话，是范仲淹一生所追求的

洞见真谛的为人之道

· 编排灵活，内容丰富，旁征博引的阅读延伸，具有很强的阅读趣味。
· 囊括古人注解和现代名家对国学精辟理解的经典。
· 实用的分析解读，帮您将国学智慧迅速转化为世事洞明的人生指南。

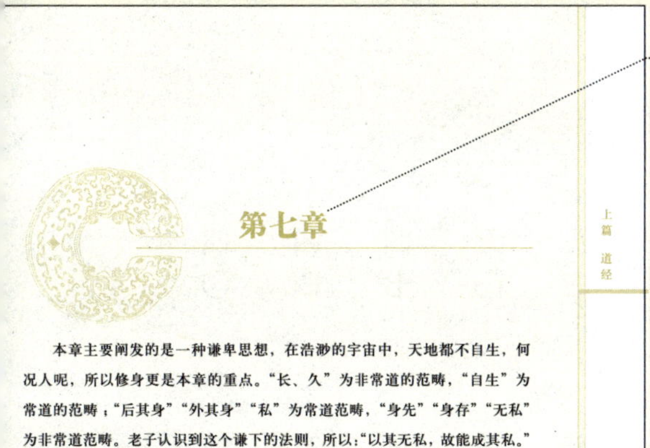

第七章

上篇 道经

本章主要阐发的是一种谦卑思想，在浩渺的宇宙中，天地都不自生，何况人呢，所以修身更是本章的重点。“长、久”为非常道的范畴，“自生”为常道的范畴；“后其身”“外其身”“私”为常道范畴，“身先”“身存”“无私”为非常道范畴。老子认识到这个谦下的法则，所以：“以其无私，故能成其私。”

原典

天长地久。天地所以能长且久者①，以其不自生②，故能长生③。是以圣人后其身而身先④，外其身而身存⑤。以其无私，故能成其私⑥。

注释

① 天地所以能长且久者：天地所以能够长久存在的原因。
② 以其不自生：以，因为；其，代词，它的，它们的，指天地；自生，经营自己的生存、注重自己的生存。这句话是说天地的运行、存在，不是为了自己的生存。
③ 长生：长久存在。
④ 后其身而身先：把自己放在后面，结果反而自己却能占先，得到别人的爱戴。
⑤ 外其身而身存：把自己置之度外，反而能生存下来。
⑥ 成其私：私，指个人的目的、理想等。成其私，即成就自己的目的。

译文

天地是长久存在的。天地所以能够长久存在，是因为它们的运行、存在

题解

· 出现在每篇开头，点明每篇主旨，使您通晓文章大意。

原典

· 遴选精编的完整版本，再现古书原汁原味风貌。

注释

· 极具启发性，学习古文不可或缺的细致注释。

译文

· 权威、准确、客观的白话译文，使您通晓古籍智慧，畅通无阻。

目录

目录

上篇 道经

第一章

《老子》一书，重在论道。本章是道的总论，也是全书的核心内容之所在，讨论的主旨为宇宙的起源，其目的是去寻找万物的“始”和“母”。为了达到目的，老子划定了不同的范畴：常道，非常道；常名，非常名；无名，有名；无欲，有欲；玄，又玄；妙，微等。老子认为，通过这些范畴的种种关系就能最终了解造成宇宙源起的最微小因素“众妙”。

原典

道可道①，非常道②；名可名③，非常名④。无，名天地之始⑤；有，名万物之母⑥。故常“无”，欲以观其妙⑦；常“有”，欲以观其微(jiào)⑧。此两者，同出而异名，同谓之玄⑨。玄之又玄，众妙之门⑩。

注释

① 道可道：第二个“道”，作动词用，描述、称说、表达之意。第一个“道”，是老子哲学的专用名词和中心范畴，它在《老子》一书中频频出现，但在不同的地方有不同的涵义，主要有三种意思：一是指形而上的实存者，即构成宇宙万物的最初本原；二是指宇宙万物发生、存在、发展、运动的规律；三是指人类社会的一种准则、标准。这里的“道”是第一种涵义，即指宇宙万物的本始。它是一种形而上的永恒的存在，可感而不可见，无形无象却又实实在在地存在着；它产生了宇宙万物，决定了宇宙万物的运动、变化，但它本身却是永恒不变的。在这个意义上，“道”有点类似于西方文化中的“上帝”或“太一”的概念。

② 非常道：“道”如果是可以表述的，那么就不是永恒的“道”。这句话

以否定句形式说明了作为宇宙万物本原的"道"是不可描述的。非,不是。常,恒常、永远。

③ 名可名：第二个"名"为动词，称呼、称谓的意思。第一个"名"，也是老子哲学的专用名词，它指对"道"的具体称呼，含有概念的意思，但比概念更高，具有名称与内容相统一的意义。

④ 非常名：如果"名"可以根据实物的内容而加以命名，就不是永恒的"名"。由于"道"是一个无形无象的形而上实存体，因此是无法用一个固定的概念对它进行命名、称呼的。

⑤ 无，名天地之始：名，动词，命名、称呼。天地之始，天地形成的开端。用"无"来称呼天地形成的开端。这句话说的是天地形成之际的一种状态——无。这个"无"并非空无一切，而是形容"道"生成宇宙万物过程中混沌一片、无以名状的一种特殊的状态。

⑥ 有，名万物之母：有，可以表述万物的根源。母，根本、根源。有，指天地形成以后，万物竞相生成的状况。

⑦ 故常"无"，欲以观其妙：所以经常在尚未成形的状态体味"道"无名无形的奥妙。

⑧ 徼：边界。

⑨ 玄:表示幽昧深远的意思。老子研究的"道"是神秘幽昧、深不可测的。

⑩ 众妙之门：天地万物变化的总源头。

译文

如果可以用言语来表述"道"，那它就不是永恒的；如果可以用文辞去命名，那它就不是永恒的"名"。"无"可以用来表述天地混沌未开之际的状况；而"有"，则是宇宙万物产生之本原的命名。因此，从尚未成形的"无"中来观察领悟"道"的奥妙;从天地竞生,万物受约束的"有"中去观察体会"道"的边界。无与有这两者，来源相同而名称相异，都可以称之为玄妙、深远的大"道"。玄妙、深奥，变幻莫测的"道"，是宇宙天地万物之奥妙的总源头。

古注

王弼注："可道之道，可名之名。指事造形，非其常也。故不可道，不可名也。凡有皆始于无，故'未形'、'无名'时，则为万物之始。及其'有形'、

'有名'时，则长之育之亭之毒之，为其母也。言道以无形无名始成万物。"

王夫之注："常道无道，常名无名。无名天地之始，众名所出，不可以一名名；有名万物之母。名因物立，名还生物。故常无，欲以观其妙；常有，欲以观其徼。边际也此两者，同出而异名，异观同常，则有欲无欲，非分心以应，居中执常，自致妙徼之观同谓之玄。"

今论

南怀瑾《老子他说》："'道'字，在传统的古书中，大约便有三种意义与用法。(一)'道'就是道，也便是人世间所要行走的道路的道。《说文》意义的注释就是：'道者，径路也。'(二)'道'是代表抽象的法则、规律，以及实际的规矩，也可以说是学理上或理论上不可变易的原则性的道，如子产在《左传》中所说的：'天道远，人道迩。'(三)'道'是指形而上的道。如《易·系传》所说：'形而上者谓之道，形而下者谓之器。'老子的'道'离不开他的'道常无为'、'道常无名'，以及'道法自然'，其中就包含了宗教哲学中宇宙万物的来源论，以及纯粹哲学的唯心、唯物、一元、多元、有神、无神等学说的寻探。后来佛学输入中国，与老庄学说一拍即合，相互共存了。"

阅典笔记

道给我们留下最深刻的印象就是它的法则，万事万物也只有遵循这些法则才能按其相生相长的秩序存在，从道的三大法则里我们就能看出道的魅力之所在：

(一)道的永恒及其运动法则——独立不改，周行不殆，反者道之动。

老子的道包括两个方面：一是表示道之质，即化生为万物的原物质。二是表示道之性，即由原物质化生的万物演化时所遵循的基本法则。古希腊哲学家赫拉克利特说："承认一切是一，那就是智慧的。"

(二)道的应用法则——为无为，弱者道之用。

"道"营造了宜于万物生长的环境，万物各自顺着适应环境而形成的天性自然生长，"道"从不去干涉它束缚它，不替万物做主宰，"生而不有，为而不恃，长而不宰"，这可谓是"为无为"。

"道"无形无声，无贵尚之迹而不见可欲，为出于无为，可谓柔弱之至。广慈博爱，不仁于一物，无以私意为之。任万物自生自成，自作自息，而万物却各适其所用，各得其所。不为而能成全万物，可谓“无为而无不为”。

一切能够适应环境的东西被选拔出来，并保存下去，同时一切不能适应环境的东西则被淘汰掉。物竞天择，适者生存。

（三）事物对立统一的和谐法则——万物负阴抱阳，冲气以为和。

和谐作为哲学范畴其内涵可界定为：各方面的相互协调、适应、融洽，是一种适度的比例关系。和谐是我们称之为妥善、美好事物的基本属性。和谐的范围可分多个层次。有以人类活动为中心坐标的和谐，这一层次的和谐有：人与自然关系的和谐、人与人关系的和谐、人的物质生活与精神生活关系的和谐。有以国家为中心坐标的和谐，这一层次的和谐有：经济基础与上层建筑的和谐，国家的经济、政治、文化三大领域的和谐，国内各阶层相互关系的和谐。

老子对这一基本法则的深刻认识，对我们有极大的启迪作用。这一法则重视、追求和保持事物的均衡、和谐，在维持事物的稳定，保持事物的正常发展上，有着非常重要的理论意义。

触类旁通

◎ 通典

木匠之道亦不可道

春秋时期，齐国成为“春秋五霸”之首。有一天，齐桓公在殿堂上读书，一个木匠在殿堂下制作车轮，因为他善于制作车轮，所以人们称他为轮扁。轮扁看到齐桓公正在伏案读书，就放下斧凿走到殿堂前，向齐桓公问道：“请问君王，您读的是什么书啊？书里说的都是一些什么话啊？”齐桓公觉得一个木匠会对他读什么书感兴趣实在难得，于是就把轮扁叫上殿来，故意用模棱两可的话回答说：“我读的是古代圣人的书，书里都是圣人说的话。”轮扁又问：“那敢问君王这些圣人都还活着吗？”齐桓公笑笑说：“你真是个木匠啊，圣人当然不可能活着了，他们早就死了啊！”轮扁若有所思地想了想，然后说：“既然这样，那么君王您所读的书里的话，也不过是古人的糟粕罢了。”

齐桓公一听这话很不高兴，把脸一沉，说道：“大胆轮扁，一个小小的车轮木匠，胆敢如此放肆。本王现在命令你对刚才的话作出合理解释，否则，将你就地正法！”可是轮扁并不害怕，他不慌不忙地说道：“小人并不是有意冒犯大王，我是从我制作车轮的角度来看待这个问题的。车轮的制作不同一般，有的做得快，有的做得慢。制作得慢，虽然既省力又舒服，但是这样做出来的车轮是不牢固的。制作得快，虽然效率很高，制作得多，但是却要受累，而且由于速度快会导致木头砍不深，做出来的车轮就有可能不合卯，显然也不是做车轮的好办法。凭我几十年做车轮的经验，我认为，要做好车轮既急不得也慢不得，要不紧不慢，随心所欲，想到哪里做到哪里，这样才能做出好的车轮。”

齐桓公问道：“你讲了这么一大通，什么做车轮不做车轮的，这究竟与我读书有什么关系呢？为何说我读的都是古人的糟粕呢？”轮扁接着说：“那么怎么样才能不慢不快，又得心应手呢？这里面的技巧只在我心里，嘴上是说不清楚的。要获得这些技巧只能从制作车轮中寻找。就像我的儿子，他想学习做车轮的技术，但是这些技术我却不能给他说明白，因为这是说不出来的，所以他就学不到这门手艺，一直不能继承我。因此，我虽然年近古稀却还在做着这项工作，直到我死了，这些技艺就会跟我一起埋进坟墓。如此看来，古代圣人们的道理和思想也早已随他们一同死去了。留下来写在书中的，不过是古人的糟粕罢了。”齐桓公听后，若有所思地点了点头。

◎ 评论

区区一个小木匠能将简单的生活常理应用于高深的哲理中去，实在可以称得上生活的有心人和深沉的思考者。如他所言：真正的手艺是无法用言语来传授的，而只能用心去领会。这和老子的“道可道，非常道。名可名，非常名”如出一辙，令人深思。

第二章

本章主要讲述了治国之道，老子运用相反相成、互相转化的道理向人们揭示了“道”的真正含义。老子在本章介绍了比较的方法，指出比较要有参与比较的两个方面：本体和比较体。除此之外，老子指出了常常被人们忽略的一个方面：比较需要有一个比较的载体或者说比较的空间，这就是“人心”，也就是人的逻辑思维。人可以利用自身的逻辑思维与宇宙的逻辑产生同一性，从而从逻辑上再造宇宙，解决宇宙的起源问题，除此以外别无他法。这种方法应当被纳入科学的范畴。以为可以用科学实验的手段来找到宇宙的起始点是不切实际的。这主要有两个方面的意思：第一个方面，宇宙的诞生早于人的诞生，属于人不可能看到的现象，这就好比每一个人不管如何追溯也不可能亲眼看到自身的诞生过程，更不可能亲眼看到自身父母的诞生过程一样；第二个方面，人不管使用任何实验的手段，都不可能在整体上消灭或再生人本身赖以存在的宇宙。这些简单的理由表明，关于宇宙整体的起源的研究，注定不能属于实验科学的范畴。关于宇宙整体的起源的研究首先只能属于哲学、逻辑学和数学的范畴，其后才属于（理论）物理学的范畴。

原典

天下皆知美之为美，斯恶已①；皆知善之为善，斯不善已。有无相生②，难易相成，长短相形③，高下相倾④，音声相和⑤，前后相随，恒也⑥。是以圣人⑦处⑧无为⑨之事，行不言⑩之教；万物作而弗始⑪，生而不有，为而不恃⑫，功成而弗居⑬。夫唯弗居，是以不去⑭。

注释

① 天下皆知美之为美，斯恶已：天下的人都知道美之所以为美，这就有丑了。恶，指丑。这是老子思想中的辩证观念，正因为有“美”的观念产生，就说明同时有“丑”的观念产生，否则就无所谓美了。

② 有无相生：此“有”、“无”与第一章中的“有”、“无”内涵不同，这里指的是自然界事物的存在或不存在。生，存。

③ 形：体现、显现的意思。

④ 倾：依靠。“高下相倾”指高、低互相对立而存在。

⑤ 音声相和：乐器的音响和人的声音相应和。老子在这里说明了一切事物都是在相反的关系中体现相成的作用，它们相互对立，而又相互依赖和补充。

⑥ 恒也：永恒。

⑦ 圣人：道家最高的理想人物，但与儒家的“圣人”含义不同。《老子》一书中的“圣人”概念，是老子所理想的具有道行的统治者。

⑧ 处：处世行事的意思。

⑨ 无为：老子的“无为”，实际上就是不妄为，而顺任自然而为的意思。“无为”不但是老子和道家所提倡的生活态度，也是老子的一个哲学观，被他运用于人类生活的一切领域，如政治上的无为而治等。

⑩ 不言：就是不发号施令、不滥用政令的意思。

⑪ 万物作而弗始：任凭万物生长发展而不强为主宰。作，兴起。始，首倡。

⑫ 生而不有，为而不恃：有，占有，据为己有；恃，自恃。生而不有，指“圣人”生养万物而不据为己有。为而不恃，指“圣人”推动了万物发展而不自恃有能耐，

⑬ 居：当，任，据。

⑭ 去：离，与居相反。

译文

天下人都知道美之所以为美，那是由于有丑陋的存在。都知道善之所以为善，那是因为有恶的存在。所以有和无互相转化，难和易互相突显，长和短互相显现，高和下互相对立存在，音与声互相陪衬，前和后互相接随，这是永恒的。因此圣人用无为的观点对待世事，用不言的方式施行教化，听任万物自然兴起而不为其主宰，创生一切却不占有，有所作为却不自恃，功成业就而不自居。正由于不居功，就无所谓失去。

古注

王弼注："美者，人心之所进乐也；恶者，人心之所恶疾也。美恶，犹喜怒也；善不善，犹是非也。喜怒同根，是非同门，故不可得而偏举也。此六者皆陈自然，不可偏举之数也。自然已足，为则败也。知慧自备，为则伪也。因物而用，功自彼成，故不居也。使功在己，则功不可久也。"

王夫之注："天下之变万，而要归于两端。两端生于一致，故方有'美'而方有'恶'，方有'善'而方有'不善'。据一以概乎彼之不一，则白黑竞而毁誉杂。圣人之'抱一'也，方其一与一为二，而我徐处于中；故彼一与此一为垒，乃知其本无垒也，遂坐而收之。垒立者'居'，而坐收者'不去'，是之谓善争。"

今论

南怀瑾《老子他说》："美与善，本来是古今中外人所景仰、崇拜，极力追求的境界。如西洋文化渊源的希腊哲学中，便有以真善美为哲学的歌德。中国的上古文化，也有同样的标榜，尤其对人生哲学的要求，必须达于至善，生活与行为，必须要求到至美的境界。现在从后世道家所标榜的修道，与学术思想上的应用两面来讲，也便可以知道它的大要。凡是人为所谓的美与善的道，一落痕迹，早已成为不美不善的先驱了。修道的人，大多数都把道的境界，先由自己的主观观念，建立起一个至真、至善、至美的构想。也可以说是自己首先建立起一个道的幻境，妄自追求。其实，一存此念，早已离道太远了。因此老子便说：'美之为美，斯恶矣。善之为善，斯不善矣'。"

阅典笔记

美与丑、善与恶，都是人为的相对假立，根本无绝对标准。建立一个善的典型，那个善便会为人利用，成为作恶多端的挡箭牌了。建立一个美的标准，那个美便会闹出"东施效颦"的笑话。

触类旁通

◎ 通典

东施效颦

传说春秋时期，越国有一个美女，名唤西施，不仅有沉鱼落雁之容，闭月羞花之貌，而且就是平时所做的任何一个动作，都是非常美的。有一天西施患病，心口非常痛。她出去洗衣服时，皱着眉头，用一只手捂着胸口，别有一番风姿。西施有一个邻居长得很丑，见西施人长得美，她就常常暗地里观察，看看西施到底与别人有什么不同之处。这一天，她看到西施用手捂着胸口，皱着眉头的样子后，感到非常美，于是她就跟着学起这个样子来了。本来她容貌就丑，又皱起了眉头，结果更加丑陋不堪。

◎ 评论

“天下皆知美之为美，斯恶已”，如果没有西施专美于前，恐怕东施的存在也不会令人如此厌恶了。美与丑的界限源于人心，人们成就了西施之美的同时，也成就了东施之丑。

第三章

本章阐发无为而治的思想，重在论述治国。历来认为，老子鼓吹愚民思想。其实他正反对现实社会的物欲横流和道德的沦丧，因此主张消除奸诈智慧和贪婪私念，即所谓“虚其心”、“弱其志”。他认为恢复淳朴的民风，国家才能大治，这正是老子的社会政治理想。

原典

不尚贤①，使民不争②；不贵难得之货③，使民不为盗；不见（xiàn）可欲④，使民心不乱。是以圣人之治，虚其心⑤，实其腹，弱其志⑥，强其骨。常使民无知无欲，使夫智者不敢为也。为无为⑦，则无不治。

注释

① 尚贤：崇尚贤才、举贤用能。尚，崇尚、看重。贤，有才能的人。

② 不争：不争夺功名利禄、权势地位。

③ 难得之货：稀罕的器物，即珠玉宝器。

④ 不见可欲：见，同“现”，显示、显耀的意思。可欲，指能诱发人贪欲的东西。

⑤ 虚其心：简化人民的头脑。

⑥ 弱其志：削弱他们的意志。

⑦ 为无为：前一个为字，做、实行之意。以无为的态度去对待世事，亦即以符合自然的态度去治理人民。

译文

不推崇有才干的人，使人民不争功名利禄；不看重稀有商品，使人民不去偷盗；不炫耀那些能诱发人贪欲的东西，使人民的心性不被搅乱。所以，圣人治理天下，要简化人民的头脑，填饱人民的肚子，削弱人民的意志，增强人民的体魄，永远使人民没有知识、没有欲望。这样，使一些聪明的人不敢妄为，以“无为”的态度去治理人民，就没有治理不好的国家了。

古注

王弼注：“贤，犹能也。尚者，嘉之名也。贵者，隆之称也。唯能是任，尚也曷为。唯用是施，贵之何为。尚贤显名，荣过其任，为而常校能相射。贵货过用，贪者竞趣，穿窬探箧，没命而盗，故可欲不见，则心无所乱也。心怀智而腹怀食，虚有智而实无知也。骨无知以干，志生事以乱，心虚则志弱也。守其真也，知者谓知为也。”

王夫之注：“‘争’未必起于‘贤’，‘盗’未必因于‘难得之货’，‘心’未必‘乱’于‘见可欲’。万物块处而梦妄作，我之神与形无以自平，则木与木相钻而热生，水与水相激而沤生；而又为以治之，则其生不息。故阳火进，而既进之位，虚以召阴；阴符退，而所退之物，游以犯阳。”

今论

南怀瑾《老子他说》：“老子为什么要有这样的主张？我们如果了解秦汉以上与道家、儒家并列的墨翟——墨子思想，自然容易领会其中的关键所在。秦汉以前的中国文化，有巨大影响作用的，便是儒、墨、道等三家。而墨子对当时社会政治的哲学思想，是特别强调‘尚贤’的。主张起用贤人来主政、当政，因为他所看到当时社会的衰乱，处处霸道横行，争权夺利而胡作非为，大多不是有道德、有学问的人来统领政治的治道，所以他主张要‘尚贤’与‘尚同’。而在老子呢？他所看到的春秋时代，正是开始衰乱的时期，乱象已蔚，人为之过。因此，他更进一层而深刻地指出，当时应病与药的‘尚贤’偏方，其后果是有莫大的后遗症的。贤能的标准，千古难下定论。但是推崇贤者的结果，却会导致许多伪装的言行。当时各国的诸侯，为了争地称霸，不惜任何代价来网罗天下的才能智士。凡是才能智士，便统称为‘贤者’。而这一类的贤者愈多，则天下的乱源也就愈难弭平。所以他指出‘不尚贤，使民不争’的主张。”

阅典笔记

老子讲到人世间的人事治道，提出“不尚贤，使民不争”这个原则。他认为，消灭人们欲望的根源——名、利，才是消弭乱源的根本之道。

触类旁通

◎ 通典

尚贤——“德”与“才”的选择

宋孝宗言：“难得办事之臣。”右文殿修撰张栻对曰：“陛下当求晓事之臣，不当求办事之臣。若但求办事之臣，则他日败陛下事者，未必非此人也。”由是观之，做官无大难，只莫作怪。

张栻实恐宋孝宗误以生事之臣，为办事之臣，只当对曰：“陛下固欲求办事之臣，更于办事之臣中，而求晓事之臣。则心足以晓事，而身足以办事。心与身皆为国用。”曾仕强也曾有言：“宁可用忠厚的傻子，也莫用奸猾的坏蛋。”何也，用德而不用才也。如果只是用才不用德，最终难免落入“三习一弊”的俗套。

清初名臣孙嘉淦在奏疏中有言：“夫进君子而退小人，岂独三代以上知之哉！虽叔季之世临政愿治，孰不愿用君子？且自智之君各贤其臣。孰不以为吾所用者必君子，而决非小人。乃卒于小人进而君子退者，无他，用才而不用德故也。”

“德者，君子之所独。才则小人与君子共之，而且胜焉。语言奏对，君子讷而小人佞谀，则与耳习投矣。奔走周旋，君子拙而小人便辟，则与目习投矣。即课事课劳，君子孤行其意而耻于言功，小人巧于迎合而工于显勤，则与心习又投矣。小人携其所长以善投，人君溺于所习而不觉。审听之而其言入耳，谛观之而其貌悦目，历试之而其才称乎心也。于是乎小人不约而自合，君子不逐而自离，其患岂可胜言哉！”

◎ 评论

晓事，是唐宋时代的白话，也就是现代语“懂事”的意思。张南轩对宋孝宗的建议，是要起用懂事的人，并非只用能办事而不懂事的人，的确是语重心长的名言，也是领导、为政者所必须了解的重点。

天下人才，贤士固然难得。贤而且能的人才，又具有高明晓事的智慧，不炫耀自己的所长，不标奇立异，针对危难的弊端，因势利导而致治平的大贤，实在难得。以诸葛亮之贤，一死即后继无人，永留遗憾。虽然魏延、李严也是人才，但诸葛亮就是怕他们多作怪，因此不敢重用，此为明证。

对于“选贤与能”的贤能标准，很难遽下定义。以道德作标准吗？以仁义作标准吗？或以才能作标准吗？无论如何，结果都会被坏人所利用，有了正面标准的建立，就有反面作伪模式的出现。

第四章

在第一章，我们对道有了初步的论述，这一章我们接着讨论。本章的核心所在是道空虚深邃，用之不竭。道深邃而隐秘，无形而实存。道作为万物的宗主，早在天帝之前已经产生，是天地之始，万物之母，本初之原尊，至高无上，是宇宙自然的本体和万物遵循的规律。

原典

道冲①，而用之或不盈②。渊兮，似万物之宗。（挫其锐，解其纷，和其光，同其尘③。）湛兮④，似或存。吾不知谁之子，象帝之先⑤。

注释

① 道冲：本为"盅"，引申为空虚。

② 不盈：不盈满。盈，充盈，充实。

③ 挫其锐，解其纷，和其光，同其尘：此四句又见于五十六章，因而不少人怀疑是五十六章错简重出。

④ 湛兮：湛，深、沉，隐秘。

⑤ 象帝之先：象，好像、好似；帝，天帝。好像在天帝之前就出现了。

译文

"道"是虚而不见的，然而使用它却不会穷尽。它是那样深邃啊，好像是万物的本源；它是那样幽隐呵，似无而实存。我不知道它是谁孕育产生的，似乎在有天帝之前它就存在了。

古注

王弼注："夫执一家之量者，不能全家；执一国之量者，不能成国。穷力举重，不能为用；故人虽知，万物治也，治而不以二仪之道，则不能赡也。地虽形魄，不法于天则不能全其宁。天虽精象，不法于道则不能保其精。冲而用之，用乃不能穷满以造实，实来则溢，故冲而用之，又复不盈，其为无穷亦已极矣。"

王夫之注："'冲'，古本作'盅'，器中虚处。不期不盈，故或之，阳用锐而体光，阴用纷而体尘。用者无不盈也，其惟'冲而用之或不盈'乎！用之为数，出乎'纷'、'尘'，入乎'锐'、'光'；出乎'锐'、'光'，入乎'纷'、'尘'。唯冲也，可锐，可光，可纷，可尘，受四数之归，而四数不留。故盛气来争，而寒心退处，虽有亢子，不能背其宗；虽有泰帝，不能轶其先。岂尝歆彼之俎豆，而竞彼之步趋哉？似而象之，因物之不能违，以为之名也。"

今论

南怀瑾《老子他说》："从个人的修养来讲，修道的基本，首先要能冲虚谦下，无论是炼气或养神，都要如此，都要冲虚自然，永远不盈不满，来而不拒，去而不留，除故纳新，流存无碍而不住。凡是有太过尖锐，特别呆滞不化的心念，便须顿挫而使之平息。对于炼气修息，炼神养心，也都要如此，倘有纷纭扰乱、纠缠不清的思念，也必须要解脱。至于气息与精神，也须保养不拘，任其冲而不盈。如此存养纯熟，就可以和合自然的光景，与世俗同流而不合污，自掩光华，混迹尘境。但是此心此身，始终是'冲而用之或不盈'。一切不为太过，太甚。此心此身，仍然保合太和而澄澄湛湛，活活泼泼，周旋于尘境有无之间。但虽说是澄澄湛湛，必须若存若亡，不可执著。我即非我，谁亦非谁，只是应物无方，不留去来的痕迹，所谓'先天而弗违，后天而奉天时'，如此而已。"

阅典笔记

本章的原文，大意已经如前面所讲。但它内涵的流变，传到后世，便有从个人修养去体会它本意的一面，又有从对人处事等事功去领略它妙用的一面。从个人修养上去体会的，属于修习道术的神仙丹道派的居多。从事功与对人处事去领略的，则属于历来帝王或名臣将相们的行事。

触类旁通

◎ 通典

三朝元老，盈虚有术

郭子仪，是地道的经过考试录取的武举异等出身，历任军职，到了唐玄宗天宝十四年，安禄山造反，才开始诏命他为卫尉卿、灵武郡太守、克朔方节度使，屡战有功。当唐明皇仓皇入蜀，皇太子李亨在灵武即位，后来称号唐肃宗，拜郭子仪为兵部尚书、同中书门下平章事，仍总节度使的职权。转战两年之后，郭子仪从帝子出任元帅的广平王李豫，统率番汉兵将十五万，收复长安。肃宗曾亲自劳军灞上，并且对他说："国家再造，卿力也。"但在战乱还未平靖，到处尚需用兵的时候，恐怕郭子仪、李光弼等功劳太大，难以驾驭，便不立元帅，而派出太监鱼朝恩为观军容宣慰使来监军。一个半男半女的太监，又懂得什么，但他却代表了朝廷和皇帝。此人对军中事务横加干涉，动辄掣肘，致使王师虽众而无统率。在战场上，将领们互相观望，进退失据。不得已，又诏郭子仪为东畿山南东道河南诸道行营元帅，鱼朝恩因此更加忌妒，密告郭子仪许多不是。肃宗因此又诏郭子仪交卸兵权，回归京师。郭子仪接到命令，不顾将士的反对，瞒过部下，独自溜走，奉命回京闲居，一点也没有怨尤的表示。接着，史思明再陷河洛，西戎又逼据首都，经朝廷的公认，认为郭子仪有功于国家，现在大乱未靖，不应该让他闲居散地，肃宗才有所感悟，不得已，诏他为诸道兵马都统，后来又赐爵为汾阳王。可是这时候的唐肃宗已经病得快死了，一般臣子都无法见到。郭子仪便再三请求说："老臣受命，将死于外，不见陛下，目不瞑。"因此才得引见于内寝，此时肃宗亲自对郭子仪说："河东的事，完全委托你了！"肃宗死后，当时和郭子仪并肩作战、收复两京的广平王李豫继位，后来称号为唐代宗。又因亲信程元振的谗言，暗忌宿将功大难制，罢免了郭子仪的一切兵权职务，只派他为监督修造肃宗坟墓的山陵使而已。郭子仪愈看愈不对，一面尽力修筑好肃宗的陵寝，一面把肃宗当时所赐给他的诏书敕命千余篇（当然包括机密不可外泄的文件），统统都缴还上去，才使代宗有所感悟，心生惭愧，自诏说："朕不德，治大臣忧，朕甚自愧，自今公毋疑。"跟着，梁崇义窃据襄州，叛将仆固怀恩屯汾州，暗中约召回纥，吐蕃寇河西，践径州，犯奉天、武功。代宗也同他的祖父唐明皇一样，离京避难到陕州。不得已，又匆匆忙忙拜郭子仪为关内副元帅，坐镇咸阳。这个时候，郭子仪因罢官回京以后，平常所带的将士，都已离散，身边只有老部下数十个骑士。他一接到诏命，只好临时凑合出发，藉民兵来补充队伍，一路南下，收集逃兵败将，加以整编，到了武关，又收编驻守关防的部队，凑了几千人。后来总算碰到旧日的部将张知节来迎接他，才在洛南扩大阅兵，屯于商丘军威大震。使得吐蕃夜溃遁去，再次收复两京。

◎ 评论

从郭子仪的个人历史故事，我们便可以窥见他的立身处世的原则，他真正做到了"用之则行，舍之则藏"，不怨天，不尤人。他带兵素来以宽厚著称，对人也很忠恕。在战场上，沉着而有谋略，朝廷需要他时，一接到命令，不顾一切，马上行动。等到上面怀疑他，要罢免他时，也是不顾一切，马上就回家养老。因此能屡黜屡起，国家不能没有他。像郭子仪这样的作为，处处合于老子的"道冲，而用之或不盈"的大经大法。无怪其生前享有令名，死后成为历史上"富贵寿考"四字俱全的绝少数名臣之一。

第五章

本章讲述了天地不仁的道理，跟上一章相同，都是重在论述治国。天地本身没有情谊可言，它是毫无意志的纯粹的自然物，它没有任何的偏好和任何选择。然而它的力量是巨大的，无法抗拒和控制的。圣人统治国家管理子民也是如此，圣人对待（宇宙学上的）事情的基本原则是按规律来加以处理，这种规律符合“天地”的规律。

原典

天地不仁①，以万物为刍狗②；圣人不仁，以百姓为刍狗。天地之间，其犹橐(tuó)籥(yuè)③乎！虚而不屈(jué)④，动而愈出。多言数穷⑤，不如守中⑥。

注释

① 天地不仁：仁，即儒家的仁爱，这里是特指私爱、偏爱。老子认为天道是无为的，也就是顺任自然的，而天地间的一切事物，也都依照自然的法则运行着，并不存在任何凌驾于自然界之上的什么主宰。天地只是物理的、自然的存在，并不像有神论者所想象的那样对某物有所偏爱、对另物又有所厌嫌。

② 刍狗：用草扎成的狗，供祭祀时用。人们把草做成刍狗时，并不对它有什么偏爱或重视；祭祀完了就扔掉它，也不是恨它或轻视它。天地以万物为刍狗，是说天地对万物无所私爱，而任其自然生成或毁灭。下句圣人不仁，也是指圣人对人民无所谓爱与不爱，而任其自作自息。

③ 橐籥：风箱。

④ 屈：竭、尽。

⑤ 多言数穷：言，指政令；数：通“速”。穷，碰壁、行不通。这句的意思是统治者政令繁苛，只会加速败亡。这里的“多言”与第二章的“不言”恰成对比。

⑥ 守中：即守“冲”，保持虚静的意思。这是老子“处无为之事”思想的又一阐述。

译文

天地无所偏爱，任凭万物自然生灭；圣人无所偏爱，听任百姓自然成长。天地之间，不正像风箱一样吗？虽空虚却不会穷竭，越动，它的风量越大。政令太多反而会加速国家的败亡，还不如坚守空虚无为。

古注

王弼注：“天地任自然，无为无造，万物自相治理，故不仁也。仁者必造立施化。有恩有为，造立施化，则物失其真；有恩有为，则物不具存；物不具存，则不足以备载。”

王夫之注：“风生于空，橐待于鼓，相须以成，而器原非用。故同声不必其应，而同气不必其求。是以天不能生，地不能成。天地无以自擅，而况于万物乎？况于圣人乎，设之于彼者，‘虚而不屈’而已矣。道缝其中，则鱼可使鸟，而鸟可使鱼，仁者不足以似之也。仁者，天之气，地之滋，有穷之业也。”

今论

南怀瑾《老子他说》：“天地生万物，本是自然而生，自然而有。生了万物是很自然的事，死杀万物，也是很自然的事。天地既不以生出万物为做好事，同时也不以死杀万物为做坏事。天地既生了长养万类的万物，同时，也生了看来似乎相反的毒杀万类的万物。生长了补药，也生长了毒药。补品不一定是补，因补可以致死。毒物也不一定是毒，以毒攻毒，可以活命。天地并不一定厚待于人类而轻薄了万物，只是人类予智自雄，自认为天地是为了人们而生长万物，自称为万物之灵。其实，人们随时随地，都在伤害残杀万物。假如万物有灵，一定会说人是万物的最大毒害。其实，天地无心而平等生发万物，万物亦无法自主而还归于天地。所以说：'天地不仁，以万物为刍狗。'这是说天地并没有自己立定一个仁爱万物的主观的天心而生万物。只是自然而生，自然而有，自然而归于还灭。假如从天地的立场，视万物与人类平等，都是自然的，偶然的，暂时存在，终归还灭的'刍狗'而已。生而称'有'，灭而称'无'，平等齐观，何尝有分别，有偏爱呢？只是人有人心，以人心自我的私识，认为天地有好生之德，因此发出天心仁爱的赞誉。如果天地有知，岂不大笑我辈痴儿痴女的痴言痴语吗？"

阅典笔记

真正有道的圣人，心如天地，明比日月，一切的所作所为，自视为理所当为。理所当为的事，便自然而然地做了。如果圣人存有私心，已非大公。

触类旁通

◎ 通典

回归本初

孔子被围困于陈、蔡之间，连着七天没有起火烧饭。太公任去安慰他说："你几乎丧失了性命。"

孔子说："是啊！"

太公任又问："你憎恨死亡吗？"孔子回答："是的。"太公任说道："我告诉你'避死'的方法。东海有只鸟，名叫意怠。这个鸟飞行得极慢，一副毫无本事的样子。飞行的时候一定要别的鸟引导，栖息时又必定要栖在群鸟的中间。它前进时不领先；退却时不居后；吃东西的时候从来不先尝，只吃别的鸟吃剩的东西。所以它在鸟群中不会被排斥，外人也伤不了它，因此能够避免祸害。

"大凡直的树木，会先被砍伐；甘甜的井水，会先被用尽。现在到处卖弄聪明来惊吓世俗的愚人，修养自己的行为来显明别人的污浊。你这样自炫才能，就好像挑着太阳和月亮在游行一般，怎能避祸呢？

"我曾听老子说过：'自夸才能的不会成功，功成不退的就会失败，名声显赫的就会受侮辱。'有谁能除去求功求名的心，而回复和常人一样呢？

“大道流行天下，而不自居有道；大德流行天下，也不自居有德。如果你能纯朴无华，与物混同，像是愚昧无知；削除圣迹，捐弃权势，不求功名，做到我不求人，人不求我的地步，又怎会招致这样的祸患？要知道，至德之人是从不求声名的。”（《庄子·山木》）

◎ 评论

天地本身没有情谊可言，它是毫无意志的，但同时是无法抗拒的。“天地不仁，以万物为刍狗”并不是对万物不爱惜，老子认为，这才是真正的爱惜。不加干涉，让万物自生自灭，天下才会太平。

第六章

本章主要以谷神为喻，赞美大道，重在论道。“谷神”指的是宇宙源起时的动的信息。这个动的信息产生之后在没有对手的情形下就一直延续下去。道如同谷神、玄牝，是微妙的母体，天地的根本，空虚不盈，永不停息。“玄牝之门”等于第一章的“众妙之门”。老子表示所有的玄妙（微小）因素都通过“门”产生而后发展起来。“门”是古中国人在表述宇宙起源时用得最广泛的形象比喻。“牝”指的是女性生殖器，老子是在以母性的力量来形象地比喻宇宙生生不息的现象。老子在其整本书中都贯穿着对伟大的母性“生”的力量的赞美和尊崇。

原典

谷神①不死②，是③谓“玄牝(pìn)”④。玄牝之门⑤，是谓天地根。绵绵若存⑥，用之不勤⑦。

注释

① 谷神：谷，生养的意思。神，在此不是指有人格的天神，而指孕育万物的无形的“道”。谷神，可以理解为大道虚空，生养万物。

② 不死：永恒存在而不会消亡。

③ 是：指示代词，这。

④ 玄牝：孕育万物的玄妙的母体，形容创造了世间万物的“道”不可思议的生殖力。玄，形容事物微妙难知、幽深不测的状态。牝，一切母性的动物生殖器官。

⑤ 玄牝之门：幽微不测的母性之门，即母性的生殖器官，这里代指生育万物的“道”。

⑥ 绵绵若存：形容“道”的渺渺冥冥，好像存在但又看不见、摸不着。绵绵，即冥冥，形容无形、不可见的样子。

⑦ 勤：尽、穷竭。

译文

“道”这个生养天地万物的神奇物，是永恒存在而不会亡的，这就是最初始的微妙的母体，微妙深奥的母体的门户，就被称作天地的根源。它冥冥地存在着，对宇宙万物的作用是无穷无尽的。

古注

王弼注：“谷神，谷中央谷也，无形无影，无逆无违，处卑不动，守静不衰。谷以此成而不见其形，此至物也。处卑而不可得名。故谓之‘玄牝’。门玄牝之所由也，本其所由。与极同体，故谓之天地之根也。欲言存邪，则不见其形；欲言亡邪，万物以之生，故绵绵若存也。无物不成，用而不劳也，故曰用而不勤也。”

王夫之注：“世之死‘谷神’者无限也，登山而欲弋之，临渊而欲钓之，入国而欲治之，行野而欲辟之。而‘谷神’者不容死也，可弋，可钓，可治，可辟，而不先物以为功。畴昔之天地，死于今日；今日之天地，生于畴昔；源源而授之，生故无已，而谓之根。执根而根死，因根而根存。‘绵绵’若缀乎！‘不勤’若废乎！因根以利用者，启‘玄牝之门’乎！”

今论

南怀瑾《老子他说》：“《老子》本章的意义，是要体会虚灵不昧的‘谷神’境界，中空无物，而有感应无方的无限妙用。正因其虚无空冥，所以生生不已，生而无生，有而不有，因此而永恒不死。后来的道教，改头换面，称之为‘洞元’、‘洞虚’，也就是由此而来。”

阅典笔记

人身本来就是一个空谷，古人曾形容它叫臭皮囊，或臭皮袋，它是生命的所属，是生命的工具，并非生命永恒的所有。至于虚灵不昧，用之如神的生命元神，则借这往来只有一气如“橐籥”作用的空壳子以显灵。

所谓沿流不止，是说我们的思想情绪、知觉感觉，素来都是随波逐流，被外境牵引着顺流而去，自己无法把握中止。如果能虚怀若谷，对境无心，只有反求诸己，自心反观自心，照见心绪的波动起灭处，不增不减，不迎不拒而不着任何阻力或助力，一派纯真似的，那么，便稍有一点像是虚灵不昧的真照用了。

触类旁通

◎ 通典

一

临济义玄禅师的一首诗偈：沿流不止问如何？真照无边说似他。离相离名人不禀，吹毛用了急须磨。

二

很久以前，一个聪明的人建起了世间的第一间房子，左邻右舍都为他高兴，却有那么几个人因为嫉妒而四处说他的坏话。天神知道此事之后生气地说：“这个世界刚开始有人建筑房屋，就有人说三道四，怎么能使世上的人们吉祥幸福呢？”他有一个特殊的儿子，没有身形，只有一个生殖器官，天神对自己的儿子说：“你是世上最圣洁，最有力量者，应该到人间去，把生命之力和幸福之源带给人们。你去了之后，就待在世间建起的第一间房屋的屋脊上。这样不管什么邪气侵扰，你都可以看见并将它驱散；不管有什么坏话，你都可以听见并将它制止。”于是生殖之神来到这家人的屋顶上严加守护。闲言碎语很快消失，同时主人家的人丁变得非常兴旺。从此之后，人们都学着他建起了屋顶，并且每筑一屋首先都要请来生殖之神作为守护神，保佑自己和家人的幸福。

三

汉字中的“祖”字来源于“且”——男性生殖器官的象形文字，配以象征祭祀的偏旁，将汉民族的生殖崇拜之风摆在了一个显而易见的位置。大到韶关仁化著名的丹霞山阳元石、江西龙虎山的“羞女岩”巨大的山体，小到古代女儿出嫁时藏在枕头里的“压箱底”、甘肃东部居民结婚必备的剪纸“双鱼娃娃”，人们对它们的喜爱，都传承了中华民族千百年来延绵不断的生殖崇拜。我们引以为骄傲的龙形玉器，最初的形态也是首尾相连的，寓意生命的轮回，慢慢地演化才有了首尾中的间隔。

◎ 评论

有人认为在这里老子有生殖崇拜的意思，生殖崇拜被融入每个民族的血液中，有着古老和神秘的意味。从壁画中古埃及人对男性生殖器官的精心装饰，到现代非洲许多部落中的裸体彩绘风俗，从西方古典画作和雕塑中的人体艺术，到日本平安时代婚房中的情趣小摆件，无不在向我们说明生殖崇拜这股强劲的风潮，早已在人类的文化中蔓延开来。

第七章

本章主要阐发的是一种谦卑思想，在浩渺的宇宙中，天地都不自生，何况人呢，所以修身更是本章的重点。“长、久”为非常道的范畴，“自生”为常道的范畴；“后其身”“外其身”“私”为常道范畴，“身先”“身存”“无私”为非常道范畴。老子认识到这个谦下的法则，所以：“以其无私，故能成其私。”

原典

天长地久。天地所以能长且久者①，以其不自生②，故能长生③。是以圣人后其身而身先④，外其身而身存⑤。以其无私，故能成其私⑥。

注释

① 天地所以能长且久者：天地所以能够长久存在的原因。

② 以其不自生：天地的运行、存在，不是为了自己的生存。以，因为。其，代词，它的，它们的，指天地。自生，经营自己的生存、注重自己的生存。

③ 长生：长久存在。

④ 后其身而身先：把自己放在后面，结果反而自己却能占先，得到别人的爱戴。

⑤ 外其身而身存：把自己置之度外，反而能生存下来。

⑥ 成其私：成就自己的目的。私，指个人的目的、理想等。

译文

天地是长久存在的。天地所以能够长久存在，是因为它们的运行、存在不是为了自己，所以能够长久。因此圣人把自己摆在后面，结果自己反而会得到推崇而占先；危险时把自己置之度外，结果反而能保全自己。不正因为他不自私吗？所以反倒成就了他自己的目的。

古注

王弼注："自生则与物争，不自生则物归也，无私者，无为于身也。身先身存，故曰能成其私也。"

王夫之注："夫胎壮则母羸。实登则茎获，其不疑天地之羸且获者鲜也。乃天地不得不食万物矣，而未尝为之食。胎各有元，荄各有蕾，游其虚中，而究取资于自有。圣人不以身犯准，是后之也；不以身入中，是外之也。食万物而不恩，食于万物而万物不怨。故无所施功，而功灌于苴卤；无所期穗，而德行于曾玄；而乃以配天地之长久。"

今论

南怀瑾《老子他说》："老子说了一句天地之所以能长久存在的原因，是因为'不自生'，'故能长生'。既不说明是由他力而生，也不明显地说为万物而不得已不生。只是套上'是以圣人后其身而身先，外其身而身存，非以其无私邪？故能成其私'一段妙文，说明天地的'不自生'，正是天地极其自私的道理。"

阅典笔记

《阴符经》说："天之至私，用之至公。"这种理论，无疑是说，大公与大私本无一定的界限。全体自私到极点，私极就是公。换言之，大公无私到极点，即是大私。不过，这样的大私，也可以叫他作大公了。因为大小粗细，公私是非，推理到了极点，都是无一定的界限与标准，所有这些界限与标准，都是人为的分别而已。

触类旁通

◎ 通典

一　以其无私，故能成其私

"先天下之忧而忧，后天下之乐而乐"这句话，是范仲淹一生所追求的

为人准则，也是他忧国忧民思想的高度概括。从青年时代开始，范仲淹就立志做一个有益于天下的人。为官数十载，他在朝廷犯颜直谏，不怕因此获罪。他发动的庆历新政，触及到北宋的政治、经济、军事制度的各个方面，虽然由于守旧势力的反对，改革失败，但范仲淹主持的这次新政却开创了北宋士大夫议政的风气，传播了改革思想，成为王安石熙宁变法的前奏。

二　后其身而身先

青年时代的毛泽东就先天下之忧而忧，发出了“问苍茫大地，谁主沉浮”的疾呼，身无分文，心忧天下。周恩来东渡日本，寻求救国的道路。在旧中国，无数的仁人志士为国难而忧，然而仅是“忧”并不能救国，只有“忧”之余猛然奋起，才有希望。请看毛泽东、周恩来等老一辈革命家，点燃星星之火，燃遍整个中华，给人民带来了光明和希望。那无数的觉醒者追随他们南征北战，死了，“处处青山埋忠骨”；活着，“敢教日月换新天”！新中国成立后，这些“先忧者”并不因自己先忧而要先乐。他们不求高官与厚禄，却处处体恤国难和民艰，正是这样才成就了今天他们在历史上的地位。不论时间多么久远，回想起这些伟人，我们总会心中油生敬意。

◎ 评论

先天下之忧而忧，后天下之乐而乐，正是无私，才成就了他们的千载美名，“外其身而身存”，体现了老子的善、道。这也是治国安身的最好方式。

第八章

上一章老子论证了谦下的道理，这一章依然是这个哲学命题。老子以最普通的水为喻，借用水的无形无体的特征来比喻人的心法（逻辑思维）也应该达到无形无体的境界。人因为受到形体的影响，所以总是难于达到“无”的境界。老子认为心法就要如同水一样不受形体的拘束，如此才能使心法获得无所不能的效果。“上善”是“道德”的另外一种称谓,表示最高品质的“道德”。老子把“道”作为宇宙的第一个因素，把“德”作为宇宙的第二个因素。能找到这两个因素，就等于达到了“上善”的境界。达到了这样的境界，就会表现出：“居善地，心善渊，与善仁，言善信，正善治，事善能，动善时。”

原典

上善若水①。水善利②万物而不争，处众人之所恶（wù）③，故几于道④。居善地⑤，心善渊⑥，与⑦善仁⑧，言善信⑨，政善治⑩，事善能⑪，动善时⑫。夫唯不争，故无尤⑬。

注释

① 上善若水：最高的德行如同水一样。上善即最善。

② 善利：善于利物，即善于滋润万物。

③ 处众人之所恶：处，处在，居于。恶，厌恶。

④ 几于道：几，近，相似。

⑤ 居善地：居住在众人之下。

⑥ 心善渊：渊，深的意思，在此形容心境深沉宁静。

⑦ 与：交友、待人。

⑧ 仁：帛书本作“人”。

⑨ 信：信实、真诚。

⑩ 政善治：“政”，王弼本作“正”，正与政是相通的，为政的意思。

⑪ 事善能：做事要善于发挥特长。

⑫ 动善时：行动要善于把握住时机。

⑬ 夫唯不争，故无尤：尤，过失、错误。

译文

最高的德行好像水一样。水善于滋润万物而不与万物相争，居于众人都不喜欢的地方，所以水最接近于“道”。最善的人，居处于最适合的地方，心胸保持沉静而深不可测，待人真诚、友爱和无私；说话恪守信用，为政能把国家治理好，办事善于发挥所长，行动善于把握时机。最善的人正因为有不争的美德，所以没有过失，也就不被怨咎。

古注

王弼注：“人恶卑也。道无水有，故曰，几也。言人水皆应于治道也。”

王夫之注：“五行之体，水为最微。善居道者，为其微，不为其着；处众之后，而常得众之先。何也？众人方恶之，而不知其早至也。逆计其不争而徐收之，无损而物何争？而我何尤？使众人能知其所恶者之为善，亦将群争之矣。然而情之所必不然也，故圣人擅利。”

今论

南怀瑾《老子他说》：“《老子》本章讲修水观的水道，除了特别提出它与物无争，谦下自处之外，又一再强调说，一个人的行为如果能做到如水一样，善于自处而甘居下地，‘居善地’；心境养到像水一样，善于容纳百川的深沉渊默，‘心善渊’；行为修到同水一样助长万物的生命，‘与善仁’；说话学到如潮水一样准则有信，‘言善信’；立身处世做到像水一样持平正衡，‘正善治’；担当做事像水一样调剂融和，‘事善能’；把握机会，及时而动，做到同水一样随着动荡的趋势而动荡，跟着静止的状况而安详澄止，‘动善时’；再配合最基本的原则，与物无争，与世不争，那便是永无过患而安然处顺，犹如天地之道的似乎至私而起无私的妙用了。”

阅典笔记

水，具有滋养万物生命的德性。它能使万物得它的利益，而不与万物争利。俗话说："人往高处走，水向低处流。"它在这个永远不平的物质的人世间，宁愿自居下流，藏垢纳污而包容一切。所以老子形容它"处众人之所恶，故几于道"，以成大度能容的美德。

触类旁通

◎ 通典

水的境界

据《汉书》记载：汉哀帝刘欣很器重敢讲真话的郑崇，听到郑崇的脚步声，就笑着说："我识郑尚书履声。"后来郑崇得罪了刘欣的祖母傅太后和男宠董贤，与刘欣的关系闹僵了，刘欣不再听郑崇的进谏，而且还大加指责："你家门庭若市，好处捞了不少吧？"郑崇则答道："臣门如市，臣心如水。"

◎ 评论

老子所谓的"上善若水"乃是告诫世人有功而不自傲，有名而不恃名，适可而止，进退有度。然而，芸芸众生，谁不追逐名利，贪爱富贵？宁愿功成身退，自居下游者少之又少。

第九章

本章的主旨在于写“盈”。“盈”即是满溢、过度的意思。自满自骄都是“盈”的表现。持“盈”的结果，将不免于倾覆的祸患。所以老子谆谆告诫人们不可“盈”，一个人在成就了功名之后，就应当身退不盈，才是长保之道。

原典

持而盈之[1]，不如其已[2]；揣而锐之[3]，不可长保[4]。金玉满堂，莫之能守；富贵而骄，自遗其咎[5]。功遂身退[6]，天之道也[7]。

注释

① 持而盈之：意为持执盈满，自满自骄。持，手执、手捧。

② 不如其已：不如适可而止。已，止。

③ 揣而锐之：把铁器磨得又尖又利。揣，捶击的意思。

④ 长保：长久保存。

⑤ 咎：过失、灾祸。

⑥ 功遂身退：功成名就之后，不再身居其位，而应适时退下。“身退”并不是退隐山林，而是不居功贪位。

⑦ 天之道：指自然规律。

译文

执持盈满，不如适时停止；锋芒太利，锐势难以保持长久。金玉满堂，无法守藏；因富贵而骄横，那是自己留下了祸根。功德圆满了，就要适时而退，这是符合自然规律的道理。

古注

王弼注："持，谓不失德也。既不失其德又盈之，势必倾危。故不如其已者，谓乃更不如无德无功者也。既揣末令尖，又锐之令利，势必摧衄故不可长保也。不若其已，不可长保。四时更运，功成则移。"

王夫之注："善盈者唯谷乎！善锐者唯水乎！居器以待，而无所持也。顺势以迁，而未尝揣也。故方盈，方虚，方锐，方銲。其不然也，以天为成遂，而生未息；以天为退，而气未缩；何信乎？故鸱夷子皮之遁，得其迹也；郭子仪之晦，得其机也；许繇、支父之逝也，得其神也。迹者，以进为进，以退为退。机者，方进其退，方退其进。其唯神乎！无所成而成，无所遂而遂也。虽然，其有退之迹也，神之未忘乎道，遭之未降处于机也。"

今论

南怀瑾《老子他说》："这一节老子主要有两层含义：(一)能够将生命原有的真实性，善加利用，因应现实的世间，就能优游余裕而知足常乐了。(二)告诫在现实人生中的人们，若能保持已有的成就，便是最现实、最大的幸福。"

阅典笔记

财富到了金玉满堂的程度，不能透彻了解陶朱公（范蠡）三聚三散的哲学艺术，最后，要想守住已有的利益而不可得。人们常会讥笑某种程度的有钱人是"守财奴"。其实，有财而能"守",谈何容易！"守"的学问，大矣哉！因此古人便有"创业难，守成不易""为君难，为臣不易"等永垂千古的名训。

触类旁通

◎ 通典

富贵而骄，自遗其咎

路易十六在凡尔赛宫的宫廷生活，耗费国家金钱之多，令人叹为观止。每当有外国君主或重臣来访，路易十六都一定要在凡尔赛宫开设盛宴，笙歌达旦，作长夜之欢，一次宴会下来，动辄就是千万金元。

凡尔赛宫一年所喝的葡萄酒，就耗费七十九万法郎之多。此外，单是鱼肉就多达三百四十七万法郎。还有点灯的蜡烛费用，也在五万法郎以上。至于王宫中的宫女、宫人，那更是多到令人难以置信。例如御膳房的厨师就有二百五十九人之多，主厨的年薪是八万四千法郎。国王的秘书官将近千人之多，每个人的年薪是二十万法郎。王后的侍女也有五百人之多，每个人的年薪最少也有一万二千法郎。凡尔赛宫的宫女和侍臣总计一万六千人，这里面还不包括一般贵族与朝臣。每年王室所花用的金钱竟相当国库总收入的五分之一。至于那些宫廷贵族的年金，还不包括在王室经费以内。除此之外，还有将近一万的禁卫军，每年也要花费三百万元以上。王后安唐妮，那更是豪阔无度。她光是各种手镯，就值七八百万法郎，其他的首饰那就更不用说了。当时的凡尔赛宫，位于巴黎城郊，里面有二十九个庭园，四座瞭望台，有喷泉，有瀑布，四季鲜花盛开，极尽娱游之乐。

可惜路易十六不能“持盈保泰”，反而促成大革命的来临，自己与安唐妮王后都上了断头台，留为后人唏嘘。有人将路易十六的王后安唐妮促成败亡之局，匹比清末的慈禧，虽不尽然，但“揣而锐之，不可长保”的错误，却是相同。

◎ 评论

老子已经悟出辩证法的道理，正确指出了进退、荣辱、正反等互相转化的关系，否则便会招致灾祸。因而他奉劝人们要收敛意欲，含藏动力。宋代著名文学家欧阳修有这样的词句：“定册功成身退勇，辞荣辱，归来白首笙歌拥。”（《渔家傲》）这正体现了“功成身退”的精神。

第十章

这一章是着重讲修身的功夫。这里写了六句问话，似乎是把“道”在运用于修身治国方面所做的几条总结，对一般人和统治者提出了概括的要求。本章每句的后半句似乎是疑问，其实疑问本身就是最好的答案。老子要求人们将精神和形体合一而不偏离，即使肉体生活与精神生活相和谐。

原典

载营魄抱一①，能无离乎？专气致柔②，能如婴儿乎③？涤除玄鉴④，能无疵乎？爱民治国，能无为乎⑤？天门开阖⑥，能为雌乎⑦？明白四达，能无知乎⑧？（生之畜之⑨，生而不有，为而不恃，长而不宰，是谓玄德⑩。）

注释

① 载营魄抱一：载，加，持。营魄，即魂魄。抱一，即合一。一，指道，抱一，魂魄合而为一，二者合一即合于道，又解释为身体与精神合一。

② 专气：即集气。专，结聚，聚合。

③ 能如婴儿乎：能像婴儿一样吗？

④ 涤除玄鉴：涤，扫除、清除。玄，奥妙深邃。鉴，镜子。玄鉴即指人心灵深处明澈如镜、深邃灵妙。

⑤ 爱民治国，能无为乎：即无为而治。

⑥ 天门开阖：天门，有多种解释。一说指耳目口鼻等人的感官，一说指兴衰治乱之根源，一说是指自然之理，一说是指人的心神出入即意念和感官的配合等。开阖，即动静、变化和运动。

⑦ 能为雌：雌，即宁静的意思。

⑧ 知：通智，指心智、心机。

⑨ 畜：养育、繁殖。

⑩ 玄德：玄秘而深邃的德性。

译文

精神和形体合一，能不分离吗？聚结精气以致柔和温顺，能像婴儿的状态吗？清除杂念，能心如明镜毫无瑕疵吗？爱民治国能遵行自然无为的规律吗？口鼻开闭，呼吸吐纳，能够绵绵细静吗？高通明达，能大智若愚吗？（生长万物，养育万物，却不占有，养育而不自恃有功，滋养万物而不主宰他们，这被称作最高深的德。）

古注

王弼注："载，犹处也。营魄，人之常居处也。一人之真也。言人能处常居之宅，抱一清神，能常无离乎，则万物自宾也。专，任也，致极也。言任自然之气。致，至柔之和，能若婴儿之无所欲乎，则物全而性得矣。玄，物之极也，言能涤除邪饰，至于极览，能不以物介其明。疵之其神乎，则终与玄同也。"

王夫之注："载，则与所载者二，而离矣。专之，致之，则不婴儿矣。有所涤，有所除，早有疵矣。爱而治之，斯有为矣。阖伏开启，将失雌之半矣。明白在中，而达在四隅，则有知矣。此不常之道，倚以为名，而两俱无猜，妙德之至也。"

今论

南怀瑾《老子他说》："《老子》的原文在'营魄抱一'之上，首先加了一个'载'字，用字非常巧妙。人身如一部车乘，当然也如一具机器，其中装载了'营'和'魄'两样重要东西。一个平凡的普通人，长年累月，随时随地，都在使用这两样东西，而且它们是各自为政，但又随时合作。"

阅典笔记

思想的纷繁，情感的嚣动，常使自己魂灵营营困扰，散乱不堪。体能的劳动，生活的奔忙，常使精魄涣散，不可收拾。如此这般，动用不休，不能持盈保泰，终致死亡。老子说，倘使人能营魄合抱为一，永不分离，便可得长生的希望了。

触类旁通

◎ 通典

看似“无为”的刘邦

中国历史上第一个平民皇帝汉高祖刘邦统一天下，登上皇帝的宝座以后，很坦白地说：夫运筹帷幄之中，决胜千里之外，吾不如子房。镇国家，抚百姓，给饷馈，不绝粮道，吾不如萧何。连百万之众，战必胜，攻必取，吾不如韩信。三者皆人杰，吾能用之，此吾所以取天下者也。项羽有一范增而不能用，此所以为吾擒也。意思是说，张良坐在军帐中运用计谋，就能决定千里之外战斗的胜利；萧何很轻易就能安定国家，安抚百姓，发展粮食生产，比我更擅长这方面的事情；而韩信善于用兵，懂得作战技巧。所谓“术业有专攻”，而刘邦大而化之，看似什么都不做，却能集众人才于一身，所以他才能最终取得胜利。

◎ 评论

这便是老子的“爱民治国，能无知乎”的一个比较接近的榜样。慎到曰：不聪不明，不能为王。不瞽不聋，不能为公。鬼谷子曰：专用聪明，则功不成。专用晦昧，则事必悖。一明一晦，众之所载。无论养气与修心，抑或为治国的纲要，老子都喻答于问中，让与他心有戚戚焉的有心人得到人生的重要启示。

第十一章

本章重在论道，通过“有”与“无”、“利”与“用”的辩证关系来传达这一思想。在现实社会生活中，一般人只注意实有的东西及其作用，而忽略了虚空的东西及其作用。对此，老子在本章里论述了“有”与“无”即实在之物与空虚部分之间的相互关系。他举例说明“有”和“无”是相互依存的、相互为用的；无形的东西能产生很大的作用，只是不容易被一般人所觉察。他特别把“无”的作用向人们显现出来。老子举了三个例子：车子的作用在于载人运货；器皿的作用在于盛装物品；房屋的作用在于供人居住，这是车、皿、室“空”的地方发挥的作用。本章所讲的“有”与“无”是就现象界而言的，与第一章所说“有”与“无”不同，老子更加强调空虚不盈的作用，提醒人们注意。

原典

三十辐①共一毂（gū）②，当其无，有车之用③。埏（shān）埴（zhí）以为器④，当其无，有器之用。凿户牖以为室⑤，当其无，有室之用。故有之以为利，无之以为用⑥。

注释

① 三十辐，共一毂：辐，车轮上连接轴心和轮圈的木条。毂，车轮中心的圆孔，车轴从当中穿过。古代的车轮由三十根辐条所构成。

② 当其无，有车之用：无，指车毂中虚空的部分。正因为有了车毂中虚空的部分，（车轴才能在里面转动），才使车具有了运载作用。

③ 埏埴以为器：揉捏黏土作成器皿。埏，和、揉。埴，黏土。

④ 无：指器皿中心空的地方。

⑤ 户牖：门窗。

⑥ 有之以为利，无之以为用：有，指事物的实体（如车、房屋、器皿等）。无，中空的地方。

译文

三十根辐条汇集到一个孔洞当中，有了车毂中空的地方，才成就了车的作用。糅和陶土做成器皿，有了器具中空的地方，才成就了器皿的作用。开凿门窗建造房屋，有了门窗四壁内的空虚部分，才有房屋的作用。所以，“有”给人便利，“无”发挥了它的作用。

古注

王弼注：“毂所以能统三十辐者，无也，以其无能受物之故。故能以实统众也。木埴，壁所以成，三者而皆以无为用也。言无者，有之所以为利，皆赖无以为用也。”

王夫之注：“造有者，求其有也。孰知夫求其有者，所以保其无也？经营以有，而但为其无，岂乐无哉？无者，用之藏也。物立于我前，固非我之所得执矣。象数立于道前，而道不居之以自碍矣。阴凝阳融以为人，而冲气俱其间；不倚于火，不倚于符者遇之。仁义刚柔以为教，而大朴俱其间；不倚于性，不倚于情者遇之。胜负得失以为变，而事会俱其间；不倚于治，不倚于乱者遇之。故避其坚，攻其瑕，去其名，就其实，俟之俄顷，而万机合于一。”

今论

南怀瑾《老子他说》：“本文多用譬喻，首先提出担当任重道远的车毂，它能活用不休，轮转无穷的中心关键所在，便是中空无物，所以才能支持多方面的效用。同时也使多方面的力量，归到中心点而返还无用之用的大用，无为而无不为的要妙。”

阅典笔记

“这一段话很巧妙地说明‘有’和‘无’的辩证关系。一个碗或茶盅中间是空的，可正是那个空的部分起了碗或茶盅的作用。房子里面是空的，可正是那个空的部分起了房子的作用。如果是实的，人怎么住进去呢？老子作出结论说‘有之以为利，无之以为用’，它把‘无’作为主要的对立面。老子认为碗、茶盅、房子等是‘有’和‘无’的辩证的统一，这是对的；但是认为‘无’是主要对立面，这就错了。毕竟是有了碗、茶盅、房子等，其中空的地方才能发挥作用。如果本来没有茶盅、碗、房子等，自然也就没有中空的地方，任何作用都没有了。”（《老子哲学讨论集》）

触类旁通

◎ 通典

王维《汉江临泛》

楚塞三湘接，荆门九派通。
江流天地外，山色有无中。
郡邑浮前浦，波澜动远空。
襄阳好风日，留醉与山翁。

陶渊明《归去来兮辞》

归去来兮，田园将芜！胡不归？既自以心为形役，奚惆怅而独悲？悟已往之不谏，知来者之可追。实迷途其未远，觉今是而昨非。舟遥遥以轻飏，风飘飘而吹衣。问征夫以前路，恨晨光之熹微。

乃瞻衡宇，载欣载奔。僮仆欢迎，稚子候门。三径就荒，松菊犹存。携幼入室，有酒盈樽。引壶觞以自酌，眄庭柯以怡颜。倚南窗以寄傲，审容膝之易安。园日涉以成趣，门虽设而常关。策扶老以流憩，时矫首而遐观。云无心以出岫，鸟倦飞而知还。景翳翳以将入，抚孤松而盘桓。

归去来兮，请息交以绝游。世与我而相违，复驾言兮焉求？悦亲戚之情话，乐琴书以消忧。农人告余以春及，将有事于西畴。或命巾车，或棹孤舟。既窈窕以寻壑，亦崎岖而经邱。木欣欣以向荣，泉涓涓而始流。善万物之得时，感吾生之行休。

已矣乎！寓形宇内复几时！曷不委心任去留？胡为乎遑遑欲何之？富贵非吾愿，帝乡不可期。怀良辰以孤往，或植杖而耘耔。登东皋以舒啸，临清流而赋诗。聊乘化以归尽，乐夫天命复奚疑！

◎ 评论

无论是出世之道，与入世之用，必须要切实明白道在有无之间的巧妙。因此说："故有之以为利，无之以为用。"了解此理，才是真能懂得"利用安身"的大法则。王维是一种境界，因为他心谙佛理，慧心空明。陶渊明是一种境界，洒脱不羁，要与自然融为一体。无论怎样，他们知道自己所选择的也许不是最好的，却是最适合自己的。

第十二章

本章论述了物欲横流的危害，提倡养生。对于这一章，人们普遍认为老子是针对奴隶主贵族骄奢淫逸、纵情声色而写的，是揭露和劝诫，也是严正警告。不过，老子并不是反对人们享受生活，而是警醒人们要适可而止，不可无限制地满足自己的贪欲。他希望人们能够丰衣足食，建立内在恬淡宁静的生活方式，而不是外在私欲的满足。本章节提醒我们今天在发展物质文明的同时，重视精神文明的发展，反对物欲横流引起的精神腐蚀。

原典

五色[1]令人目盲[2]，五音[3]令人耳聋[4]，五味[5]令人口爽[6]，驰骋畋（tián）猎[7]，令人心发狂[8]，难得之货令人行妨[9]。是以圣人为腹不为目[10]。故去彼取此[11]。

注释

① 五色：青、赤、黄、白、黑叫五色，此指多种色彩。

② 目盲：比喻眼花缭乱。

③ 五音：即宫、商、角、徵（zhǐ）、羽。这里指多种音乐。

④ 耳聋：比喻听觉不灵。

⑤ 五味：酸、苦、甘、辛、咸。这里指多种味道。

⑥ 口爽：爽，伤。口爽，一种口病，这里比喻味觉差失。

⑦ 驰骋畋猎：驰骋，马奔跑。畋猎，即围猎。意即纵情玩乐。

⑧ 令人心发狂：使人内心放荡而不可抑止。

⑨ 行妨：破坏人的操行。妨，害、伤。

⑩ 为腹不为目：只为温饱生存，不求纵情声色。目，代指色、音、味，畋猎、宝货等诸多欲望诱惑。

⑪ 去彼取此：摈弃物欲的诱惑，只要温饱。

译文

缤纷的色彩，使人眼花缭乱；纷繁的音乐，使人听觉不灵敏；丰美的饮食，使人味觉迟钝；纵情围猎，使人内心疯狂；稀罕的宝物，使人操行变坏。因此，圣人只求温饱而不追逐声色之娱，所以摒弃物欲的诱惑而保持简单朴素的生活。

古注

王弼注："爽，差失也，失口之用，故谓之爽。夫耳目口心，皆顺其性也，不以顺性命，反以伤自然，故曰盲聋爽狂也。难得之货，塞人正路，故令人行妨也，为腹者以物养己，为目者以物役己，故圣人不为目也。"

王夫之注："目以机为机，腹以无机为机。机与机为应，无机者，机之所取容也。处乎目与腹之中者，心也。方且退心而就腹，而后可以观物。是故浊不可使有心，清不可使有迹。不以礼制欲，不以知辨志，待物自敝而天乃脱然。"

今论

南怀瑾《老子他说》："本章所说的口爽的'爽'字，是指口腔舌头的味觉出了毛病。不是爽快的意义，这要特别说明。例如中国古代医书所称的口爽，便是口腔乏味、食欲不振的意思。"

阅典笔记

花花世界奈聋盲。老子在此提出严重的警告，要人们对于声、色、货、利以及口腹之欲，加以节制，不要任性自欺而上当。

触类旁通

◎ 通典

苏东坡的养生方法

张鄂是苏东坡的好朋友，有一次张鄂向苏东坡征求养生方面的建议，苏东坡答曰："养生长寿古方，药有四味。"于是乎苏轼当即挥毫泼墨：

一曰无事以当贵。这就告诉我们人在心情上要潇洒大度，随遇而安，不要过分在意荣辱得失。往往考虑的越多失去的也越多，尽量做到"不以物喜不以己悲"，保持一颗平常心。对于老年人来说有利于健康长寿，对于年轻人来说有利于心理健康，提高自己抗挫折能力。

二曰早寝以当富。在平日生活中，吃好穿好财物充足不能使我们健康长寿；对于不同年龄段的人来说，养成良好的起居习惯是同等重要的，尤其是早睡早起，比获得任何财富更加宝贵。

三曰安步以当车。这一条告诉我们人不要过于讲求安逸，能走路就不要坐车，能走楼梯就不要乘电梯，生命在于运动。

四曰晚食以当肉。苏轼认为"人应已饥方食未饱"。饥饿了以后再进食，即便是粗茶淡饭，其香甜可口会胜过山珍海味；吃饭时不要吃得太饱，如果吃饱了还勉强进食，即使美味佳肴放在眼前也难以下咽。

◎ 评论

"恬淡虚无，真气从之。精神内守，病安从来"，这是道家养生之总纲。苏轼的养生之道与老子的不谋而合，苏东坡这位大文豪用他自己的亲身体验证实老子的教诲，也为我们做出了一个榜样。凡事适可而止，能够做到恰到好处于我们才是最有益的。

第十三章

这一章讲的是人的尊严问题，论述贵身爱身之道，重在论修身。老子强调“贵身”的思想，论述了宠辱对人身的危害。老子认为，一个理想的治者，首要在于“贵身”，不胡作妄为。只有珍重自身生命的人，才能珍重天下人的生命，也就可使人们放心地把天下的重责委任于他，让他担当治理天下的任务。自第九章至此，老子讲的都是修德而非修道，修德是针对每个个体而言，而修道则是针对天地万物的大的法则和规律。

原典

宠辱若惊①，贵大患若身②。何谓宠辱若惊？宠为上③，辱为下；得之若惊，失之若惊，是谓宠辱若惊。何谓贵大患若身？吾所以有大患者，为吾有身，及吾无身，吾有何患④？故贵以身为天下，若可寄天下；爱以身为天下，若可托天下⑤。

注释

① 宠辱：荣宠和侮辱。

② 贵大患若身：重视自己身体就像重视祸患一样。贵，珍贵、重视。

③ 宠为上：得宠则喜为上。

④ 及吾无身，吾有何患：意为如果我没有身体，有什么大患可言呢？

⑤ 此句意为以贵身的态度去为天下，才可以把天下托付给他；以爱身的态度去为天下，才可以把天下托付给他。

译文

受宠和受辱都感到惊恐，把大患看得与自身生命一样重要。什么叫做得宠和受辱都感到惊慌失措？得宠则喜为上，受辱则悲为下，得到宠爱感到格外惊喜，失去宠爱则惊慌不安。这就叫做得宠和受辱都感到惊恐。什么叫做重视大患像重视自身生命一样？我之所以有大患，是因为我有身体；如果我没有身体，我还会有什么祸患呢？所以，用重视自己身体的态度去治理天下，天下就可以托付他；用爱惜自己的身体的态度爱惜天下，天下就可以依靠他了。

古注

王弼注："宠必有辱，荣必有患，荣患同也。为下，得宠辱荣患若惊，则不足以乱天下也，大患，荣宠之属也。生之厚，必入死之地，故谓之大患也。人迷之于荣宠，返之于身。故曰大患若身也。由有其身也，归之自然也。无以易其身，故曰贵也。如此乃可以托天下也无物可以损其身，故曰爱也。如此乃可以寄天下也，不以宠辱荣患损易其身，然后乃可以天下付之也。"

王夫之注："众人纳天下于身，至人外其身于天下。夫不见纳天下者，有必至之忧患乎？宠至若惊，辱来若惊，则是纳天下者，纳惊以自滑也。大患在天下，纳而贵之与身等。夫身且为患，而贵患以为重累之身，是纳患以自梏也。唯无身者，以耳任耳，不为天下任听；以目任目，不为天下任视；吾之耳目静，而天下之视听不荧；惊患去已，而消于天下，是以为百姓履藉而不倾。"

今论

南怀瑾《老子他说》："从十一章以来说明，人须能用物而不为物用，不为物累。但能利物，而成为无为的大用。因此再进而说明人生宠辱境界的根本症结所在，都因为我有身而来。宠，是得意的总表相。辱，是失意的总代号。当一个人在成名、成功的时候，如非平素具有淡泊名利的真修养，一旦得意，便会欣喜若狂，喜极而泣，自然会有惊震心态，甚至有所谓得意忘形者。"

阅典笔记

我们时常听到人们劝告别人这样的话，如"身外之物，何足挂齿"。可见珍视自身，乃是自古以来人们立命之基础。

触类旁通

◎ 通典

沉不住气的爸爸

在前清的考试时代，民间相传一则笑话，便是很好的说明。有一个老童生，屡试不中，及至中年与儿子同科应考。到了发榜的一天，儿子看榜回来，知道已经录取，赶快回家报喜。他的父亲正关在房里洗澡。儿子敲门大叫说："爸爸，我已考取第 × 名了！"老子在房里一听，便大声呵斥说："考取一个秀才，算得了什么，这样沉不住气，大呼小叫！"儿子一听，吓得不敢大叫，便轻轻地说："爸爸，你也是第 × 名考取了！"老子一听，打开房门，一冲而出，大声呵斥说："你为什么不先说！"他忘了自己光着身子，连衣裤都还没穿上呢！这便是"宠为下，得之若惊，失之若惊"的一个写照。

◎ 评论

"受宠若惊"，大家都有很多的经验，相反的一面，便是失意若惊。所谓："有酒有肉皆兄弟，患难何曾见一人？""贫居闹市无人问，富在深山有远亲。"这不正是成年以后，世俗常态的预告吗？在一般人来说，那是势利。其实，人与人的交往，势利是其常态。纯粹只讲道义，不顾势利，是非常的变态。因此道义才是绝对可贵了。这里借助一则小故事讽刺父亲得之若惊，也是对我们日常生活的启示。

第十四章

本章主要是讨论道的形象和规律问题，老子提出了“夷”“希”“微”“恍惚”“道纪”五个概念。本章以抽象的理解，来描述“道”的性质，并讲到运用“道”的规律。在这里，“道”即是“一”。在前面几章中，老子所说过的“道”有两种内涵，一是指物质世界的实体，即宇宙本体；一是指物质世界或现实事物运动变化的普遍规律。这两者之间实际是相互联系的。本章所讲的“一”（即“道”）包含有以上所讲“道”的两方面内涵。视、听与触觉这三种基本作用，原是一体的三角形，它与物理世界的声、光、触受是有密切的相互关联性的，也可以说它是一体的三种作用，不可寻探它的个别界限，因此笼统说明它是“混而为一”的。从老子以后的道家与道教，便因袭其名，叫它“混元一体”，或“混元一气”。这便是老子当时对物理的分类说法，也可以说是中国古代理论物理的粗浅说明之一。

原典

视之不见，名曰“夷”①；听之不闻，名曰“希”；搏之不得，名曰“微”。此三者不可致诘（jié），故混而为一②。其上不皦（jiǎo）③，其下不昧④，绳（mín）绳（mín）兮不可名⑤，复归于无物⑥。是谓无状之状，无物之象，是谓“惚恍”。迎之不见其首，随之不见其后。执古之道⑦，以御⑧今之有⑨。能知古始⑩，是谓道纪⑪。

注释

① 夷：无形。

② 此三者不可致诘，故混而为一：无论夷，还是希，还是微，这三者形像是无法追究的，所以道是混沌一体的。

③ 皦：洁白，光明。

④ 昧：阴暗。

⑤ 绳绳兮不可名：绳绳，渺茫、幽深、不可知。名，名状、描绘。

⑥ 复归于无物：指“道”复归于它无形无象、混沌不分的状态。

⑦ 执古之道：执，依据、根据。古之道，古来就存在的“道”。

⑧ 御：驾驭，在此当利用、使用解。

⑨ 今之有：眼前的具体事物。

⑩ 古始：宇宙的开端、“道”的起始。

⑪ 道纪：“道”的纲纪，道的规律。纪，纲纪，规律。

译文

看它看不见，叫做“夷”；听它听不到，叫做“希”；摸它摸不着，叫做“微”。这三者的形象无法追究下去，它是混而为一的。它起始不光明，末尾也不昏暗，渺茫幽远不可名状，（一切的运动都）会回归到无形的状态。这就叫做没有形状的形状，不见物体的形象，这就叫做“恍惚”。迎着它，看不见它的前头；跟着它，看不见它的背后。根据早已存在的“道”来驾驭现实的具体事物。探知宇宙的起始，这就是“道”的规律。

古注

王弼注：“无状无象，无声无响，故能无所不通，无所不往，不得而知。更以我耳目体，不知为名，故不可致诘，混而为一也。欲言无邪，而物由以成；欲言有邪，而不见其形；故曰，无状之状，无物之象也。不可得而定也。有，有其事。无形无名者，万物之宗也。虽今古不同，时移俗易，故莫不由乎，此以成其治者也。故可执古之道者以御今之有，上古虽远，其道存焉，故虽在，今可以知古始也。”

王夫之注：“物有间；人不知其间；故合之，背之，而物皆为患。道无间，人强分其间；故执之，别之，而道仅为名。以无间乘有间，终日游，而患与名去。患与名去，斯‘无物’矣。夫有物者，或轻，或重；或光，或尘；或作，或止；是谓无纪。一名为阴，一名为阳，而冲气死。一名为仁，一名为义，而太和死。道也者，生于未阴未阳，而死于仁义者与！故离朱不能察黑白之交，师旷不能审宫商之会，庆忌不能攫空尘之隙，神禹不能暂天地之分。非至常者，何足以与于斯！”

今论

南怀瑾《老子他说》:“视之不见的，还有非见所及的存在，特别命名它叫‘夷’。夷，是平坦无阻的表示。听之不闻的，还有非听闻所及的作用，特别命名它叫‘希’。希，不是无声，只是非人类耳目所及的大音而已。感觉摸触不到的，还有非感官所知的东西，特别命名它叫‘微’。微，当然不是绝对的没有。后来由印度传入的佛学，说到物理的深奥之处，也便借用老子的观念，翻译命名为‘极微’，便有互同此理的内涵。”

阅典笔记

老子描述了“道”的虚无缥缈，不可感知，看不见，听不到，摸不着，然而又是确实存在的，是所谓“无状之状，无物不象”。“道”有其自身的变化运动规律，掌握这种规律，便是了解具体事物的根本，就可以认识宇宙的始终，治理当今社会。

触类旁通

◎ 通典

高深莫测的“道”

古灵禅赞禅师悟道以后，有一天，看到他的受业本师在窗下看经，正好有一只蜂子飞入纸窗钻不出来。古灵便趁机说 :“世界如许（这样）广阔，不肯出。钻他故纸，驴年去（驴年，是代表永远没有这一年的意思。因十二生肖里没有驴）。”遂说偈曰 :“空门不肯出，投窗也大痴。百年钻故纸，何日出头时。”他的受业本师，因此受启发而终于大彻大悟。后人对于这个学案，又写了一首诗偈说 :“蝇爱寻光纸上钻，不能透过几多难。忽然撞着来时路，始信平生被眼瞒。”

◎ 评论

大道无形，无迹可循，大部分人终其一生，为耳目所迷，无法认清它的本质。

第十五章

这一章描述了行道者的修养和风范，重在论修身。也可以说这是教一般人怎样掌握和运用“道”。老子称赞得“道”之人的“微妙玄通，深不可识”，得“道”之士的精神境界远远超出一般人所能理解的水平，他们具有谨慎、警惕、严肃、洒脱、融和、纯朴、旷达、浑厚等人格，他们微而不显、含而不露，高深莫测，为人处事，从不自满高傲。本章里“蔽而新成”四字，有的版本作“蔽不新成”，这样，含义就迥然相异，前者解释为去故更新，后者则是安于陈旧，不求新成的意思。本书取“蔽而新成”，大致符合上下文意。

原典

古之善为道者①，微妙玄通，深不可识。夫唯不可识，故强为之容②：豫兮③，若冬涉川④；犹兮⑤，若畏四邻⑥；俨兮⑦，其若客⑧；涣兮，其若凌释⑨；敦 (dūn) 兮，其若朴⑩；旷兮，其若谷⑪；混兮，其若浊⑫；[澹 (dàn) 兮⑬，其若海；飂 (liú) 兮⑭，若无止。] 孰能浊⑮以静之徐清？孰能安⑯以动之徐生？保此道者，不欲盈⑰。夫唯不盈，故能蔽而新成⑱。

注释

① 善为道者：善于行道的人。

② 容：形容、描述。

③ 豫：犹豫。

④ 涉川：战战兢兢、如临深渊。

⑤ 犹：形容警觉、戒备的样子。

⑥ 若畏四邻：形容不敢妄动。

⑦ 俨兮：形容端谨、庄严、恭敬的样子。

⑧ 客：一本作"容"，当为客之误。

⑨ 涣兮，其若凌释：形容流动的样子。

⑩ 敦兮，其若朴：形容敦厚老实的样子。

⑪ 旷兮，其若谷：形容心胸开阔、旷达。

⑫ 混兮，其若浊：形容浑厚纯朴的样子。混，通浑，浑厚。

⑬ 澹兮：辽远广阔的样子。

⑭ 飂兮：急风。

⑮ 浊：动态。

⑯ 安：静态。

⑰ 不欲盈：不求自满。盈，满。

⑱ 蔽而新成：去故更新的意思。一本作蔽不新成。

译文

古时候善于行道的人，微妙通达，深刻玄远，不是一般人可以理解的。正因为不能认识他，所以只能勉强地形容他说：他小心谨慎啊，好像冬天踩着水过河般战战兢兢；他警觉戒备啊，好像防备着邻国的进攻；他恭敬郑重啊，好像赴宴的宾客；他融和洒脱啊，好像冰块缓缓消融；他纯朴厚道啊，好像没有经过加工的原料；他旷远豁达啊，好像深幽的山谷；他浑厚宽容，好像江河的浊流。辽远广阔，像浩渺的大海；飘扬放逸，像远山的幽古。谁能使浑浊安静下来，慢慢澄清？谁能使久静不萌发的东西变动起来，慢慢显出生机？保持这个"道"的人不会自满。正因为他从不自满，所以能够去故更新。

古注

王弼注："冬之涉川，豫然若欲度。若不欲度，其情不可得见之貌也。四邻合攻，中央之主，犹然不知所趣向者也。上德之人，其端兆不可睹，德趣不可见，亦犹此也。凡此诸若，皆言其容，象不可得而形名也。夫晦以理物则得明，浊以静，物则得清。安以动物则得生，此自然之道也。孰能者，言其难也，徐者，详慎也。盈必溢也。蔽，覆盖也。"

王夫之注："择妙者众，繇微而妙者鲜。求通者多，以玄为通者希。夫章甫不可以适越，而我无入越之心，则妙不在冠不冠之中，而敢以冠尝试其身乎？而敢以不冠尝试其首乎？又恶知夫不敢尝试者之越不为我适也，坐以消之，则冰可焕，浊可清，以雨行而不假盖，以饥往而不裹粻。其徐俟之也，岂果有黄河之不可澄，马角之不可生哉？天下已如斯矣，而竞名者以折锐为功。久矣，其弃故喜新而不能成也！”

今论

南怀瑾《老子他说》：“老子说：‘古之善为士者，微妙玄通。’意思是说精微到妙不可言的境界，絜净到冥然通玄的地步，便可无所不知，无所不晓了。而且，‘妙’的境界勉强来说，万事万物皆能恰到好处，不会有不良的作用。正如古人的两句话：‘圣人无死地，智者无困厄。’一个大圣人，再怎么样恶劣的状况，无论如何也不会走上绝路。一个真正有大智慧的人，根本不会受环境的困扰，反而可从重重困难中解脱出来。‘玄通’二字，可以连起来解释，如果分开来看，那么‘玄之又玄，众妙之门’。这正是老子本身对‘玄’所下的注解。更进一步具体地说，即是一切万物皆可以随心所欲，把握在手中。道家形容修道有成就的人为‘宇宙在手，万化由心’。”

阅典笔记

“豫兮若冬涉川”，一个真正有道的人，做人做事绝不草率，凡事都先慎重考虑。“豫”，有所预备，也就是古人所说“凡事豫立而不劳”。一件事情，不经过大脑去研究，贸然就下决定，冒冒失失去做、去说，那是一般人的习性。学道的人，因应万事，要有非常从容的态度。“无为而无不为”。“无为”，表面看来似没有所作所为，实际上，早已考虑周详，事先已下了最适当的决定。看他好像一点都不紧张，其实比谁都审慎周详，这种修养的态度，便是“豫立而不劳”。

触类旁通

◎ 通典

恭敬求虚，不满而满

孔子谈谦虚，在《论语》中是屡见不鲜的。他的弟子子路性格直率，过于鲁莽，很多时候表现得不够谦虚，孔子常常批评或教训他。有一次，子路、曾皙、冉有、公西华四个人陪孔子闲坐，孔子说："你们平时总是说：'没有人知道我呀！'假如有人知道了你们，你们打算怎么办呢？"子路急忙回答说："一个仅有千辆兵车，夹在大国之间，受到外国军队的侵犯，甚至还赶上荒年的国家，如果让我去治理，只需用三年的工夫，我就可以使人人勇敢善战，百姓都懂得做人的道理。"孔子听了微微一笑说："治理国家要讲礼让，可是，子路你说话却一点也不谦让，怎么能治理好国家呢？"

还有一次，孔子带着几个学生到庙里去祭祀，刚进庙门就看见座位上放着一个引人注目的祭器，据说这是一种盛酒的祭器。学生们看了觉得新奇，纷纷提出疑问。孔子问寺庙里的人："请问您，这是什么器具啊？"守庙的人恭敬地说："夫子，这是放在座位右边的器具呀！"孔子仔细端详着那器，口中不断重复念着："座右，座右。"然后对学生们说："这个放在座位右边的器具，空着的时候是倾斜的，装一半水时，就变正了，而装满水时就会倾覆。"听了老师的话，学生们都以惊异的目光看着他。孔子看出大家的心思，和蔼地问大家："你们不相信吗？那就提点水放到祭器里试试吧！"学生们于是打来了水。往祭器里倒了一半水时，那器具果然就正了。孔子立刻对他们说："看见了吧，这不是正了吗？"大家点点头。他又让学生继续往器具里倒水，器具刚装满水就倾倒了。孔子告诉他们："倾倒是因为水满所致啊！"直率的子路率先发问："难道没法子让它不倾倒吗？"孔子语重心长地说："世上绝顶聪明的人，应当用持重（举动谨慎稳重）保持自己的聪明；功誉天下的人，应当用谦虚保持他的功劳；勇敢无双的人，应当用谨慎保持他的本领……这就是说要用退让的办法来减少自满。"

◎ 评论

任何事情，任何行为，能慢一步蛮好的。“保此道者不欲盈”，凡事做到九分半就已差不多了，该适可而止。非要百分之百，或者过了头，那么保证你适得其反。中国文化源于同一根源，儒家道理也一样。《尚书》也说：“谦受益，满招损”。“谦”字亦可解释为“欠”。万事欠一点，加满十分，非溢出来不可，所以方寸之间的大智慧还需要我们慢慢摸索。

第十六章

本章里，老子特别强调"致虚"和"守静"，重在论修身。他主张人们应当用虚寂沉静去面对宇宙万物的运动变化。在他看来，万事万物的发展变化都有其自身的规律，从生长到死亡、再生长到再死亡，生生不息，循环往复以至于无穷，都遵循着这个运动规律。老子提出"归根"、"复命"的概念，主张回归到一切存在的根源，这里是完全虚静的状态，这是一切存在的本性。只有遵循"致虚"、"守静"，才能达到无为无不为的目的。

原典

致虚极，守静笃[1]。万物并作[2]，吾以观复[3]。夫物芸芸[4]，各归其根。归根[5]曰"静"，静曰[6]"复命"[7]。复命曰"常"[8]，知常曰"明"[9]。不知"常"，妄作凶。知"常"容[10]，容乃公，公乃全[11]，全乃天[12]，天乃道，道乃久，没身不殆。

注释

① 致虚极，守静笃：达到极端的空虚无欲，坚守彻底的清静无为。

② 作：生长、发展。

③ 复：循环往复（的规律）。

④ 芸芸：茂盛、纷杂、繁多。

⑤ 归根：回归根本。

⑥ 静曰：一本作"是谓"。

⑦ 复命：复归生命之本性。

⑧ 常：指万物运动变化的永恒规律，即自然规律。

⑨ 明：准确地认识和把握规律。

⑩ 容：宽容、包容。

⑪ 全：全面，普通。

⑫ 天：指自然的天，或为自然界的代称。

译文

达到极端的空虚无欲，坚守彻底的清静无为。万物一起蓬勃生长，我从而考察其循环往复的道理。那万物纷纷芸芸，各自返回它的本根。返回到它的本根就叫做清静，清静就叫做复归于生命之本。复归于生命之本是自然永恒的法则，明了这种自然法则就叫做明智，不明了自然规律的轻妄举止，往往会引发灾凶。能够认识把握自然规律就能包容，能够包容就能公正，能够公正就能遍泽万物，能够遍泽万物就能符合天地自然，能够符合天地自然就能符合道，能够符合道就能长久，终生不会危险。

古注

王弼注："言致虚，物之极笃；守静，物之真正也。动作成长，以虚静观其反复，凡有起于虚，动起于静，故万物虽并动作，卒复归于虚静，是物之极笃也。"

王夫之注："最下击实，其次邀虚。最下取动，其次执静。两实之中，虚故自然：众动之极，静原自复；不邀不执，乃极乃笃。何以明其然也？万物并作，而芸芸者，势尽而反其所自来也。是故邓林之叶，可无筹而数；千里之雨，可无器而量。犹舍是而有作，其不谓之妄手？故无所有事，而天下为我用，其道不用作而用观。观，目也。观而不作，目亦腹矣。"

今论

南怀瑾《老子他说》："以往的道家只有'清'与'虚'两个字。'清'是形容那个境界，而'虚'则是象征那个境界的空灵，二者其实是一回事。'致'是动词，是做到、达到；'致虚极'，要你做到空到极点，没有任何污染。至于空到极点是个什么样子呢？若还有个样子就不叫空了。空没得个相貌可寻。而'守静笃'讲的是功夫、作用，硬要你专一坚持地守住。"

阅典笔记

老子说，一切万物“各复归其根”，每一个生命，皆是依赖它自己的根本而活。草木无根，是活不了的。人也有根，人的根在哪里？人的根是在虚空中，在头顶上。虚空就是我们的泥土，这就是人与万物不同之处。植物的根栽在泥土中，人与植物相反，根栽在虚空中。所以，道家讲修道，“还精补脑，长生不老”。此“精”不完全是指精虫之精，只是与精虫有连带关系。我们看中国国画，主寿的寿星老人——南极仙翁，他那个脑袋被画得比平常人高出一重来，叫做“寿头”。脑子也是智慧的渊源。据说，婴儿刚生下来时，头顶的囟门下凹，还是洞开的，与天根相接，所谓“天根月窟常来往”，便指此处。等到此处封闭坚硬以后，他就慢慢开始会讲话，意识渐渐成长，天根便截断了。

触类旁通

◎ 通典

陶渊明《归园田居》

少无适俗韵，性本爱丘山。误落尘网中，一去三十年。
羁鸟恋旧林，池鱼思故渊。开荒南野际，守拙归园田。
方宅十余亩，草屋八九间。榆柳荫后檐，桃李罗堂前。
暧暧远人村，依依墟里烟。狗吠深巷中，鸡鸣桑树颠。
户庭无尘杂，虚室有余闲。久在樊笼里，复得返自然。

◎ 评论

“万物并作，吾以观复”，有志向道的人，不是鲁莽地横冲直撞，向前穷进，而是回头走，走到生命来源之处。禅宗后世的惯用语“还我本来面目”，可当参考，作为此话的注解。发现自己本来面目，明心见性，便开始承接那生命本具、源源不断、庞大无比的能源。要如何“归根”呢？唯一的方法，就是求静。“归根曰静，是谓复命。”能够静到极点，才能找到生命的本源，回归生命的根本。这个根是什么？——虚空。

第十七章

本章重在论述治国，强调贵言无为。这一章里，老子提出了自己的政治主张，他把统治者按不同情况分为四种，其中最好的统治者是人民不知道他的存在，最坏的统治者是被人民所轻侮，处于中间状况的统治者是老百姓亲近并称赞他，或者老百姓畏惧他。老子理想中的政治状况是：统治者悠闲自在，很少发号施令，政府只是服从于人民的工具而已，政治权力丝毫不得逼临于人民身上，即人民和政府相安无事，各自过着安闲自适的生活。当然，这只是老子的主观愿望，是一种乌托邦式的政治幻想。

原典

太上[1]，不知有之[2]；其次，亲而誉之[3]；其次，畏之；其次，侮之。信不足焉，有不信焉[4]。悠兮[5]其贵言[6]。功成事遂，百姓皆谓："我自然[7]。"

注释

① 太上：第一流的统治者。

② 不知有之：不知道有君主的存在。

③ 其次，亲而誉之：比这次一等的，（人民）亲近而且赞扬他。

④ 信不足焉，有不信焉：统治者的诚信不足，老百姓自然不信任他。

⑤ 悠兮：悠闲的样子。

⑥ 贵言：以言为贵。意思是不轻易发号施令。

⑦ 自然：自己本来的样子。然，这样子。

译文

最好的统治者，人民根本意识不到统治者的存在；次等的统治者，人民亲近赞扬他；再次一等的，人民害怕他；更次一等的，人民轻侮他。统治者的诚信不足，人民才对他不信任。（最好的统治者）是悠闲自如的，不轻易发号施令。功业成就，百姓都说："我们本来就该是这样的。"

古注

王弼注："大上，谓大人也。大人在上，故曰大上。大人在上，居无为之事，行不言之教。万物作焉而不为始，故下知有之而已，言从上也。不能以无为居事，不言为教，立善行施，使下得亲而誉之也。不复能以恩仁令物，而赖威权也。不能（法）以正齐民，而以智治国，下知避之，其令不从，故曰，侮之也。夫御体失性则疾病生，辅物失真则疵衅作。信不足焉，则有不信，此自然之道也。"

王夫之注："据道于此，疑彼之亦道；据道于彼，疑此之非道：既从而异之，又从而同之，则道乱于二，而苦于一。且乱，且苦，其疑不去。既自以为疑矣，故王者见不亲而忧，霸者遇不畏而怖。其疑不释，遂救之以要言；故始乎诅盟，而终乎甲胄。夫使人忘我于自然者，岂其心有不自然哉？信天下之不能越是也，任其迁流而不出于所自来，不爽于所自复，虚赘于天下之上，以待物之自成。是以天下之情，不可因，不可革；太上之治，无所通，无所塞，如老人之师，如尽人之力，而人乃废然而称之曰自然。"

阅典笔记

这一章，老子最后下一结论，形容这个道说："悠兮其贵言，功成事遂，百姓皆谓我自然。"这等于说，道是天地的公道，不需要刻意治理，遵循自然，任其发展，自能"功成事遂"。

触类旁通

◎ 通典

功成自然事遂

唐太宗李世民执政期间，实行了一系列的开明政策和措施，政绩卓著。他意识到君和民就好比是舟和水，水能载舟，亦能覆舟，所以不能对自己的子民太苛刻。于是他采取有利于经济发展的“休养生息”政策，轻徭薄赋，奖励农耕，使经济得到较快的恢复和发展。

◎ 评论

老子主张无为而治，只有达到了这一境界，国家才能安定，人民才能富足。我们常说“强扭的瓜不甜”，这是有道理的。没有顺应自然规律，其必然会自食其果。

第十八章

本章重在针砭时弊，揭露了社会的混乱和病态。可以从两方面来理解：一是它的直接内容，老子对当时病态社会的种种现象加以描述，即指出由于君上失德，大道废弃，需要提倡仁义以挽颓风。二是表现了相反相成的辩证思想，老子把辩证法思想应用于社会，分析了智慧与虚伪、孝慈与家庭纠纷、国家混乱与忠臣等，都存在着对立统一的关系。国家大治、六亲和顺，就显不出忠臣孝子；只有六亲不和，国家昏乱，才需要提倡孝和忠，这也是相互依属的关系。这是说，社会对某种德行的提倡和表彰，正是由于社会特别欠缺这种德行的缘故。

原典

大道废，有仁义①；智慧出，有大伪；六亲②不和，有孝慈③；国家昏乱，有忠臣。

注释

① 大道废，有仁义：社会公德、公正等被废弃，才有所谓的“仁义”产生。道，在此指顺应自然之道的一种准则。

② 六亲：指父、子、兄、弟、夫、妻，这里指家庭关系。

③ 孝慈：孝子慈父。

译文

社会的公正被废弃了，才有所谓“仁义”存在；投机取巧，追名逐利的智谋出现了，才产生了虚伪奸诈；家庭不和睦，才会提倡孝慈；国家陷于昏乱，才会出现忠臣。

古注

王弼注："失无为之事，更以施慧立善道，进物也。行术用明，以察奸伪；趣睹形见，物知避之。故智慧出则大伪生也。甚美之名生于大恶，所谓美恶同门。六亲，父子兄弟夫妇也。若六亲自和，国家自三合，则孝慈忠臣不知其所在矣。鱼相忘于江湖之道，则相濡之德生也。"

王夫之注："桮棬成于匠，而木死于山；罂盎成于陶，而土死于邛。其器是也，而所以饮天地之和者去之也。夫土木且有以饮，而况于人乎？而况于道乎？故利在物而害在己，谓之不全；善在己而败在物，谓之不公。"

今论

南怀瑾《老子他说》："老子的历史哲学与儒家的观念，乃至一般社会人生的态度，另成一格，大异其趣。从前面所说的天道自然，到此，他便提出反对仁义和智慧等的语句。只从文字上看，他是说，中国文化从上古以来，就是一个道，道衰微了，后来的人便提倡仁义道德，结果越强调越糟糕，适得其反。其次，老子也反对智慧。换句话说，知识越发达，教育学问越普及，人类社会阴谋诡诈，作奸犯科的事也就越多，越摆不平。接着，他举出更明显的理由，'六亲不和有孝慈'，在家庭中所谓的六亲，那便是父母、兄弟、夫妇，彼此之间有了矛盾、冲突，才看得出来：何者孝？何者不孝？"

阅典笔记

我们历史上著名的忠臣，如岳飞、文天祥、史可法等人，皆为大家所景仰，因为他们对国家民族忠心耿耿，临危受命，连个人宝贵的生命，都可牺牲。然而，这些可歌可泣的忠臣事迹，无不发生于历史混乱、生灵涂炭的悲惨时代。一个忠臣的形成，往往反映了一代老百姓的苦难。假使国家风调雨顺，永处太平盛世；社会上，大家自重自爱，没有杀盗淫掠之事，那么岂不个个是忠臣、人人是好人了吗？因此，老子才说："国家昏乱，有忠臣。"

触类旁通

◎ 通典

大道废，有仁义

孔子《礼运篇》:“故用人之智去其诈。用人之勇去其怒。用人之仁去其贪。饮食男女，人之大欲存焉。死亡贫苦，人之大恶存焉。故欲恶者，心之大端也。人藏其心，不可测度也，美恶皆在其心，不见及色也。欲一以穷之，舍礼何以哉！”

◎ 评论

老子的“大道废，有仁义。智慧出，有大伪”，其意和孔子所讲的道理，并无矛盾冲突之处，只是看问题的方面不一样而已。孔子代表儒家的思想，与老子代表的道家思想在道理上是相似的。社会上不仁不义的事情层出不穷，所以圣贤们才用心良苦，提供这服“仁义”的药方，同时宣扬“礼”，用“礼”约束人们的行为，希望社会有所改善。

第十九章

本章重在论述治国，论述了治疗社会弊病的方略。上一章叙述了大道废弃后社会病态的种种表现，本章则针对社会病态，提出治理的方案。在前一章里，老子说“智慧出，有大伪”，因而主张抛弃这种聪明智巧。他认为“圣”、“智”产生法制巧诈，用法制巧诈治国，便成为扰民的“有为”之政。抛弃这种扰民的政举，人民才可以得到切实的利益。本章中，许多本子引到“少私寡欲”结束，把“绝学无忧”作为下一章的开端。本书主张把此句放在本章的观点，“绝学无忧”正可以与前句“见素抱朴，少私寡欲”并列。

原典

绝圣弃智①，民利百倍②；绝仁弃义，民复③孝慈；绝巧弃利，盗贼无有。此三者，以为文，不足④。故令有所属⑤：见素抱朴⑥，少私寡欲⑦，绝学无忧⑧。

注释

① 绝圣弃智：消除聪明，抛弃智慧。绝，杜绝。圣、智，都是聪明的意思。

② 民利百倍：百姓会得到百倍的好处。

③ 复：恢复。

④ 此三者，以为文，不足：这三种东西全是巧饰，不足以治理天下。三者，指“圣智”、“仁义”、“巧利”这三种东西。文，文饰，巧饰。

⑤ 故令有所属：所以要使人的认识有所归属。

⑥ 见素抱朴：显现并坚守朴素。素，未染色的丝。朴，未经雕刻的木材，引申为质朴。见，同“现”，显现、显示。抱，坚守。

⑦ 少私寡欲：减少私心、减少欲望。

⑧ 绝学无忧：杜绝学问没有忧患。学，指儒家所提倡的仁义礼智之学。

译文

杜绝和抛弃聪明智巧，百姓会得到百倍的好处；杜绝和抛弃仁义，百姓才能恢复孝慈的天性；杜绝和抛弃巧诈和货利，盗贼也就没有了。圣智、仁义、巧利这三者全是巧饰，不足以治理天下，所以要使百姓的思想认识有所归属：保持纯洁朴实的本性，减少私欲杂念，抛弃圣智礼法的浮文而免于忧患。

古注

王弼注："圣智，才之善也。仁义，（人）[行]之善也。巧利，用之善也。而直云绝，文甚不足，不令之有所属，无以见其指，故曰，此三者以为文而未足，故令人有所属，属之于素朴寡欲。"

王夫之注："'绵绵若存'，其有所属乎！故鱼游而水乘之，鸟飞而空凭之。含天下之文者，莫大乎素；资天下之不足者，莫大于朴。以为有，而固未亲乎用；以为无，而人与天之相亲者在此也。缀乎和以致生，是以能长生。离乎和以专用，是以无大用。"

今论

南怀瑾《老子他说》："由这一章的反证，更可以看出老子的精神，不是如后代所说的反对仁义、反对孝慈。他只是提出当时社会不对劲的地方，希望当时的人慎重处理，将之归导于正途。而千古以来，注解老子的学者专家，往往只知其一，不知其二，困于老子的语言文字，没有听出弦外之音，把老子误解得太厉害、太离谱了。实际上老子、孔子都是同一精神，表达方式不同而已。"

阅典笔记

战国时期，真正能摆布那个时代二三十年之久的，只有苏秦、张仪两人，不管他们摆布得对或不对。所以后来司马迁、刘向等人，都非常佩服苏秦——一介书生，仅凭三寸不烂之舌，竟使国际间二十几年不发生战争。我们现在听来，二十几年的和平，好像算不了什么，但是春秋战国的时候，几十个国家随时随地都在作战。每一次战争都要死很多人。他们所凭的，正是老子所深恶痛绝的聪明智巧。老子的治国思想过于理想化，在当时的时代，是难以实现的。

触类旁通

◎ 通典

中国历史上有许多名人清正廉明，清心寡欲，从而成就了一番伟业。著名史学家司马光进士出身，官至御史中丞、尚书左仆射，除主编历史巨著《资治通鉴》名垂千古外，还以勤奋工作、生活俭朴而著称。他从不穿戴华贵的衣服显示自己的地位，“平生衣取蔽寒，食取充腹”，为了实现著书立说以资治国借鉴，近二十年不分昼夜，废寝忘食，经常抱病工作。朋友劝他“宜少节烦劳”，他回答“死生命也”。一个人越能看淡金钱名利，内心世界就越能平静似水，精神境界就越高尚。

诸葛亮《诫子书》：“非淡泊无以明志，非宁静无以致远。”

◎ 评论

圣人不刻意积累财富，一心为众人着想，自己反而愈富有；越是尽力地奉献于大众，自己反而得到的越多。这就如同众多的历史伟人，他们并没有为了金钱和名声而活着，反而流芳百世，获得了更多精神上的财富。因此，老子提出“天之道，利而不害；圣人之道，为而不争”，意思是按天道行事，就要利于万物而不为害；按圣人之道行事，就是只施济于民众，而不与民争利。

《庄子·外篇·天运》：“以富为是者，不能让禄；以显为是者，不能让名；亲权者，不能与人柄。操之则慄，舍之则悲，而一无所监，以门规其所不休者，是天之戮民也。”

第二十章

本章重在论修身，强调了行道之人与众不同。老子用辩证法的原理阐明，贵贱善恶、是非美丑种种价值判断都是相对形成的，而且随环境的差异而变动。在本章里，老子将世俗之人的心态与自己的心态作了对比描述，揭露社会上层追逐物欲的贪婪之态。文中的“我”指老子本人，但又不仅仅是指他个人，而是一种有抱负、有期望的人。“众人”、“俗人”指社会上层。这些人对是非、善恶、美丑的判断，并无严格标准，甚至是混淆的，任意而行。他说“我”是“愚人之心”，这当然是正话反说。世俗之人纵情于声色货利，而“我”却甘守淡泊朴素，以求精神的升华，而不愿随波逐流。

原典

唯之与阿[1]，相去几何？美之与恶[2]，相去若何？人之所畏[3]，不可不畏。荒兮[4]，其未央哉[5]！众人熙熙[6]，如享太牢[7]，如春登台[8]；我[9]独泊兮[10]，其未兆[11]。沌沌兮[12]，如婴儿之未孩[13]；儽儽兮[14]，若无所归。众人皆有余[15]，而我独若遗[16]，我愚人之心也哉[17]！俗人昭昭[18]，我独昏昏[19]；俗人察察[20]，我独闷闷[21]。（澹兮[22]，其若海；飂兮[23]，若无止。）众人皆有以[24]，而我独顽且鄙[25]。我独异于人，而贵食母[26]。

注释

① 唯之与阿：唯声与阿声，应诺声。阿，呵斥。“唯”，对上；“阿”，对下。

② 美之与恶：即美丑、善恶。

③ 畏：惧怕、畏惧。

④ 荒兮：广漠、遥远的样子。

⑤ 未央：未尽、未完。

⑥ 熙熙：纵情奔欲、狂欢的样子。

⑦ 太牢：用牛、羊、猪三牲之内做成食品，用于祭祀或盛筵，称为太牢。此句为参加丰盛的宴席。

⑧ 如春登台：好似在春天里登上高台，极目远望。

⑨ 我：可以将此“我”理解为老子自称，也可理解为所谓“修道之士”。

⑩ 泊：淡泊、恬静。

⑪ 未兆：没有征兆，无动于衷。

⑫ 沌沌兮：混混沌沌的样子。

⑬ 孩：形容婴儿的笑声。

⑭ 儽儽（lěi）兮：疲倦闲散的样子。

⑮ 有余：有丰盛的财货。

⑯ 遗：不足的意思。

⑰ 愚人：蠢笨的人。

⑱ 昭昭：明白鲜亮的样子。

⑲ 昏昏：愚钝暗昧的样子。

⑳ 察察：严厉苛刻，精明的样子。

㉑ 闷闷：浑浊、质朴的样子。

㉒ 澹兮：辽远广阔的样子。

㉓ 飂兮：急风。

㉔ 有以：有用、有为，有本领。

㉕ 顽且鄙：形容愚陋、笨拙。

㉖ 食母：食，用。母，指道，用道。

译文

应诺与呵斥，相差多少？美好与丑恶，又相差多少？人们普遍所害怕的，就不能不怕。宇宙是如此宽阔啊，从古到今，世风流转，好像没有尽头！众人都无忧无虑，兴高采烈，好像参加盛大的筵席，又好像春天登高远望（那样心旷神怡）。我独自恬然淡泊而无动于衷。混混沌沌的样子呵，好像一个还不会笑的婴儿；疲乏慵散，好像无家可归。众人都富足，唯独我却好像很穷困，我真是个愚人的心肠呵！一般人是那么光耀炫目，唯有我如此糊里糊涂；一般人是那么苛刻精明，唯有我如此浑浊质朴。（辽阔深广呵，像无边无际的大海一样；自由奔放呵，像无止境随意吹荡的疾风。）众人都有一套本领，有所作为，唯独我却愚顽鄙陋。我偏偏与众人不同，而重视用“道”来滋养自己。

古注

王弼注：“为学者日益，为道者日损。然则学求益所能，而进其智者也，若将无欲而足，何求于益。不知而中，何求于进。夫燕雀有匹，鸠鸽有仇，寒鄉之民，必知旃裘，自然已足，益之则忧。故续凫之足，何异截鹤之颈，畏誉而进，何异畏刑。唯［诃］美恶，相去何若？故人之所畏，吾亦畏焉。未敢恃之以为用也。叹与俗相（返）［反］之远也。众人迷于美进，惑于荣利，欲进心竞，众人熙熙，如享太牢，如春登台也。”

王夫之注：“善恶相倾，繇学而起，故效仁者失智，效智者失仁。既争歧之，又强合之，方且以为免于忧，而孰知一彼一此者之相去不远也？则揖让亦唯，而征伐亦阿也。天下畏不仁，而我不敢暴；天下畏不智，而我不敢迷。以雪遁者，唯恐以迹；以棘行者，唯恐以罥。蟺蜿轻微，而后学可绝；学可绝，而后生不损而物不伤。”

今论

南怀瑾《老子他说》：“‘绝学无忧’这四个字，有些人重新整理《老子》，将它归于前面一章，成为‘见素抱朴，少私寡欲，绝学无忧’。‘绝学无忧’做起来很难。绝学就是不要一切学问，什么知识都不执着，人生只凭自然。汉朝以后，佛学从印度传入中国，佛学称成了道的大阿罗汉为‘无学位’的圣人，意思是已经到了家，不需再有所学了。其实，严格而言，不管是四果罗汉，或者菩萨，都还在有学有修的阶段，真正‘无学’，那已经是至高无上的境界了。”

阅典笔记

虽然绝对的道德标准难求，但是对于一个社会因时因地所产生的相对道德标准，一个修道之人也应该遵守。这是“人之所畏，不可不畏”。此即老子的另一句话，“和其光，同其尘”。不可不畏，不得不畏，不能不畏，在文字上虽只一字之差，但是其意义相去甚多。不可不畏乃发自于自己内心的认识与选择，为了利益众生而随顺众生，不是受外在环境的制约，执著一般相对的价值标准。比如有个东西，大家都认为是黑色，这只是一种约定俗成的语言称呼，你也就跟别人说是黑的，不必硬说是白的；否则将有麻烦，彼此无法沟通。

触类旁通

◎ 通典

陈抟老祖

陈抟，道号希夷。当然，他早已被道家推为神仙的祖师。一般民间通称他“陈抟老祖”。他生当唐末五代的乱世，一生高卧华山，似乎一点也不关心世事。等到宋太祖赵匡胤在陈桥兵变，黄袍加身，当起皇帝来了，他正好下山，骑驴代步，一听到这个消息，高兴得从驴背跌下来，说：“从此天下可以太平！”因为他对赵宋的创业立国有这样的好感，所以赵氏兄弟都很尊重他。当弟弟赵匡义当上皇帝，成为宋太宗之后，还特别召见过他。据《神仙传》上的记载，宋太宗特别派人送去几位宫女侍候他，结果他作了一首诗：“冰肌为骨玉为腮，多谢君王送到来。处士不生巫峡梦，空劳云雨下阳台。”把宫女全数退回。

◎ 评论

希夷先生生当乱离的时代，在他的青壮年时期，何尝无用世之心。只是他看得透彻，高隐华山，以待其时。我们且看他的一首名诗，便知究竟了：“十年踪迹走红尘，回首青山入梦频。紫绶纵荣争及睡，朱门虽富不如贫。愁看剑戟扶危主，闷听笙歌聒醉人。携取旧书归旧隐，野花啼鸟一般春。”从这首七言律诗中，很明显地表露了希夷先生当年的感慨和观感，都在“愁看剑戟扶危主，闷听笙歌聒醉人”两句之中。这两句，也是全诗的画龙点睛之笔。因为他生在唐末到五代的乱世中，几十年间，这一个称王，那一个称帝，但也都是昙花一现，不能成大器，所以他才有“愁看剑戟扶危主”的感慨。同时又感慨那些生存在乱世中的世人，不知忧患，不知死活，只管醉生梦死，歌舞升平，那是非常可悲的一代。因此便有“闷听笙歌聒醉人”的叹息。因此，他必须有自处之道，便“携取旧书归旧隐”，高卧华山去了。

第二十一章

本章重在论道，说明了道与德的关系，与第十四章互相补充。从本书第一章起，老子就指出“道”是宇宙的本源。但这个本源“道”，是精神的还是物质的呢？对此问题，学术界的解释不同，就出现“道”是唯心主义的和“道”是唯物主义这两种观点。本章中，老子进一步发挥第十四章关于“道”是“无状之状，无物之象，是谓惚恍”的观点，还提出“德”的内容是由“道”决定的，“道”的属性表现为“德”的观点，集中地描述了“道”的一些特点。第一章、第四章、第十四章、本章和第二十五章，是研究老子哲学思想的核心——道的性质问题——的重要篇章。

原典

孔[①]德[②]之容[③]，惟道是从。道之为物，惟恍惟惚[④]。惚兮恍兮，其中有象[⑤]；恍兮惚兮，其中有物。窈兮冥兮[⑥]，其中有精[⑦]；其精甚真[⑧]，其中有信[⑨]。自今及古[⑩]，其名不去，以阅众甫[⑪]。吾何以知众甫之状哉？以此[⑫]。

注释

① 孔：甚，大。

② 德：“道”的体现。

③ 容：容貌、模样。

④ 恍惚：仿佛、不清楚。

⑤ 象：形象、具象。

⑥ 窈兮冥兮：窈，深远，微不可见。冥，暗昧，深不可测。

⑦ 精：精神，规律。

⑧ 甚真：真切。

⑨ 信：信实、信验，真实可信。

⑩ 自今及古：一本作"自古及今"。

⑪ 以阅众甫：用来视察万物的初始。阅，视、察。甫，始。

⑫ 以此：由道认识。

译文

大德的形态，是由道所决定的。"道"作这个东西，没有清楚固定的模样。它是那样的恍恍惚惚啊，其中却有形象；它是那样的恍恍惚惚啊，其中却有实体；它是那样的深远暗昧啊，其中却有精神。这精神是真切的，这精神是可以相信的。从当今上溯到古代，它的名字永远不会消失，依据它，才能观察万物的初始。我怎么才能知道万事万物开始的情况呢？是从"道"认识的。

古注

王弼注:"孔,空也。惟以空为德,然后乃能动作从道。恍惚无形,不系之叹。以无形始物。不系成物,万物以始以成,而不知其所以然,故曰,恍兮惚兮［其中有物］，惚兮恍兮其中有象也。窈、冥，深远之叹，深远不可得而见。然而万物由之,(其)［不］可得见，以定其真。故曰，窈兮冥兮，其中有精也。信，信验也。物反窈冥，则真精之极得，万物之性定。故曰，其精甚真，其中有信也。至真之极,不可得名,无名则是其名也。自古及今,无不由此而成,故曰,自古及今,其名不去也。众甫,物之始也。以无名（说）［阅］万物始也。此上之所云也。言吾何以知万物之始于无哉，以此知之也。"

今论

南怀瑾《老子他说》:"'孔德'是大德之意。依佛教习惯，写信给老前辈之尊称为某某'大德'。古代佛学从梵文翻译成中文的同义字，本来是有'孔德'，但因孔子姓孔，后来才将'孔德'改成'大德'，孔是大，德代表真正有道者的行为。'容'，则指内涵的包容作用。一个真正有道德修养的人，他的内涵，只有一个东西——'道'。'惟道是从'，二六时中，随时随地，每分每秒，都在要求自己合于道的原则，起心动念，一言一行，无有稍微违反道业。'澹兮其若海'，永远包容一切，容纳细流，会归于一，没有离谱走样的情况出现。这是本章开头提出做人的大原则，也是说明修道人出世的态度，以及道是如何修法。”

阅典笔记

道之为物，恍兮惚兮。我们现在一听“恍惚”一辞，就理解为精神散乱的迷幻状态。其实，老子的“恍惚”是指心性光明的境界，我们姑且不用繁琐的训诂学来解释这两个字，单就字形，便可看出“恍”是竖心旁加一个“光”字，“惚”是竖心旁加一个“忽”字，意谓心地光明，飘然自在，根本不是颠三倒四，昏头昏脑。如果修道的结果是迷迷糊糊，需要好几个人扶着，那还算修道吗？

触类旁通

◎ 通典

一个不折不扣的礼教叛徒

中国古代的礼教把老百姓害得不浅，最后到什么程度了呢？宋朝的时候有一个叫程颐的老家伙，创了理学，把礼教催残人性的作用发挥到了极点。曾经有一个寡妇这样问她：“我老公死了，我养不活自己，我可以再嫁不？”

程颐先生说：“饿死事小，失节事大。”

这里的节是什么节呢，就是对别人越严越好，对自己越松越好，于是程颐先生建议寡妇死。天底下还有他更无情的人吗？阮籍所处的时代，礼教对男女之间的接触有近乎泯灭人性的规范，比如叔叔和嫂嫂之间不能说话，朋友的女眷不能见面，邻居的姑娘不能用正眼去看等等，稍微一越轨，一顶“男女授受不亲”的帽子就扣在你的头上。但阮籍不管这些。嫂子要回娘家，他为嫂子送行，大大方方地和嫂子说了好些话，完全不顾叔嫂间不能说话的规范。附近有一家客栈，老板娘很漂亮，阮籍常常去客栈喝酒，还直言不讳地夸奖老板娘美貌。有时候喝得酩酊大醉，就睡在客栈旁边，老板娘也不赶他走，而老板娘的老公呢，也不怀疑他有什么不良企图。

◎ 评论

老子所谓“孔德之容，惟道是从”，就是顺应自然的人性，不为名教所羁绊，才能成就真正的大德。

第二十二章

本章重在论修身，阐发了处世的辩证法。老子从生活经验的角度，进一步深化了第二章所阐释的辩证法思想。第二章重点讲的是矛盾的转化。本章一开头，老子就用了六组词，讲述事物由正面向反面变化所包含的辩证法思想，即委曲和保全、弓屈和伸直、不满和盈溢、陈旧和新生、缺少和获得、贪多和迷惑。他把辩证法思想作为观察和处理社会生活的原则，最后他得出的结论是“不争”。

原典

曲则全，枉①则直，洼则盈，敝②则新，少则得，多则惑。是以圣人抱一③为天下式④。不自见(xiàn)⑤，故明⑥；不自是，故彰；不自伐⑦，故有功；不自矜，故长。夫唯不争，故天下莫能与之争。古之所谓“曲则全”者，岂虚言哉？诚全而归之。

注释

①枉：屈、弯曲。

②敝：破旧，凋敝。

③抱一：抱，守。一，即道。此意为守道。

④式：法式，范式。

⑤见：同“现”。

⑥明：彰明。

⑦伐：夸。

译文

弯曲才会保全，屈枉才会直伸，低洼才会充盈，陈旧才会更新，少取才会获得，贪多才会迷惑。所以圣人坚守这一原则作为天下事理的范式。不自我表现，所以显明；不自以为是，所以受到尊敬；不自己夸耀，所以有功劳；不自高自大，所以长久。正因为不与人争，所以遍天下没有人能与他争。古时所谓“弯曲才会保全”的话，怎么会是空话呢？它是实实在在的道理。

古注

王弼注：“自然之道亦犹树也，转多转远其根，转少转德其本。多则远其真，故曰惑也，少则得其本，故曰得也。一，少之极也。式，犹则（之）也。”

王夫之注：“事物之教，有来有往。迎其来，不如要其往；追其往，不如俟其来。而以心日察察于往来者，则非先时，而即后时。先既失后，后又失先，劳劳而愈不得；故小智日见其余，大智日见其不足。大道在中，如捕亡子而丧家珍，眘然介马以驰，终日而不遇，则多之为惑久矣。一曰冲，冲曰常。守常，用冲，养曲为全，明于往来之大数也。”

今论

南怀瑾《老子他说》：“老子把我们老祖宗传统文化的原则抓住，指出做人处世与自利利人之道——‘曲则全’。为人处世，善于运用巧妙的曲线只此一转，便事事大吉了。换言之，做人要讲艺术，便要讲究曲线的美。骂人当然是坏事。例如说：‘你这个混蛋！’对方一定受不了，但你能一转而运用艺术，你我都同此一骂，改改口气说：‘不可以乱搞，做错了我们都变成豆腐渣的脑袋，都会被人骂成混蛋！’那么他虽然不高兴，但心里还是接受了你的警告。若说：‘你这个混蛋，非如此才对。’这就不懂‘曲则全’的道理了，所以，善于言词的人，讲话只要有此一转就圆满了，既可达到目的，又能彼此无事。若直来直往，有时是行不通的。不过曲线当中，当然也须具有直道而行的原则，老是转弯，便会滑倒而成为大滑头了。所以，我们固有的民俗文学中，便有：‘莫信直中，须防仁不仁’的格言。总之，曲直之间的‘运用之妙，存乎一心’。”

阅典笔记

本章开头，老子用了“曲则全，枉则直，洼则盈，敝则新，少则得，多则惑”，一气呵成的几句话，非常有力，容易懂。可是它所包含的哲学道理，内涵却非常的丰富，可以从各个方面、不同的角度去解读，既可以启发我们为人处世之道，也可给为政者以警醒。

触类旁通

◎ 通典

“曲”式进言

三国时代，刘备在四川当皇帝，碰上天旱，他为了求雨，就下令不准私人家里酿酒，就如现在政府命令，不准屠宰相类同。因为酿酒也会浪费米粮和水。命令下达后，执行命令的官吏在执法上产生了偏差——在老百姓家中搜出做酒的器具来也要处罚。老百姓没有酿酒，只搜出以前用过的一些做酒工具，怎么可以算是犯法呢？虽然刘备的命令，并没有说搜到酿酒的工具要处罚，可是天高皇帝远，老百姓有苦无处诉，弄得民怨处处，眼看会酿出乱子来。简雍是刘备的妻舅，有一天，简雍与刘备一起出游，两人同坐在一辆车子上正向前走，简雍看到前面有一个男人与一个女人在一起走路，机会来了，他立刻对刘备说：“这两个人欲行奸淫，应该把他俩捉起来，按奸淫罪法办。”刘备说：“你怎么知道他们两人欲行奸淫？又没有证据，怎可乱办呢？”简雍说：“他们两人身上，都有奸淫的工具啊！”刘备听了哈哈大笑说：“我懂了，快把那些有酿酒器具的人放了吧。”

◎ 评论

古代帝王专制政体的时代，皇上一旦发了脾气，要想把他的脾气堵住，那就糟了，他的脾气反而发得更大，只能顺其势——“曲则全”——转个弯，把他化掉就好了。这是身为大臣，必须要善于运用的手段。这样的历史故事，可作为我们做人处事的参考。世间有很多事情都是如此，即使家庭骨肉之间，也是一样。

第二十三章

本章重在论述治国，以暴风雨喻暴政不会长久，行道才是正途。这一章和十七章都是相对应的。十七章揭示出严刑峻法的高压政策，徒然使百姓“畏之侮之”。因而希望统治者加以改变。前面几章已多次阐明“行不言之教”、“悠兮其贵言”、“多言数穷”等类似的话，本章一开始便继续阐述“希言自然”的道理。这几个“言”字，按字面解释，是说话，内含的意思都是指政教法令。老子用自然界狂风暴雨必不持久的事实作比喻，告诫统治者少以强制性的法令横加干涉，更不要施行暴政，而要行“清静无为”之政，才符合于自然规律，才能使百姓安然畅适。倘若以法令戒律强制人民，用苛捐杂税榨取百姓，那么人民就会以背离抗拒的行动对待统治者，暴政将不会持久。

原典

希言自然①。故飘风不终朝②，骤雨不终日③。孰为此者？天地。天地尚不能久，而况于人乎？故从事于道者④，同于道；德者，同于德；失者，同于失⑤。同于道者，道亦乐得之；同于德者，德亦乐得之；同于失者，失亦乐得之。（信不足焉，有不信焉。）⑥

注释

① 希言自然：不言教令是符合自然规律的。

② 飘风不终朝：狂风刮不了一个早晨。飘风，大风、强风。

③ 骤雨不终日：暴雨下不了一个整天。

④ 从事于道者：按道办事的人。此处指统治者按道施政。

⑤ 失：指失道或失德。

⑥信不足焉，有不信焉：统治者的诚信不足，老百姓自然不信他。

译文

少下达政令、不扰民是合乎于自然的。狂风刮不了一个早晨，暴雨下不了一整天。谁制造了狂风暴雨呢？天地。天地的狂暴尚且不能长久，何况人呢？所以，依道施政的人，行为就与道相同；依德施政的人，行为就与德相同；失道的人，行为也失道失德。合于道的人，道也乐于帮助他；合于德的人，德也乐于帮助他；失道的人，道亦使其失（天下）。统治者的诚信不足，就会有人不信任。

古注

王弼注："听之不闻名曰希。下章言，道之出言，淡兮其无味也，视之不足见，听之不足闻，然则无味不足听之，言乃是自然之至言也。言暴疾美兴不长也。从事，谓举动，从事于道者也。道以无形无为成济万物，故从事于道者，以无为为君，不言为教，绵绵若存而物得其真，与道同体，故曰同于道。德，少也少则得，故曰得也。行得则与得同体，故曰，同于得也。失，累多也。累多则失。故曰失也。行失则与失同体，故曰，同于失也。言随（行）其所[行]，故同而应之。忠信不足于下，焉有不信焉。"

王夫之注："天地违其和，则能天，能地，而不能久。人违其和，则能得，能失，而不能同。畅于阳，郁于阴；畅于阴，郁于阳。言过则跲，乐极则悲；一心数变，寝寐自惊。不知广大一同，多所不信，坐失常道，何望自然哉？凡道皆道，凡德皆德，凡失皆失。道德乐游于同，久亦奚渝？喜怒不至，何风雨之愆乎？"

今论

南怀瑾《老子他说》："老子说：'飘风不终朝，骤雨不终日。孰为此者？天地。天地尚不能久，而况人乎？'在中国的固有文化中，无论道家或儒家以及后来的佛家，早就知道，宇宙之所以成为宇宙，以及这个地球世界，有始有终，终会归于混灭。有开天辟地的时候，也有天翻地覆，终归结束的时候。佛家所说的'成、住、坏、空'，'诸法无常'。老子也说：'天地尚不能久'。白居易诗：'天长地久有时尽，此恨绵绵无绝期'。因此，有人说：'天若有情天亦老'。天地也不能永远无尽而长生不老的！不管是经过多少年代，即使是几百几千万亿年，终归要有结束的一瞬。‘天地尚不能久，而况人乎？’那么，人生更不能希求长久的永存了。”

阅典笔记

本章由“飘风不终朝，骤雨不终日，孰为此者，天地！天地尚不能久，而况于人乎”开始，阐述遵循自然规律的大道和大德，才能长久的道理。天地蕴含着巨大的力量，即使如此，也必须遵循自然的规律，即“道”。天地尚且无力对抗，何况藐小的人类呢？

触类旁通

◎ 通典

桀王背德

夏桀又名癸、履癸，商汤给他的谥号为桀（凶猛的意思）。他文武双全，赤手可以把铁钩拉直，但荒淫无度，暴虐无道。

夏桀发兵征伐有施氏，有施氏抵挡不住，进贡给他一个美女，名叫妺喜。桀十分宠爱妺喜，特地为她造了富丽堂皇的琼室、象廊、瑶台和玉床。这一切的负担都落在百姓的身上，人民痛苦异常，敢怒而不敢言。桀重用佞臣，排斥忠良。有个名叫赵梁的小人，专门投桀所好，教桀如何享乐，如何勒索，残害百姓，得到了桀的宠信。

东方商部落的首领汤将一个德才兼备的贤人伊尹引见给桀。伊尹以尧、舜的仁政来劝说桀，希望桀体谅百姓的疾苦，用心治理天下。桀听不进去，伊尹只得离去。到了晚年，桀更加荒淫无度，竟命人造了一个大池，称为夜宫，他带着一大群男女杂处在池内，一个月不上朝。太史令终古哭着进谏，桀反而很不耐烦，斥责终古多管闲事。终古知夏桀已不可救药，就投奔了商汤。夏桀手下有个叫关龙逄的臣子，听到老百姓的愤怒声音，便对桀进谏说：“天子谦恭而讲究信义，节俭又爱护贤才，天下才能安定，王朝才能稳固。如今陛下奢侈无度，嗜杀成性，弄得百姓都盼望你早些灭亡。陛下已经失去了民心，只有赶快改正过错，才能挽回人心。”桀听了又怒骂关龙逄，最后更下令将他杀死。

夏桀认为他的统治永远不会灭亡。他说：“天上有太阳，正像我有百姓一样，太阳会灭亡吗？太阳灭亡，我才会灭亡。”他还召集所属各部首领开会，准备发动讨伐其他部落的战争。桀日益失去人心，弄得众叛亲离。

这时候，商部落在汤的领导下日益兴旺了起来。桀担心商汤会危及自己，就借故将他囚禁在夏台（今河南省禹县境内）。不久，汤设计使桀释放了自己。

后来，商汤在名相伊尹谋划下，起兵伐桀，汤先攻灭了桀的党羽韦国、顾国，击败了昆吾国，然后直逼夏的重镇鸣条（今山西省安邑县西）。桀得到消息，带兵赶到鸣条。两军交战，夏军将士原来就不愿为桀卖命，乘机纷纷逃散。夏桀制止不住，只得仓皇逃入城内。商军在后紧追，桀匆忙携带妹喜和珍宝，渡江逃到南巢（今安徽省巢县）。后又被汤追上俘获，放逐在此。长达五百年的夏王朝灭亡。

◎ 评论

在这一章里，老子说得道的圣人（统治者）要行“不言之教”。他说，只要相信道，就自然会得到道；反之，就不可能得到道。在本章里老子举自然界的例子，用暴风骤雨都不能够长久来告诫统治者暴政是长久不了的。统治者如果清静无为，那么社会就会出现安宁平和的风气，统治者如果恣肆横行，那么人民就会抗拒他；如果统治者诚信不足，老百姓就不会信任他。纵观古今中外的历史，哪一个施行暴戾苛政的统治者不是短命而亡呢？中国第一个封建中央集权的王朝秦王朝仅仅存在了一二十年的时间，原因何在？就是由于秦朝施行暴政、苛政，人民群众无法按正常方式生活下去了，被迫揭竿而起。另一个短命而亡的王朝隋朝何尝不是因施行暴政而激起人民的反抗，最后被唐王朝所取代呢？“同于道者，道亦乐得之。”按照大道来行事的人，大道也乐于成全得到他，愿意和他和谐相处。

第二十四章

本章重在论修身，反对“余食赘行”。在本章里，老子用“企者不立，跨者不行”作比喻，说“自见”、“自我”、“自矜”的后果都是不好的，不足取的。这些轻浮、急躁的举动都是反自然的，短暂而不能持久。急躁冒进，自我炫耀，反而达不到自己的目的。本章不仅说明急躁冒进、自我炫耀的行为不可恃，也喻示雷厉风行的政举将不被人们所普遍接受。

原典

企者不立①，跨者不行②。自见者，不明；自是者，不彰；自伐者，无功；自矜者，不长。其在道也，曰：“余食赘形③，物或恶之。”故有道者不处。

注释

① 企者不立：踮起脚跟，脚尖着地。踮起脚跟的人难以久立。

② 跨者不行：跃、越过，阔步而行。跨越走路的人难以远行。

③ 赘形：剩余。因饱食而使身上长出多余的肉，多余而无用的行为。

译文

踮起脚跟的人难以久立，步子迈得太大的人不能远行。只看见自己的人反而不能明辨整理，自以为是的反而得不到尊敬，自我夸耀的建立不起功勋，自高自大的不能长久。从道的角度看，可以说：“因多余的饮食而使身体长出多余的肉，令人厌恶。”所以有道的人决不这样做。

古注

王弼注："物尚进则失安，故曰，企者不立。[不自见则其明全也]，[不自是则其是彰也]，[不自伐则其功有也]，[不自矜则其德长也]。其唯于道而论之，若却至之行，盛馔之余也。本虽美，更可秽也。本有功而自伐之，故更为肬赘者也。"

王夫之注："心弥急者机弥失，是弥坚者非弥甚。前机已往，追而缀之，如食已饫而更设。后机未至，强而属之，如形已具而更骈。道数无穷，执偏执余以尽之，宜其憎乎物，而伤乎己也。"

今论

南怀瑾《老子他说》："由第二十二章开始，接连到二十五章为止，反复地申明，道体自然，切莫乱加造作，因此，当起用因应在万事万物时，亦须效法天地自然的规律，'曲全'而成事。本章衔接上两章内涵，再提出反证，作为正面的告诫。因此开始便由'企者不立'讲起。什么叫'企者不立'呢？且看我们现在有许多公司，取名叫企业公司。什么叫'企'呢？把脚跟踮起来，不断向前开展叫'企'。这样踮起脚跟来，能站多久呢？其实，是难以长久立足的，这便是'企者不立'的道理。"

阅典笔记

本章所具体阐述的问题，仍然是有关社会政治及其得失的内容，同时还包含有辩证法的观点，即"企者不立"、"跨者不行"、"自见者不明"、"自是者不彰"、"自伐者无功"、"自矜者不长"。这些表现及其结果往往是对立的、相互矛盾的。这是老子思想中极富精义的部分。不过在这其中仍然贯穿着以退为进和所谓"委曲求全"的处世哲学。这种观点、这种态度绝不是无条件的、在任何情况下都可以采用的，而仅是对现实斗争中某种情况下可以采用的策略。这虽然说不上是在逃避现实的政治斗争，但表面上给人的印象却是消极退守、防御。当然，这是老子哲学思想的一贯主张。不过在现实生活中一定要灵活运用，它并不是放之四海而皆准的真理。

◎ 通典

苻坚自见，终显其不明

357年，前秦苻坚自立为王，起用了那个在野的名士，平时扪虱而谈天下事的王猛为政，不过十三四年之间，北灭燕云，南胁东晋，大有不可一世的气势。又过了几年，王猛得病将死（王猛当政也只十六七年），苻坚不但为他百计祈祷，并且还亲自到病榻访问后事。王猛对他说："善作者不必善成（成功不必在我之意），善始者不必善终（也就是《易经》坤卦无成有终的意思）。古先哲王，知功业之不易，战战兢兢，如临深谷。伏惟陛下，追踪前圣，天下幸甚。"又说："晋虽僻处江南，然正朔相承，上下安和。臣殁之后，愿勿以晋为图（告诉他，切莫轻易南下用兵图谋东晋）。鲜卑、西羌，我之仇敌，终为大患，宜渐除之，以安社稷。"王猛一死，苻坚三次亲临哭丧。而且对他的儿子（太子）苻宏说："天不欲使吾平一六合耶？何夺我景略（王猛字）之速也。"过不了七八年，苻坚一反常态，不顾王猛的遗嘱，便欲将百万之众，南下攻击东晋。当他聚集高级臣僚开军事会议时，众人皆言不可。苻坚却坚持自己的意见说："以吾之众，投鞭于江，足断其流，又何险之足恃乎？"这便是苻坚的最大自伐、自矜之处。等到回到后宫，他最宠爱的妃子张夫人，也苦苦来劝谏他勿出兵侵略东晋。苻坚便说："军旅之事，非妇人所当预。"换言之，军事的事，不是你们女性所应该参与的。他最喜欢的小儿子苻铣也来劝谏。苻坚便训斥他说："天下大事，孺子安知。"换言之，你这个小孩子，哪里懂得天下大事。

一个月之后，秦王苻坚，自统六十余万骑兵南下，一战而败于淝水，比起曹操的兵败赤壁还要悲惨。

◎ 评论

我们读历史，看到历史上以往的经验，便可了解古人所推崇的古圣先贤的名言学理是多么的重要，多么的可贵。譬如苻坚的暴起暴亡，抵触老子所说的四不戒条，无一不犯，哪有不败之理。

第二十五章

本章说明道的属性、状态、称谓和归依，重在论道。这一章，老子描述了“道”的存在和运行，这是《道德经》里很重要的内容。主要包括：“有物混成”，用以说明“道”是浑朴状态的，它是圆满和谐的整体，并非由不同因素组合而成的。“道”无声无形，先天地而存在，循环运行不息，是产生天地万物之“母”。“道”是一个绝对体。现实世界的一切都是相对而存在的，而唯有“道”是独一无二的，所以“道”是“独立而不改”的。在本章里，老子提出“道”、“人”、“天”、“地”这四个存在，“道”是第一位的，它不会随着变动运转而消失。它经过变动运转又回到原始状态，这个状态就是事物得以产生的最基本、最根源的地方。

原典

有物混成[1]，先天地生。寂兮寥兮[2]，独立而不改[3]，周行而不殆[4]，可以为天地母[5]。吾不知其名，强字之曰“道”[6]，强为之名曰“大”[7]。大曰“逝”[8]，逝曰“远”，远曰“反”[9]。故道大，天大，地大，人亦大[10]。域中[11]有四大，而人居其一焉。人法地，地法天，天法道，道法自然[12]。

注释

① 有物混成：物，指“道”。混成：混然而成，指浑朴的状态。有一个东西混沌而成。

② 寂兮寥兮：没有声音，没有形体。寂静，空虚。寂，无声。寥，空虚。

③ 独立而不改：形容“道”的独立性和永恒性，独自生存而永不改变。

④ 周行而不殆：循环运行而永不懈怠。周，匝，环绕。殆，通“怠”，不息之意。

⑤ 天地母：母，指“道”，天地万物由“道”而产生，天地的本原。

⑥ 字之曰道：命名它叫“道”。

⑦ 大：形容“道”是无边无际的、无所不包的。

⑧ 逝：指“道”的运行周流不息，永不停止的状态。

⑨ 反：同“返”。意为返回到原点，返回到原状。

⑩ 人亦大：人乃万物之灵，与天地并立而为三大，即天大、地大、人亦大。

⑪ 域中：空间之中，宇宙之中。

⑫ 道法自然：“道”纯任自然，本来如此。法，效法。

译文

有一个东西混然而成，在天地形成以前就已经存在。它寂寂无声又广阔无形，不依靠任何外力而独立长存永不停息，循环运行而永不衰竭，可以作为万物的根本。我不知道它的名字，所以勉强把它叫做“道”，勉强称它为“大”。它广大无边而运行不息，运行不息而伸展遥远，伸展遥远而又返回本原。所以说道大、天大、地大、人也大。宇宙间有四大，而人居其中之一。人效法地，地效法天，天效法道，而道效法自然。

古注

王弼注：“混然不可得而知，而万物由之以成，故曰混成也。不知其谁之子，故先天地生。寂寥，无形体也。无物（之匹）[匹之]，故曰独立也。返化终始，不失其常，故曰改也。周行无所不至而（免）[不危]殆，能生全大形也，故可以为天下母也。”

王夫之注：“形象有间，道无间。道不择有，亦不择无，与之俱往。往而不息于往，故为逝，为远，与之俱往矣。住而不悖其来，与之俱来，则逝远之即反也。道既已如斯矣，法道者亦乘乘然而与之往来。而与之往来者，守常而天下自复，盖不忧其数而不给矣。‘载营魄，抱一而不离’，用此物也。近取之身，为艮背而不为机目；远取之天地，为大制而不为剸割；故可以为天下王。”

今论

南怀瑾《老子他说》："'有物混成'，这个'物'字，并不同于现代人所了解的'物质'观念的物字，这一关键，前面已曾提过，古代'物'字的含义，等于现在一般口语中的'有一个东西'，这个'东西'，可指非物质的存在状况，例如精神、心理或者'力'、'能'等等，也可代表物质之'物'。此处'有物混成'的物，是'道'的同义字，这个道的内涵，包括了物质与非物质，是'心物一元'混合而成的。"

阅典笔记

老子说这个道"寂兮！寥兮！"清虚寂静，广阔无边，没有形象声色可寻，永远看不见、摸不着，"独立而不改"，超越于一切之外，悄然自立，不动声色，不因物理世界的生灭而生灭。但我们在这里要注意，老子说的是"独立而不改"，他并没有说"独立而常住"。"常住"，让人感觉是指具备形象的实有，但道并不适合以实有称之。因为它"非心非物"，可是也不能说不是实有，因为它"即心即物"。"周行而不殆"，它无所不在，到处都有道。不论"物"也好，"心"也好，都有它的存在，永远无穷无尽，"可以为天下母，吾不知其名，强字之曰道。"这个东西是一切宇宙万有的根本，实在很难用一般世间的语言文字来形容，所以我们中国古代的老祖宗们，不得已，姑且叫它做"道"，以"道"来统括万法的归处。

触类旁通

◎ 通典

对道的不同认识

佛家专用的名词"空"是从道体的原则上说，而道家所用的"寂"、"寥"则是形容其境界与现象，在表达上各有各的好处，也各有各的缺点。谈"空"，难免有人会误认为是断灭思想；说"寂"说"寥"，又易使人执著一个现象，落在境界的窠臼中。早期的中国文化思想，对于"道"这个东西，并未赋予它任何宗教形态，或者将它专属于某一种哲学派别。引用列子的话来说，便是："东方有圣人出焉，西方有圣人出焉，此心同，此理同。"老子认为

道的本身，大到无量无边，无有涯际，因此名之为“逝”。同样的意义，佛经上“佛”亦有十个名号，“善逝”是其中之一。这个“善逝”的“逝”，除了具有“无常”的含义外，同样代表无尽无限，形容难以言喻之大，与老子所说的“大曰逝”，有不谋而合之处。但是我们知道，佛经翻译到中国来，距离老子时代已经有相当一段的时间，然而老子在中国上古文化中，早已有相同的看法和用词了。

◎ 评论

我们人体是个小宇宙、小天地，在这个宇宙天地里，气机如何运行，血液如何流通，一切均有固定不易的法则，分秒不能勉强，不可勉强，不必勉强。假使真懂了这种道理，自己便会明白怎么来修道养生，但是归结的道理，不外乎老子的“人法地，地法天，天法道，道法自然”。

第二十六章

本章重在论修身，论述稳重和沉静。这一章里，老子又举出两对矛盾的现象：轻与重、动与静。在重轻关系中，重是根本，轻是其次，只注重轻而忽略重，则会失去根本；在动与静的关系中，静是根本，动是其次，只重视动则会失去根本。在本章里，老子所讲的辩证法是为其政治观点服务的，他的矛头指向是“万乘之主”，即大国的国王，认为他们奢侈轻淫，纵欲自残，即用轻率的举动来治理天下。在老子看来，一国的统治者，应当静、重，而不应轻、躁，如此，才可以有效地治理自己的国家。

原典

重为轻根，静为躁君①。是以君子②终日行不离辎重③。虽有荣观④，燕处⑤超然。奈何万乘之主⑥，而以身轻天下⑦？轻则失根⑧，躁则失君。

注释

①静为躁君：君：主宰。沉静是浮躁的主宰。

②君子：一本作“圣人”。指理想之主。

③辎重：有衣车，四面有屏蔽的车。

④虽有荣观：贵族游玩的地方。指华丽的生活。荣，华美之君。观，观游之乐。

⑤燕处：安居之地，安然处之。燕，安然。

⑥万乘之主：乘指车子的数量。“万乘”指拥有兵车万辆的大国。

⑦身轻天下：自身轻浮地面对天下。

⑧轻则失根：轻浮纵欲，就会丧失根本。

译文

稳重是轻率的根本，静定是躁动的主宰。因此君子终日行走，不离负载天下的责任，虽然有美食胜景吸引着他，却能安然处之。为什么大国的君主，还要不知自重，（只图眼前的功利）轻率地治理天下呢？轻率就会失去根本，浮躁就会丧失主宰。

古注

王弼注："凡物轻不能载重，小不能镇大。不行者使行，不动者制动，是以重必为轻根，静必为躁君也。以重为本，故不离。不以经心也。轻不镇重也，失本为丧身也，失君为失君位也。"

王夫之注："有根则有茎，有君则有臣。虽然，无宁守其本乎！一息之顷，众动相乘，而不能不有所止。道不滞于所止，而因所止以观，则道之游于虚，而常无间者见矣。惟不须臾忍，而轻以往，则应在一而违在万，恩在一隅而怨在三隅，倒授天下以柄，而反制其身。故夏亡于牧宫之造，周衰于征汉之舟。以仁援天下而天下溺，以义济天下而天下陷，天下之大，荡之俄顷，而况吾身之内仅有之和乎？"

今论

南怀瑾《老子他说》："由上章的四大——道大，天大，地大，王亦大，和四法——人法地，地法天，天法道，道法自然。跟着而来，就有本章人法地的引申说明，即所谓'重为轻根，静为躁君，是以圣人终日行而不离辎重'。重和轻，静和躁，都是相对两种现象。重和轻，是物理现象的相对。静和躁，是生态现象的相对。但从原文文字上看来，老子上侧重'重'和'静'的重要，只偏向一头，而舍置它相互影响的关系。"

阅典笔记

"终日行而不离辎重"是说志在圣贤的人们，始终要戒慎恐惧，随时随地存着济世救人的责任感。如在颠沛流离中的大舜，始终以大孝于天下存心。如大禹的治平洪水，九年在外栉风沐雨，腓无胈，胫无毛，三过其门而不入。但古人又说：大德者，必得其名，必得其位，必得其寿。这是善有善报的必然因果律。正如隋炀帝杨广所说的："我本无心求富贵，谁知富贵迫人来。"

如果真正有道之士，到了这种地位，虽然处在“荣观”之中，仍然恬淡虚无，不改本来的素朴；虽然处在荣华富贵之中，依然超然物外，不因功成名遂、富贵荣华而自累其心，这才是有道者的自处之道。这里的“荣观”的“观”字，是多音字，应作古代建筑物的“观”字读，不可作观看的“观”字来读。“燕”字，通作“晏”，便是安静的意思。

触类旁通

◎ 通典

《庄子·杂篇·让王篇》：韩、魏相与争侵地，子华子见（韩）昭僖侯。昭僖侯有忧色。子华子曰：今使天下书铭于君之前。书之言曰：左手攫之则右手废。右手攫之则左手废。然而攫之者必有天下，君能攫之乎？昭僖侯曰：寡人不攫也。子华子曰：甚善。自是观之，两臂重于天下也。身亦重于两臂。韩之轻于天下亦远矣。今之所争者轻于韩又远，君固愁伤生以忧戚不得也。僖侯曰：善哉！教寡人者众矣，未尝得闻此言也。子华子可谓知轻重矣。

◎ 评论

人的生命之价值，在于我有一个完整无缺的现实身体的存在。志在天下国家，成大功、立大业者，正为我有身存，老子所谓：“及吾无身，又有何患。”现在正因为还有此身的存在，应该谨存素朴，燕然自处而游心于物欲以外，然后不以一己的个人自私而谋天下国家大众的大利，立大业于天下，才不负天赋所生之生命的价值。可是，很可惜的，便是当时的君主们，以及后来的君相们，大多都只图眼前的私利而困于个人权势的欲望中，以身轻天下的安危而不能自拔，因此而引出老子有“奈何！奈何！奈若何”的一叹！从人道的观点来看，立身爱己，正是大有为于天下的开始，所以儒家才有“孝子不立于危墙之下”的大戒。修身养身无道，又哪里能够担当起天下国家危难的大任呢？同时须知，人无超然出世的修养，而贸然谈利于天下国家的大业，正是失其轻重权衡之处，所谓“轻则失本，躁则失君”。

第二十七章

本章是对“自然无为”思想的引申，重在论述治国，说明了无为而治、善待民众的道理。老子用“善行”、“善言”、“善数”、“善闭”、“善结”作喻，说明人只要善于行不言之教，善于处无为之政，符合于自然，不必花费太大的气力，就有可能取得很好的效果，并且无可挑剔。这一章又发挥了不自见、不自是、不自伐、不自矜的道理，不从正面“贵其师”，不从反面“爱其资”，做到“虽智大迷”。因而，本章的主导思想，是把自然无为扩展应用到更为广泛的生活领域之中。

原典

善行，无辙迹[①]；善言[②]，无瑕谪[③]；善数[④]，不用筹策[⑤]；善闭，无关楗[⑥]而不可开；善结，无绳约[⑦]而不可解。是以圣人常善救人，故无弃人；常善救物，故无弃物。是谓“袭明”[⑧]。故善人者不善人之师；不善人者善人之资[⑨]。不贵其师，不爱其资，虽智大迷，是谓“要妙”[⑩]。

注释

① 辙迹：轨迹，行车时车轮留下的痕迹。

② 善言：指善于采用不言之教。

③ 瑕谪：过失、缺点、瑕疵。

④ 数：计算。

⑤ 筹策：古时人们用作计算的器具。

⑥ 关楗：门闩。

⑦ 绳约：绳索。约，指用绳捆物。

⑧ 袭明：内藏智慧聪明。袭，覆盖之意。

⑨ 资：取资、借鉴的意思。

⑩ 要妙：精深微妙。妙，通“眇”

译文

善于行走的，不会留下辙迹；善于言谈的，不会落人口实；善于计数的，用不着器具；善于关闭的，不用门闩而使人不能打开；善于捆缚的，不用绳索而使人不能解开。因此，圣人善于救助人，所以没有被遗弃的人；善于物尽其用，所以没有被废弃的物品。这就叫做内藏聪明智慧。所以善人可以做为恶人们的老师，恶人可以作为善人的借鉴。不尊重自己的老师，不重视他的借鉴作用，虽然自以为聪明，其实是大大的糊涂。这就是精深微妙的道理。

古注

王弼注:“顺自然而行,不造不(始)[施],故物得至而无辙迹也。顺物之性,不别不析，故无瑕谪可得其门也。因物之数，不假形也。因物自然，不设不施，故不用关楗，绳约而不可开解也。此五者皆言不造不施，因物之性，不以形制物也。圣人不立形名以检于物，不造进向以殊弃不肖，辅万物之自然而不为始，故曰无弃人也。不尚贤能，则民不争，不贵难得之货，则民不为盗，不见可欲,则民心不乱。常使民心无欲无惑,则无弃人也。举善以(师)[齐]不善，故谓之师矣。资，取也。善人以善齐不善，[不]以善弃不善，故不善人善人之所取也。虽有其智，自任其智，不因物于其道必失。故曰，虽智大迷。”

王夫之注：“我之有明，非明也，又况投明于物，絜其长短以为耀乎？故鸟窒于实,蚓困于空,鱼穷于陆,固其获,而未知不得者之可为得也。我欲胜之,勿往絜之。万物饰其形以相求，或逃其美以相激，咸潜测其根柢，掩而有之，则物投我而我不投物。众实求给，一虚无间，故善恶之意消，而言行闭结之所摄者，要妙不可窥矣。”

阅典笔记

本章所讲的内容，重在要求人们尤其是圣人要恪守“无为而治”的原则，说明有道者顺任自然以待人接物，更表达了有道者无弃人无弃物的心怀。人

无弃人，物无弃物，天下的善人不善人，善物不善物，都是有用处的。善者为师，恶者为资，一律加以善待。特别是对于不善的人，并不因其不善而鄙弃他，一方要劝勉他，诱导他，另一方面也给他一个成为善人借鉴的作用。这就考虑到事物所包含的对立的两个方面，不要只从一个方面看。浮皮潦草，粗枝大叶，或只知其一，不知其二，便沾沾自喜，自以为无所不通、无所不精，恃才傲物，都是不可取的。

触类旁通

◎ 通典

范岁久 1912 年出生在中国杭州，1935 年到丹麦求学，他学的专业是农业和合作化，准备两年后学成回国。1937 年抗日战争爆发，范岁久的父母建议他暂时不要回国。1940 年，范岁久取得丹麦农业大学硕士学位，正准备回国的时候，第二次世界大战的战火烧到了丹麦，他不得不再次推迟回国的计划。1946 年范岁久获得丹麦皇家农业大学微生物和遗传学博士学位。这时的范岁久已经与丹麦女子伊丽莎白结婚，并有了女儿范丽生。

当时的丹麦，很难见到中国产品。范岁久用自己所学专业研制出了第一瓶“中国酱油”。以后，范岁久与朋友合办了一家中餐馆，取名“竹园”，很快吸引了大批顾客。在众多的中国美味佳肴中，春卷最受顾客欢迎，它价廉物美，许多顾客就是冲着春卷来的，光要春卷，不要别的菜。这样一来，餐馆的利润可就大打折扣。

“竹园”的春卷名气远播全国，订购春卷的单子源源不断，光靠几个师傅手工包春卷已经供不应求。范岁久开始尝试机器生产春卷。

就在范岁久投入精力和财力研制春卷生产设备的时候，“竹园”的生意逐渐清淡。因为丹麦的中餐馆越来越多，与范岁久合伙的朋友不得不分道扬镳。好心人劝说范岁久放弃春卷生意，重新从事他的专业研究。但是范岁久没有中途退却。1963 年，范岁久研制的第一台春卷制皮机诞生了。为了降低成本，范岁久又研究开发了速冻春卷和可以长期保存的听装春卷，并建成了从原料加工到超市销售成品的流水线，以后又进一步实现了电脑化。我们今天看到的流水线，每秒钟生产一个春卷，每个春卷的重量一百克，分毫不差。

1985 年，大龙公司的产值达到一亿六千两百万丹麦克朗。那一年，大龙公司制作了一个 25.49 米长的春卷，并被记入了《吉尼斯世界大全》。2001 年，范岁久的大龙公司产值达到四亿两千万丹麦克朗，公司资产达到两亿三千万丹麦克朗。范岁久的大龙春卷行销欧洲许多国家，并漂洋过海到美国、加拿大。

◎ 评论

范岁久的成功体现了老子“五善”：善行、善言、善数、善闭、善结。这五善是合乎大道的，我们只有到达这五善才能行动自如，同庖丁解牛一般。这一章处处闪耀着老子的智慧火花，无不显示了他深藏不露的机智和机巧之心。

第二十八章

本章重在论修身，说明了知雄守雌的道理。老子提出这样的一个原则：知雄、守雌，用这个原则去从事政治活动，参与社会生活。这种原则在老子所处的时代，可以作为一种生活态度的选择。当时正处在春秋末年，政治动荡，社会混乱，你争我夺，纷纭扰攘，面对这样一种社会状况，老子提出了“守雌”的处世原则。他认为，只要人们这样做了，就可以返璞归真，达到天下大治。此处还应注意，不仅是“守雌”，还有“知雄”。在雄雌的对立中，对于雄的一面有透彻的了解，然后处于雌的一方。本章所用的几个名词，代表着老子的一些基本观念。

原典

知其雄[1]，守其雌[2]，为天下谿（xī）[3]。为天下谿，常德不离，复归于婴儿[4]。知其白，（守其黑，为天下式[5]。为天下式，常德不忒[6]，复归于无极[7]。知其荣[8]，）守其辱[9]，为天下谷[10]。为天下谷，常德乃足，复归于朴[11]。朴散则为器[12]，圣人用之，则为官长[13]，故大制不割[14]。

注释

①知其雄：知道自己雄强。雄，刚劲、躁进、强大。

②雌：比喻柔静、软弱、谦下。守雌柔之道。

③谿：同“溪”，山间小水沟，溪涧。

④婴儿：象征纯真、稚气。

⑤式：楷模、范式。

⑥忒：过失、差错。

⑦ 无极：意为最终的真理。

⑧ 荣：荣誉，宠幸。以上六句为后人妄加，当删去。

⑨ 辱：侮辱、羞辱。

⑩ 谷：深谷、峡谷，喻胸怀广阔。

⑪ 朴：朴素。指质朴的原始状态。

⑫ 器：器物。指万事万物。

⑬ 官长：百官的首长，领导者、管理者。

⑭ 大制不割：完美的制度是不会伤害百姓的。制，制作器物，引申为政治。割，割裂。

译文

深知什么是雄强，却安守雌柔的地位，甘愿做天下的溪涧。甘愿做天下的溪涧，永恒的德性就不会离失，回复到婴儿般单纯的状态。深知什么是明亮，（却安于暗昧的地位，甘愿做天下的模式。甘愿做天下的模式，永恒的德行不相差失，回复到不可穷极的真理。深知什么是荣耀，）却安守卑辱的地位，甘愿做天下的川谷。甘愿做天下的川谷，永恒的德性才得以充足，回复到自然本初的素朴纯真状态。朴素本初的状态衍化成宇宙万物，圣人沿用真朴，则为统治者，所以完善的政治是不会伤害百姓的。

古注

王弼注："雄，先之属；雌，后之属也。智为天下之先（也）[者]，必后也，是以圣人后其身而身先也。溪不求物而物自归之，婴儿不用智而合自然之智。式，模则也。忒，差也。不可穷也。此三者，言常反终，后乃德全其所处也。下章云，反者道之动也。功不可取，常处其母也。朴，真也。真散则百行出，殊类生，若器也。圣人因其分散，故为之立官长。以善为师，不善为资，移风易俗，复使归于一也。大制者，以天下之心为心，故无割也。"

王夫之注："或雌或雌，或白或黑，或荣或辱，各有对待，不能相通，则我道盖几于穷，而我之有知有守亦不一矣。知者归清，守者归浊，两术剖分，各归其肖，游环中者可知已。然致意于知矣，而收功于守，则何也？宾清而主浊，以物极之必反，反者之可长主也。故婴儿可壮，壮不可稚；无极可有，有不可无；朴可琢，琢不可朴。然圣人非于可不可斤斤以辨之。环中以游，如霖雨之灌蚁封，如原燎之灼积莽，无首无尾，至实至虚，制定而清浊各归其墟，赫然大制而已矣。虽然，不得已而求其用，则雌也，黑也，辱也，执其权以老天下之器也。”

阅典笔记

老子明确反对用仁、义、礼、智、信这些儒家的规范约束人，塑造人，反对用这些说教扭曲人的本性，这就涉及到老子所说的“复归”这个概念，即不要制定清规戒律去束缚人们，而应当让人们返回到自然状态，即所谓“返璞归真”。在本章里，老子还主张用柔弱、退守的原则来保身处世，并要求“圣人”也应以此作为治国安民的原则。守雌守辱、为谷为溪的思想，自然不能理解为退缩或者逃避，而是含有主宰性在里面，不仅守雌，而且知雄。这是告诫人们要居于最恰切、最妥当的地位，面对社会纷乱争斗的场面。陈鼓应说，“守雌”含有持静、处后、守柔的意思，同时也含有内收、凝敛、含藏的意义。

触类旁通

◎ 通典

心存质朴，外邪不侵

崔玄伯，南北朝时期清河（今河北清河）东武城人。少年时就才华出众，有“冀州神童”之称。前秦时，阳平公苻融对崔玄伯十分敬重，礼遇有加，授任他为阳平侍郎、冀州从事。前秦灭亡后，崔玄伯在燕国任职。虽然处于乱世，生活不宁，但是他恪守清贫，坚持攻读。妻子跟着他一块忍饥耐寒。

北魏道武皇帝拓拔珪征讨后燕国时，崔玄伯弃郡出走，东奔海滨。拓拔珪早就听说崔玄伯的大名，知道他贤德奇才、满腹经纶，很有韬略，于是派人追回崔玄伯，并非常谦虚地与崔玄伯谈了一次话。谈话后，崔玄伯被委任为黄门侍郎，负责处理机要事务，参与军机大事，制定国家制度。386年，北魏建立，崔玄伯任吏部尚书，负责制定官爵、音乐、律令、科禁等国家制度。所有这些事务，崔玄伯都处理得十分得当。在这“春风得意马蹄疾”的时候，位高权重、声名显赫的崔玄伯一如既往地保持清醒，不随流俗，洁身自好，俭朴清廉，从无非分之举。他出门不乘车马，步行上朝下朝，家中清贫陋朴。他七十高龄的母亲，也跟着过粗茶淡饭的日子。崔玄伯的高尚品行，拓跋珪久有所闻，派人暗里察访，果然如是，因而对他更加器重。有人议论他这样自苦未免过分，他听了仍泰然处之，不改初衷，保持一贯清廉。

道武帝拓跋珪去世，明元帝尚未继位，朝中人心不稳。清河王拓跋绍拿出大量钱财布帛馈赏朝臣，想要收买人心。崔玄伯位高权重，自然在馈赏之列。然而，崔玄伯知道他心怀叵测，执意不受。明元帝登基，得知崔玄伯拒收拓跋绍财物，不愧忠臣节操，对他非常敬重。明元帝特地登门看望崔玄伯，赏赐丝帛二百匹。这令曾接受过拓跋绍馈赏的一些重臣羞愧不已。

◎ **评论**

“朴”字，一般可以解释为素朴、纯真、自然、本初、淳正等意，是老子对他关于社会理想及个人素质的最基本的表述。在第十章里有“专气致柔，能如婴儿乎？”第二十章有“沌沌兮，如婴儿之未孩”，本章里有“复归于婴儿”以及后面的章节中也有提及“婴儿”这个概念的地方。“婴儿”，其实也是“朴”这个概念的形象解说，只有婴儿才不被世俗的功利宠辱所困扰，好像未知啼笑一般，无私无欲，淳朴无邪。在崔玄伯身上，我们可以深切体会到“朴”这一点，踏踏实实做事，不争名夺利，即使他早已作古，但今天他的精神仍值得我们学习和借鉴。

第二十九章

本章重在论述治国，反对勉强作为，主张顺应自然。可以看作老子论“无为”之治，对于“有为”之政所提出的警告，即“有为”必然招致失败，“有为”就是以自己的主观意志去做违背客观规律的事，或者把天下据为己有。事实上，老子所讲的“无为”，并不是无所作为，也不是在客观现实面前无能为力。他在这里说，如果以强力而有所作为或以暴力统治人民，都将是自取灭亡。世间无论人或物，都有各自的秉性，其间的差异性和特殊性是客观存在的，不要以自己的主张意志强加于人，而采取某些强制措施。理想的统治者往往能够顺任自然，不强制、不苛求，因势利导，遵循客观规律。

原典

将欲取①天下而为②之，吾见其不得③已。天下神器④，不可为也，不可执⑤也。为者败之，执者失之。（是以圣人无为⑥，故无败；无执，故无失。）夫⑦物⑧，或行或随⑨，或嘘或吹⑩，或强或羸（léi）⑪，或载或隳（huī）⑫。是以圣人去甚，去奢，去泰⑬。

注释

① 取：治理。

② 为：作为。

③ 不得：不可得，不会达到目的。

④ 天下神器：天下，指天下人。神器，神圣的物。

⑤ 执：掌握，执掌，把持。

⑥ 无为：顺应自然而不强制。

⑦ 夫：一本作“故”。

⑧ 物：指人，也指一切事物。

⑨ 或行或随：有前有后。行，前行。随，后随。

⑩ 或嘘或吹：有缓有急。嘘，出气缓。吹，出气急。

⑪ 或强或羸：有刚强，有羸弱。

⑫ 或载或隳：有成就，有毁坏。载，安稳。隳，危险。

⑬ 泰：过分。

译文

想要治理天下，却又要用强制的办法，我看他不能够达到目的。天下的人民是神圣的，不能够违背他们的意愿和本性而加以强力统治。如果用强力统治天下，就一定会失败；强力把持天下，就一定会失去天下。（因此，圣人不妄为，所以不会失败；不把持，所以不会被抛弃。）世人秉性不一，有前行有后随，有缓有急，有刚强有羸弱，有安居有危殆。因此，圣人要除去那种极端、奢侈、过度的措施、法度。

古注

王弼注：“神，无形无方也。器，合成也。无形以合，故谓之神器也。万物以自然为性，故可因而不可为也。可通而不可执也。物有常性，而造为之，故必败也。物有往来，而执之，故必失也。凡此诸或，言物事逆顺反复，不施为执割也。圣人达自然之（至）[性]，畅万物之情，故因而不为，顺而不施。除其所以迷，去其所以惑，故心不乱而物性自得之也。”

王夫之注：“天下在我，吾何取？我在天下，吾何为？天下如我，吾何欲？我如天下，吾何执？以我测天下，天下神。以天下遇我，天下不神。不神者使其神，而天下乱。神者使其不神，而我安。故穷天下以八数，而去我之三死，则炎火焚林而可待其寒，巨浸滔天而可视其暵。水火失其威，金石丧其守，况有情之必穷而有气之必缩者哉？”

阅典笔记

在《道德经》里，老子多处谈到统治者应行“无为”之治。他极力宣传“无为”的政治思想，主张一切都要顺应自然，顺应物性，希望那些得“道”的统治者治国安民，做任何事情都不要走极端，不要存奢望，不要好大喜功。

触类旁通

◎ 通典

为者败之，执者失之

汉武帝刘彻，幼名刘彘，是汉朝的第五代皇帝。汉武帝是汉景帝刘启的第十个儿子，其母是皇后王娡。他七岁时被册立为太子，十六岁登基，在位五十四年。他的雄才大略、文治武功使汉朝成为当时世界上最强大的国家，他也成为中国历史上伟大的皇帝之一。汉武帝远征匈奴，清除了汉朝边疆的祸患，本来是一件好事，但是他只知道用汉朝的国力跟匈奴人拼，到了晚年还沉醉在他的功绩中，不知道自己的国家其实已经是千疮百孔，他一心以为自己是千古一帝，晚年就整天想着怎么样求仙问道。从后来的《罪己诏》就可以看出他的好大喜功。

◎ 评论

汉武帝在历史上的功绩不可小视，然而他仍然不能做到十全十美。原因就是他没有做到老子所说的“无为”。在国家强盛之时，穷兵黩武，远征匈奴，使得国力衰微，百姓处于水深火热之中。如果他不“独尊儒术”，而是独尊老子，也许他就不会如此好大喜功，却未必做出多少功绩了。所以事物的形成发展都具有两面性，需要我们仔细地对待。

第三十章

本章重在议兵，指出物壮则老的道理，反对战争。老子具有反战思想是无疑的。春秋战国时代，社会动荡不安，大小战争此伏彼起，给国家带来破坏，给老百姓的生活造成灾难。老子反对战争，符合人民的利益和愿望。在本章里，老子认为战争是人类最愚昧、最残酷的行为，“师之所处，荆棘生焉”、“大军之后，必有凶年”，揭示了战争给人们带来的严重后果。老子主张反战的思想，无论在当时还是后世，都有其积极的意义。

原典

以道佐人主者，不以兵强天下。其事好还①。师之所处，荆棘生焉。大军之后，必有凶年②。善有果③而已，不敢④以取强⑤。果而勿矜，果而勿伐，果而勿骄，果而不得已，果而勿强。物壮⑥则老，是谓不道⑦，不道早已⑧。

注释

① 其事好还：用兵这件事一定能得到还报。还：返，回报，报应。

② 凶年：荒年、灾年。

③ 善有果：善于用兵的人只求取得胜利罢了。果，成功之意。

④ 不敢：帛书本为“毋以取强”。

⑤ 取强：逞强、好胜。

⑥ 物壮：强壮、强硬。

⑦ 不道：不合乎于“道”。

⑧ 早已：早死、很快完结。

译文

依照“道”的原则辅佐君主的人，不以兵力逞强于天下。穷兵黩武这种事必然会得到报应。军队所停驻的地方，必然荆棘横生。大战之后，一定会出现荒年。善于用兵的人，只求取得胜利就够了，并不以兵力强大而逞强好斗。胜利了却不自我矜持，胜利了也不去夸耀骄傲，胜利了也不要自以为是，认为胜利乃是不得已，胜利而不自以为强。事物过于强大就会走向衰朽，这就说明它不合于“道”；不符合于“道”的，就会很快消亡。

古注

王弼注：“以道佐人主，尚不可以兵强于天下，况人主躬于道者乎。为（始）[治]者务欲立功生事，而有道者务欲还反无为，故云，其事好还也。言师凶害之物也。无有所济，必有所伤，贼害人民，残荒田亩，故曰荆棘生焉。果，犹济也。言善用师者，趣以济难而已矣，不以兵力取强于天下也。吾不以师道为尚，不得已而用，何矜骄之有也。言用兵虽趣功，（果）济难，然时故不得已（当复）[后]用者，但当以除暴乱，不遂用果以为强也。壮，武力暴兴，喻以兵强于天下者也，飘风不终朝，骤雨不终日，故暴兴必不道早已也。”

王夫之注：“最下用兵以杀，其上用兵以生。夫以生生者且赘，而况杀生乎？人未尝不生，而我何劝？又况夫功之门为害之府也，人未尝不生，不能听其生；物未尝不杀，不能恃其杀。须臾之不忍，而自命为果，不已诬乎？故善禁暴者，俟其消，不摧其息；善治情者，塞其息，不强其消；善贵生者，持其消息之间，不犯其消息之冲；虽有患，不至于早已。”

阅典笔记

在《道德经》的这一章和下一章里老子都讲到用兵问题。但必须重申，《道德经》主要是一部哲学著作而不是兵书，他论兵是从哲学的角度，而不是军事学的角度。讲到许多哲学问题时，也涉及到军事，因为哲学与军事虽非属于同一学科，但有许多内在相通之处。他着重讲战乱给人们带来的严重后果，这是从反对战争这一角度出发的。因为战争是人类最残酷最愚昧的行为。本章中所讲“师之所处，荆棘生焉”、“大军之后，必有凶年”，就是讲战争给人们带来的灾难。

触类旁通

◎ 通典

杜甫 《兵车行》

车辚辚，马萧萧，行人弓箭各在腰。
耶娘妻子走相送，尘埃不见咸阳桥。
牵衣顿足阑道哭，哭声直上干云霄。
道旁过者问行人，行人但云点行频。
或从十五北防河，便至四十西营田。
去时里正与裹头，归来头白还戍边。
边庭流血成海水，武皇开边意未已。
君不闻汉家山东二百州，千村万落生荆杞。
纵有健妇把锄犁，禾生陇亩无东西。
况复秦兵耐苦战，被驱不异犬与鸡。
长者虽有问，役夫敢申恨。
且如今年冬，未休关西卒。
县官急索租，租税从何出。
信知生男恶，反是生女好。
生女犹得嫁比邻，生男埋没随百草。
君不见青海头，古来白骨无人收。
新鬼烦冤旧鬼哭，天阴雨湿声啾啾。

◎ 评论

青海边的古战场上，平沙茫茫，白骨露野，阴风惨惨，鬼哭凄凄。寂冷阴森的情景，令人不寒而栗。这里，凄凉低沉的色调和开头那种人声鼎沸的气氛，悲惨哀怨的鬼泣和开头那种惊天动地的人哭，形成了强烈的对照。这些都是“开边未已”所导致的恶果。统治者的穷兵黩武，最终受害的是广大黎民百姓，老子强调统治者的无为，统治者的善于从政用兵，正是因为有了对这些的预见。

第三十一章

继上一章节而发，本章继续阐发反战思想，重在议兵。这一章是讲战争之道，上一章着重从后果讲，这一章以古代的礼仪来比喻。按中国古代的礼仪看，主居右，客居左，所以居左有谦让的意思，“君子居则贵左，用兵则贵右”。老子认为，兵器战争虽然是不祥的东西，但作为君子，在迫不得已之时，也要用战争的方式达到自己的目的，只是在获取胜利时不要以兵力逞强，不要随意地使用兵力杀人。相反，对于在战争中死去的人，还要真心表示哀伤痛心，并且以丧礼妥善安置死者。

原典

夫兵者[①]，不祥之器，物或恶之[②]，故有道者不处。君子居则贵左[③]，用兵则贵右。兵者不祥之器，非君子之器，不得已而用之，恬淡[④]为上，胜而不美，而美之者，是乐杀人。夫乐杀人者，则不可得志于天下矣。吉事尚左，凶事尚右。偏将军居左，上将军居右。言以丧礼处之。杀人之众，以悲哀泣之；战胜，以丧礼处之。

注释

① 夫兵者：兵，指兵器。夫，发语词。

② 物或恶之：意为人所厌恶、憎恶的东西。物，指人。

③ 贵左：古人以左为阳以右为阴。阳生而阴杀。尚左、尚右、居左、居右都是古人的礼仪。

④ 恬淡：宁静，安适。

译文

兵器啊，是不祥的东西，人们都厌恶它，所以有“道”的人不使用它。君子平时居处就以左边为贵，而用兵打仗时就以右边为贵。兵器这个不祥的东西，不是君子所使用的东西，万不得已而使用它，最好淡然处之。胜利了也不要自鸣得意，如果自以为了不起，那就是喜欢杀人。凡是喜欢杀人的人，就不可能实现统治天下的愿望。吉庆的事情以左边为上位，凶丧的事情以右方为上位。偏将军居于左边，上将军居于右边。这就是说要以丧礼仪式来处理用兵打仗的事情。战争中杀人众多，要用哀痛的心情参加，打了胜仗，也要以丧礼的仪式去处理。

古注

王弼注：“用者。但当以除暴乱。不遂用果以为强也。壮武力暴兴。喻以兵强于天下者也。飘风不终朝。骤雨不终日。故暴兴必不道。早已也。”

王夫之注：“与其悲之于后，何如忘之于先；与其以凶礼居功，何如以吉道处无功之地。不能先机，不能择吉，不能因间以有余，所谓‘彼恶知礼意’者也。”

阅典笔记

战争会给人类带来巨大的灾祸，这是人所共知的。任继愈认为《道德经》“也是反对战争的”。因为在这一章里，老子说“夫兵者非君子之器也，不祥之器也”，这里显然没有主战用兵的意思。但是，老子同时又说，对于战争“不得已而用之”，这表明老子在诅咒战争的同时，也还是承认了在“不得已”时还是要采用的。

触类旁通

◎ 通典

晋文公退避三舍

春秋时候，晋献公听信谗言，杀了太子申生，又派人捉拿申生的弟弟重耳。重耳闻讯，逃出了晋国，在外流亡十几年。经过千辛万苦，重耳来到楚国。

楚成王认为重耳日后必有大作为，就以国君之礼相迎，待他如上宾。

一天，楚王设宴招待重耳，两人饮酒叙话，气氛十分融洽。忽然楚王问重耳："你若有一天回晋国当上国君，该怎么报答我呢？"重耳略一思索说："美女侍从、珍宝丝绸，大王您有的是，珍禽羽毛、象牙兽皮，更是楚地的盛产，晋国哪有什么珍奇物品献给大王呢？"楚王说："公子过谦了。话虽然这么说，可总该对我有所表示吧？"重耳笑笑回答道："要是托您的福，果真能回国当政的话，我愿与贵国友好。假如有一天，晋楚国之间发生战争，我一定命令军队先退避三舍（一舍等于三十里），如果还不能得到您的原谅，我再与您交战。"

四年后，重耳真的回到晋国当了国君，就是历史上有名的晋文公。晋国在他的治理下日益强大。

公元前633年，楚国和晋国的军队在作战时相遇。晋文公为了实现他许下的诺言，下令军队后退九十里，驻扎在城濮。楚军见晋军后退，以为对方害怕了，马上追击。晋军利用楚军骄傲轻敌的弱点，集中兵力，大破楚军，取得了城濮之战的胜利。

◎ 评论

在春秋战国时代，战争是普遍的，国与国之间相互攻伐，战争规模日益扩大，动辄数万、数十万的兵力投入战争之中，伤亡极其惨重，而在战争期间受危害最大的，则是普通老百姓。每逢战争，人们扶老携幼，离乡背井，四处逃亡，严重破坏社会正常的生产，也造成社会动荡不安，战争的确是带来灾难的东西。所谓君子迫不得已而使用战争的手段，这是为了除暴救民，舍此别无其他目的。即使如此，用兵者也应当"恬淡为上"，战胜了也不要得意洋洋，自以为是，否则就是喜欢用武杀人。这句话是对那些喜欢穷兵黩武的人们的警告。老子谈论战争问题，目的在于反对战争。

第三十二章

本章说明道无名而质朴的特征，重在论道。道，无名质朴，隐而无形，大而无边。“无名”指完全做到了不自见、不自是、不自伐、不自矜，所以称之为“朴”。老子用“朴”来形容“道”的原始“无名”的状态，这种原始质朴的“道”，使万物兴作，于是各种名称就产生了。老子认为，“名”是人类社会引争端的重要根源。

原典

道常无名，朴①。虽小②，天下莫能臣③。侯王若能守之，万物将自宾④。天地相合，以降甘露，民莫之令而自均⑤。始制有名⑥，名亦既有，夫亦将知止，知止可以不殆⑦。譬道之在天下，犹川谷之于江海。

注释

①道常无名，朴：道永远无名，处于质朴的状态。

②虽小：用以形容“道”是隐而不可见的。

③莫能臣：没有人能臣服它。臣，使之服从。

④自宾：自将宾服于“道”。宾，服从。

⑤自均：自然均匀。

⑥始制有名：万物出现后，才产生了各种名称。

⑦知止可以不殆：知道界限，就可以没有危险。不殆，没有危险。

译文

“道”永远是无名而质朴的，它虽然很小不可见，天下没有谁能使它服从自己。侯王如果能够依照“道”的原则治理天下，百姓们将会自然地归从于它。天地间阴阳之气相合，就会降下甘露，人们不必指使它而会自然均匀。万物出现后，就产生了各种名称；名称既然有了，也就知道各自的界限；知道界限可以没有危险。就譬如道与天下的关系，好像江海与川谷的关系一样。

古注

王弼注：“道无形不系常，不可名，以无名为常。故曰道常无名也。朴之为物，以无为心也，亦无名，故将得道莫若守朴。夫智者可以能臣也，勇者可以武使也，巧者可以事役也，力者可以重任也。朴之为物，愦然不偏，近于无有，故曰莫能臣也。抱朴无为，不以物累其真，不以欲害其神，则物自宾而道自得也。言天地相合，则甘露不求而自降；我守其真性无为，则民不令而自均也。始制，谓朴散始为官长之时也。始制官长，不可不立名分以定尊卑，故始制有名也，过此以往将争锥刀之末，故曰，名亦既有，夫亦将知止也。遂任名以号物，则失治之母也，故知止所以不殆也。川谷之（求）[与]江（与）海，非江海召之，不召不求而自归者（世）[也]。行道于天下者，不令而自均，不求而自得，故曰犹川谷之与江海也。”

王夫之注：“因于大始者无名，止于已然者有名。然既有名而能止之，则前名成而后名犹不立，过此以往，仍可为大始。天地，质也；甘露，冲也；升于地而地不居功，降自天而天不终有，是既止以后之自然，且莫令而自均，后天之冲，合于先天，况夫未始有夫有止者乎？”

阅典笔记

《道德经》里所讲的“道”，就是指物质世界的实体及其变化的原因和规律。“道”是永恒的，既如无名之朴，是极幽微的，而且还适用于新旧转化运动的客观规律。张松如说，老子的所谓“道”，只是由思维形式表述的一些东西，并不直接适用于对待客观现实的事物和现象。但是从另一方面看，“道”又是具有最大共性的“无名、朴”，并且还适用于新旧转化的客观规律。在整个“大、逝、远、反”的进程中，它的存在具有本质和现象、形式和内容、可能和现实以及动与静、因与果等辩证关系。

触类旁通

◎ 通典

古代的贸易阴谋

东周列国时期战争频仍。齐国相管仲把齐国治理得很好，齐国征服了许多诸侯国，后来只有楚国不听齐国的号令。齐楚力量相当，要想成为中原霸主就必须征服楚国，征服楚国成了齐国的燃眉之急。

当时，齐有好几位大将军纷纷向齐桓公请战，要求重兵去打楚国。而担任相国的管仲却连连摇头，他激动地对大将军们说："齐楚实力旗鼓相当，一旦战败，将耗尽齐国苦苦积蓄下的粮草。而且战争打起来，齐楚两国几万生灵将成为尸骨。"

大将军们都哑口无言，都用探询的目光注视着管仲，管仲却不慌不忙，带领许多人看人炼铜去了。

一天，管仲派一百多名商人到楚国去购鹿。当时鹿是较稀少的动物，仅楚国才有。但人们只把鹿作为一般的可食动物，用很少的钱就可以买一头。管仲派的商人在楚国到处扬言：齐桓公好鹿，不惜重金。

齐国人开始购鹿，三枚铜币一头。过了十天，加价为五枚铜币一头。

楚国的楚成王和大臣闻知此事后，颇为兴奋。他们认为繁荣昌盛的齐国即将遭殃。因为十年前卫国的国王好鹤而国亡了，齐桓公好鹿正蹈其覆辙。

他们在宫殿里大吃大喝，等待齐国大伤元气，好坐得天下。

管仲却把鹿价又提高到四十枚铜币一头。楚人见一头鹿的价钱与千斤粮食相同，便纷纷奔往深山去捕鹿，不再种田。连楚国官兵也陆续将兵器换成猎具，偷偷上山了。

一年的时间内，楚地大荒，铜币却堆成了山。楚人想用铜币去买粮食，却无处买。管仲早已发出号令，禁止各诸侯国与楚通商。这么一来，楚军人饥马瘦，大失战斗力，楚成王无可奈何，忙派大臣求和，同意接受齐国的号令。管仲不动一刀，不杀一人，就制服了本来很强大的楚国，为东周列国赢得了一个安定的时期。

◎ 评论

大道生出天下万物，也能够容纳天下万物。当然这里有一点值得注意，人们都习惯于分别，喜欢好而厌恶丑，那些帝王贵族，侯王公卿，更是纵欲无度，如何处于下方而接受天下万物呢？侯王心中首先不平衡，爱憎分明，百姓如何能够得到他们的庇护，又如何服从他们的统治呢？这里强调了侯王治理天下，必须要像大道之朴那样善于处下，而容纳万物，庇护万民百姓。

第三十三章

本章论述个人品行修养，重在论修身，也讲了个人修养与自我设计的问题，主张人们要丰富自己精神生活。在老子看来，“知人”、“胜人”十分重要，但是“自知”、“自胜”更加重要。本章与第九章、第十章、第十五章、第二十章的写法比较类似，侧重于探讨人生哲理。老子在本章，全部用正面直言的文字，与前面几章不同。第十章用问话的形式出现，第二十章以反话形式表达。他认为，一个人倘若能省视自己，坚定自己的生活信念，并且切实推行，就能够保持旺盛的生命力和饱满的精神风貌。

原典

知人者智，自知者明。胜人者有力，自胜者强①。知足者富，强行者②有志。不失其所者久，死而不亡者③寿。

注释

① 强：刚强、果决。

② 强行者：顽强坚持的人。

③ 死而不亡者：身虽死而“道”犹存，身死而精神不亡的人。

译文

能了解、认识别人叫做智慧，能认识、了解自己才算明智。能战胜别人是有力的，能克制自己的弱点才算刚强。知道满足的人才是富有的，坚持力行、努力不懈的就是有志的。不失本分的人就能长久不衰，身虽死而“道”仍存的，才算真正长寿的。

古注

王弼注："知人者智，而已矣，未若自知者，越智之上也。胜人者，有力而已矣，未若自胜者。无物以损其力。用其智于人，未若用其智于己也；用其力于人，未若用其力于己也。明用于己，则物无避焉，力用于己，则物无改焉。知足[者]自不失故富。勤能行之，其志必获，故曰强行者有志矣。以明自察，量力而行，不失其所，必获久长矣。虽死而以为生之，道，不亡乃得全其寿，身没而道犹存，况身存而道不卒乎。"

王夫之注："以气辅气，以精辅精，自谓'不失其所'，而终归于敝，岂但单豹之丧外，张毅之丧内哉？盖智揣力特以奔其志，有'所'而不能因自然之'所'于无所失也。夫见其精气之非有余，可谓之死；而其中之婉如处女萦如流云者、微妙玄通者未尝亡也。非真用其微明，以屈伸于冲和之至，若抱而不离者，何足以与于斯哉？故有虞氏之法久，而泰氏之道寿；中士之算长，而有道者之生无极；言此者，以纪重玄之绩也。"

今论

中国有一句话，叫"人贵有自知之明"。这句话的最早表述者，就是老子。"自知者明"，就是说能清醒地认识自己、对待自己，这才是最聪明的，最难能可贵的。在本章里，老子提出精神修养的问题。任继愈说，这一章"宣传了一系列消极、保守、反省的精神修养观点"，"还宣传精神胜利法，说什么死而不亡是长寿，这些都是唯心主义的思想"（任继愈《老子新译》）。

阅典笔记

清末民初对《道德经》有研究的著名学者梁启超曾说，人的肉体寿命不过区区数十载，人不可能长生不老，但人的精神则可以永垂不朽。因为他的肉体虽然消失了，而他的学说、他的思想、他的精神却会长期影响当代及后代的人们。从这个意义上讲，人完全可以做到"死而不亡"。梁启超的这种观点，应该讲主要所受的不是佛学的影响，而是老子思想的影响。

触类旁通

◎ 通典

刺客豫让

智伯联合韩魏攻打赵氏，反为韩赵魏三家联手攻灭，赵襄子漆智伯之头，以为饮器。智伯之臣豫让欲为之报仇，他“漆身为癞，吞炭为哑，行乞于市，其妻不识”，三次想要刺杀赵襄子，结果都被发现。其中有一次，赵襄子问豫让曰：“子先事范氏，范氏为智伯所灭，子忍耻偷生，反事智伯，不为范氏报仇。今智伯之死，子独报之甚切，何也？”豫让曰：“夫君臣以义合。君待臣如手足，则臣待君如腹心；君待臣如犬马，则臣待君如路人。某向事范氏，止以众人相待，吾亦以众人报之。及事智伯，蒙其解衣推食，以国士相待，吾当以国士报之。岂可一例而观耶？”

◎ 评论

老子极力宣传“死而不亡”，这是他一贯的思想主张，体现“无为”的思想主旨。“死而不亡”并不是在宣传“有鬼论”，不是在宣扬“灵魂不灭”，而是说，人的身体虽然消失了，但人的精神是不朽的，是永垂千古的，这当然可以算做长寿了。

第三十四章

本章说明大与小的辩证法，重在论道。这是老子在《道德经》书中再次谈到“道”的问题。他认为，“道”生长万物，养育万物，使万物各得所需，而“道”又不主宰万物，完全顺任自然。这些观点，老子在前面某些章节中已经做过论述。这一章是继续阐发第三十二章的道理，讲“道”可以名为“小”，也可名为“大”，虽然没有明确指出“圣人”、“侯王”，实际是在期望统治者们应该像“道”那样起“朴”的作用。此章内容从另一角度看，又是在谈作为“圣”、“侯王”所应该具备的素质。

原典

大道氾（fàn）兮①，其可左右。万物恃之以生而不辞②，功成而不有③。衣被④万物而不为主⑤，可名于“小”⑥；万物归焉而不为主，可名为“大”⑦。以其终不自为大，故能成其大。

注释

① 大道氾兮：氾同“泛”，普，博。大道广泛而普遍地流行。

② 辞：推辞。

③ 不有：不据为己有。

④ 衣被：遮蔽，覆盖。意指护养。

⑤ 不为主：不自以为主宰。

⑥ 小：大道任物生长，自然无为，因此成为“小”。

⑦ 大：大道无私养育，万物归依，因此成为“大”。

译文

大道广泛流行，左右上下无所不到。万物依赖它生长而不推辞，完成了功业，而不占有名誉。它养育万物而不自以为主宰，可以称它为“小”；万物归附而不自以为主宰，可以称它为“大”。正因为他不自以为伟大，所以才能成就它的伟大。

古注

王弼注：“言道泛滥无所不适，过左右上下周旋而用，则无所不至也。万物皆由道而生，既生而不知其所由，故天下常无欲之时，万物各得其所，若道无施于物，故名于小矣。万物皆归之以生，而力使不知其所由，此不为小，故复可名于大矣。为大于其细，图难于其易。”

王夫之注：“谁能以生恩天地乎，则谁能以死怨天地。天地者，与物为往来而聊以自寿也。天地且然，而况于道？荒荒乎其未有畔也，脉脉乎其有以通也；故东西无方，功名无系，宾主无适，己生贵而物生不逆。诚然，则不见可欲，非以窒欲也；迭与为主，非以辞主也。彼亟欲成其大者，恶足以知之！”

阅典笔记

在学术界，关于老子的“道”的属性，有几种不同观点，最典型的主要是唯物论和唯心论截然对立的观点。持唯心论观点的学者认为“老子的‘道’是一个超时空的无差别的绝对静止的精神本体”。对此，张松如认为：“我们不这样看。‘大道氾兮，其可左右’，怎么能是‘绝对静止的精神本体’呢？而且，就它覆育万物，而不自以为是主宰这方面看，‘则恒无欲也，可名于小’；就万物归附它，而不知道谁是主宰这方面看，‘则恒无名也，可名于大’。无欲、无名、可小、可大，这个‘道’又怎么能是‘超时空的无差别’呢？”许多学者认为，“道”作为抽象概念，它既不表现物质现实事物的本身，也不能离开形式推论或理论假设的思想，它只是由思维形式表述的一些东西，并不直接适用于对待客观现实的事物和现象。（张松如《老子校读》）我们同意张松如的观点，“道”是一个物质性的概念，它虽然是耳、目、触、嗅诸感觉器官都不能感受到的，但它却实实在在地存在于自然界，而不是仅凭人们的主观臆想存在的精神性概念。这一点是我们准确理解《道德经》中有关“道”

的问题的关键所在。此外，老子在本章里发挥的“不辞”、“不有”、“不为主”的精神，可以消解占有欲、支配欲，从“衣被万物”中，使人们感受到爱与温暖的氛围。

触类旁通

◎ 通典

谋事在人，成事在天

在曹操进攻荆州的时候，刘备、孙权两家结成了抗曹联盟。孙权大将周瑜十分嫉妒刘备军师诸葛亮的才能，想把他置于死地。他让诸葛亮十天之内造出十万支箭，并立下军令状，若误期造不出便以军法处置。诸葛亮巧妙地利用长江的大雾，在夜里用数十只绑满稻草人的船只在曹营前击鼓呐喊。曹军用箭射击，结果全都射在稻草人身上，诸葛亮不费吹灰之力便得箭十多万支。

诸葛亮又与周瑜共同制订了火攻曹营的计划。但连日来江上一直刮西北风，用火攻不但烧不着北岸的曹兵，反而会烧到自己。周瑜为东风之事闷闷不乐，病倒在床上。诸葛亮知道后，给周瑜开了个“药方”，周瑜打开一看，只见上面写着：“欲破曹兵，宜用火攻。万事俱备，只欠东风。”周瑜承认自己的心事被诸葛亮猜中，便问诸葛亮有何办法。诸葛亮说他能借来东风，他让周瑜为他搭起高九尺的七星坛，然后自己在坛上作法。几天之后，果然刮起了东南风。周瑜更觉得诸葛亮不可留，便派人赶到七星坛去杀诸葛亮。然而诸葛亮早就料到周瑜会有这一手，先一步离开了七星坛，回自己的根据地夏口去了。临走还给周瑜留下这样的话："望周都督好好利用此风大破曹兵，诸葛亮暂回夏口，异日再容相见。"周瑜只得作罢。

◎ 评论

诸葛亮成功的主要原因就是他遵循了天道自然。他将自己丰富的天文地理知识成功运用到军事之中，遵循了万物的自然之道。

第三十五章

本章说明道平淡而无穷，重在论道。这一章，述说了“道”的作用和影响不可低估，它可以使天下的人们都向它投靠而不相妨害，过上和平安宁的生活。因而可以这样说，本章实为“道”的颂歌。在《道德经》中，“道”已经被多次论及，但从来没有重复，而是层层深入，逐渐展开，使人切实感受“道”的伟大力量。

原典

执大象[①]，天下往。往而不害，安平泰[②]。乐与饵[③]，过客止。道之出口，淡乎其无味，视之不足见，听之不足闻，用之不足既[④]。

注释

① 大象：大道。象，道。

② 安平泰：安，乃，则，于是。泰，安宁的意思。

③ 乐与饵：音乐和美食。饵，泛指美味食品。

④ 既：尽的意思。

译文

谁掌握了那伟大的“道”，天下百姓便都来归附他。归附而不互相妨害，于是天下就和平而安泰。音乐和美食，能使过路的人都为之停步。而用言语来表述大道，是平淡而无味儿的，看也看不见，听也听不见，而它的作用，却是无穷无尽的。

古注

王弼注："大象，天象之母也，［不炎］不寒不温不凉，故能包统万物，无所犯伤。主若执之，则天下往也。无形无识，不偏不彰，故万物得往而不害妨也。言道之深大，人闻道之言，乃更不如乐与饵应时感悦人心也。乐与饵则能令过客止，而道之出言淡然无味，视之不足见则不足以悦其目，听之不足闻则不足以娱其耳，若无所中然，乃用之不可穷极也。"

王夫之注："蛇之制在项，人之制在限。系其项，则废其螯；'艮其限'，则'列其夤'矣。其象甚微，制之甚大。故清虚者物之凑，而重浊者物之司也。不弃其司，不奔其凑；于空得实，于实得空；扼其重浊，以致其清虚。尝试念之：乐作饵熟，则虽有遄行之客，而游情以止，非以其归于情耶？所谓'常有欲以观其徼'也。然项之与限，非有情者也。无情者不可强纳有情以为之主，则冲淡晦寂而用无方，斯亦无欲之至矣。始乎重浊，反乎清虚；得乎清虚，顺乎重浊；有欲无欲，而常者未有变焉；斯执大象者之所独得与！"

阅典笔记

"乐与饵"指流行的仁义礼法之治，"过客"指一般的执政者，但还不是指最高统治者。老子在本章里告诫那些执政的官员们不要沉湎于声色美食之中，应该归附于自然质朴的大道，才能保持社会的安定与发展。统治集团纵情声色，不理政事，这是春秋末年普遍性的现象。

触类旁通

◎ 通典

纣王之败局

帝辛，是中国商朝末代君主，在位30年，后世称商纣王。帝辛自幼聪敏过人。《荀子·非相篇》说帝辛"长巨姣美，天下之杰也；筋力超劲，百人之敌也。"《史记·殷本纪》也说"帝纣资辨捷疾，闻见甚敏，材力过人，手格猛兽"。帝辛继位后，重视农桑，社会生产力发展，国力强盛。之后，他发起对东夷用兵，打退了东夷向中原扩张，把商朝势力扩展到江淮一带。特别是讨伐徐夷的胜利，把商朝的国土扩大到山东、安徽、江苏、浙江、福建沿海。

帝辛对东南夷的用兵，保卫了商朝的安全。帝辛统一东南以后，把中原先进的生产技术和文化向东南传播，推动了社会进步和经济发展，促进了民族融合。就是这样一位有为的君主，最后却荒淫堕落，自取灭亡。

帝辛之败有两说。其一，说帝辛在位后期，居功自傲，耗巨资建鹿台，造酒池，悬肉为林，修建豪华的宫殿园林，过着穷奢极欲的生活，使国库空虚。他刚愎自用，听不进正确意见，在上层形成反对派，使用炮烙等酷刑，镇压人民。杀比干，囚箕子，年年征战，失去人心。他在讨伐东夷之时，没有注意对西方族的防范，连年用兵，国力衰竭，俘获的大批俘虏又消化不了，造成负担。另一个说法是，帝辛重用奴隶，触犯贵族利益。周武一方给帝辛设立的六大罪状里，排前的便是“任用贱民为官”以及“以贱民辱贵族”。说白了就是纣王提前了一千年企图终结奴隶制社会，提前三千年想要玩民主……试想，商鞅一千年后开启封建制都落个身死的下场，何况一千年前？所以当时以周姬昌等为首的大奴隶主便一起联手抹杀了帝辛。

不管是因为什么原因，反正最后的结果就是：约公元前1046年，周武王联合西方11个小国会师孟津，乘机对商朝发起进攻，牧野之战，大批俘虏倒戈，周兵攻之朝歌。帝辛登上鹿台，“蒙衣其珠玉，自焚于火而死”。商亡。帝辛死后，葬于淇水之滨，今墓尚存。

◎ 评论

帝辛和商纣王，是同一个人，都是商王朝末代君主的称号。一个人有两种称号，在中国历史上唯此一例。如果历史的记载是真实的，那纣王是亡于淫逸，被欲望所迷，有失于老子所谓的“大道”。值得一提的是，毛泽东对帝辛的评价耐人寻味：“把纣王、秦始皇、曹操看作坏人是错误的。其实纣王是个很有本事、能文能武的人。他经营东南，把东夷和中原的统一巩固起来，在历史上是很有功劳的。纣王伐东夷，打了胜仗，但损失也很大。俘虏太多，消化不了。周武王乘虚进攻，大批俘虏倒戈，结果使商朝亡了国。”“当时微子是里通外国。为什么纣王灭了呢？主要是微子反对他，还有箕子反对他，比干反对他。纣王去打东夷，把那个部族征服了。纣王是很有才干的。后头那些坏话都是周朝人讲的，不要听。”“纣王那个时候很有名声。商朝老百姓很拥护他。纣王自杀了，他宁死不投降。”（《毛泽东读书笔记解析》，1157页，转引自高水然：《对纣王的评语》，淇园文萃）

第三十六章

本章从自然物势阐发统治谋略，重在论述治国。有人认为这一章也是讲用兵的道理，不过我们认为这主要描述了老子的辩证法思想。本章谈到若干对矛盾双方互相转化的问题。例如，“物极必反”、“盛极而衰”等都可以说是自然界运动变化的规律，同时以自然界的辩证法比喻社会现象，以引起人们的警觉注意。这种观点贯穿于《道德经》全书。

原典

将欲歙（xī）[1]之，必固张[2]之；将欲弱之，必固强之；将欲废之，必固兴之；将欲取[3]之，必固与[4]之。是谓“微明”[5]。柔弱胜刚强。鱼不可脱于渊[6]，国之利器不可以示人[7]。

注释

① 歙：收敛。

② 固：暂且。张，扩张。

③ 取：一本作“夺”。

④ 与：给，同“予”字。

⑤ 微明：隐微而显明。

⑥ 鱼不可以脱于渊：脱，离开、脱离。鱼不能离开深渊。

⑦ 国之利器不可以示人：利器，指赏罚，权谋。示人，给人看，向人炫耀。

译文

想要收敛它，必先扩张它；想要削弱它，必先加强它；想要废去它，必先抬举它；想要夺取它，必先给予它。这是微妙而又明通的道理。柔弱能够战胜刚强。鱼的生存不可以脱离池渊，国家的刑法政教不可以向人炫耀，不能轻易用来吓唬人。

古注

王弼注："将欲除强梁；去暴乱；当以此四者。因物之性，令其自戮，不假刑为大，以除将物也，故曰微明也。足其张，令之足而又求其张，则众所歙也，与其张之不足而改其求张者，愈益而已，反危。利器，利国之器也。唯因物之性，不假刑以理物，器不可睹。而物各得其所，则国之利器也。示人者，任刑也。刑以利国，则失矣。鱼脱于渊则必见失矣。利国[之]器而立刑以示人，亦必失也。"

王夫之注："函道可以自适，抱道可以自存，其如鱼之自遂于渊乎！有倚有名，唯恐不示人，则道滞而天下测其穷。无门无毒，物望我于此而已。不以此应之，则天下其无如我何矣。无如我何，而天下奚往？是故天下死于道，而遭常生天下，用此器也。"

阅典笔记

这一章的内容，主要讲了事物的两重性和矛盾转化辩证关系，同时以自然界的辩证法比喻社会现象，引起某些人的警觉注意。事物的发展过程，都会走到某一个极限，此时，它必然会向相反的方向变化。本章的前八句是老子对于事态发展的具体分析，贯穿了老子所谓"物极必反"的辩证法思想。

触类旁通

◎ 通典

一切反动派都是纸老虎

有一次明武宗朱厚照南巡，提督江彬随行护驾。江彬素有谋反之心，他率领的将士，都是西北地区的壮汉，身材魁伟，虎背熊腰，力大如牛。兵部尚书乔宇看出他图谋不轨，便从江南挑选了一百多个矮小精悍的武林高手随行。乔宇和江彬相约，让这批江南拳师与西北壮汉比武。江彬从京都南下，原本骄横跋扈，不可一世。但因手下与江南拳师较量，屡战屡败，气焰顿时消减，样子十分沮丧，蓄谋篡位的企图也打了折扣。乔宇所用的是“以柔克刚”的策略。

◎ 评论

“合”与“张”、“弱”与“强”、“废”与“兴”、“取”与“与”这四对矛盾的对立统一体中，老子宁可居于柔弱的一面。在对于人与物做了深入而普遍的观察研究之后，他认识到，柔弱的东西里面蕴含着内敛，往往富于韧性，生命力旺盛，发展的余地极大。相反，看起来似乎强大刚强的东西，由于它的显扬外露，往往失去发展的前景，因而不能持久。

第三十七章

本章论治国，论述君无为而民自化的道理。本章是《道德经》中“道经”的最后一章，老子把第一章提出的“道”的概念，落实到他理想的社会和政治——自然无为。在老子看来，统治者能依照“道”的法则来为政，顺其自然，不妄加干涉，百姓们将会自由自在，自我发展。在二十五章提到“道法自然”，自然是无为的，所以“道”也无为。“静”“朴”“不欲”都是无为的内涵。统治者如果可以依照“道”的法则为政，不危害百姓，不胡作非为，老百姓就不会滋生更多的贪欲，他们的生活就会自然、平静。

原典

道常无为而无不为①。侯王若能守之②，万物将自化③。化而欲④作，吾将镇之以无名之朴⑤。镇之以无名之朴，夫亦将不欲。不欲以静，天下将自正。

注释

① 无为而无不为：“无为”是指顺其自然，不妄为。“无不为”是说没有一件事是它所不能为的。

② 守之：即守道。之，指道。

③ 自化：自己成长变化。

④ 欲：指贪欲，私欲。

⑤ 无名之朴：“无名”指“道”。“朴”形容“道”的质朴。

译文

道永远是顺应自然而不妄为，却又没有什么事情是它不能为的。侯王如果能按照“道”的原则为政治民，万事万物就会自我化育、自生自灭而得以充分发展。自生自长而产生贪欲时，我就要用“道”的质朴来镇住它。用“道”的质朴来镇服它，就不会产生贪欲之心了。万事万物没有贪欲之心了，天下便自然而然达到稳定、安宁。

古注

王弼注：“顺自然也。万物无不由为，以治以成也。化而欲作，作欲成也。吾将镇之无名之朴，不为主也。无欲竞也。”

王夫之注：“藏朴者，终古而有器之用；见朴者，用极于器而止矣。故无名与有名为侣，而非能无也。畏其用而与有名为侣，故并去其欲。婴城以守国者，不邀折冲之功；闭阁以守身者，不为感悦之拒；知物之本正，而不敢正之以化也。其为道也，测之于重玄而反浅、阅之于妙门而反深。以为无用，而有用居然矣；以为有用，而无用居然矣。终日散而未始不盈，徽息通而蠕然似有。两垒立而善守其间，两端驰而善俟其反，则朴又何足言，而玄又何足以尽之哉？”

阅典笔记

老子认为，理想的执政者，只要恪守“道”的原则，就会达到“天下将自定”这样的理想社会。这里所说的“镇”，有人解释为“镇压”，并据此认为老子在这章的说明中露出了暴力镇压人民的面目：谁要敢闹事，那就要严加镇压。这种解释，我们感到有悖于老子的原意，“镇压”应当是“镇服”“镇定”，绝非是武力手段的“镇压”。由此，我们也认为，老子并不只是代表，而是从人类社会发展进步的角度考虑问题，这表现出老子内心深沉的历史责任感。因而这是进步的、积极的。

触类旁通

◎ 通典

五十步笑百步

梁惠王说："我治理梁国，真是费尽心力了。河内地方遭了饥荒，我便把那里的百姓迁移到河东，同时把河东的粮食运到河内。河东遭了饥荒，也这样办。我曾经考察过邻国的政事，没有谁能像我这样尽心的。可是，邻国的百姓并不因此减少，我的百姓并不因此增多，这是什么缘故呢？"

孟子回答说："大王喜欢战争，那就请让我用战争打个比喻吧。战鼓咚咚敲响，枪尖刀锋刚一接触，有些士兵就抛下盔甲，拖着兵器向后逃跑。有的人跑了一百步停住脚，有的人跑了五十步停住脚。那些跑了五十步的士兵，竟耻笑跑了一百步的士兵，可以吗？"惠王说："不可以。只不过他们没有跑到一百步罢了，但这也是逃跑呀。"孟子说："大王如果懂得这个道理，那就不要希望百姓比邻国多了。如果兵役徭役不妨害农业生产的季节，粮食便会吃不完；如果细密的渔网不到深的池沼里去捕鱼，鱼鳖就会吃不光；如果按季节拿着斧头入山砍伐树木，木材就会用不尽。粮食和鱼鳖吃不完，木材用不尽，那么百姓便对生养死葬没有什么遗憾。百姓对生养死葬都没有遗憾，就是王道的开端了。分给百姓五亩大的宅园，种植桑树，那么，五十岁以上的人都可以穿丝绸了。鸡狗和猪等家畜，百姓能够适时饲养，那么，七十岁以上的老人都可以吃肉了。每家人有百亩的耕地，官府不去妨碍他们的生产，那么，几口人的家庭就可以不挨饿。认真地办好学校，反复地用孝顺父母、尊敬兄长的道理教导老百姓，那么，须发花白的老人也就不用自己背负着重物在路上行走了。七十岁以上的人有丝绸穿，有肉吃，普通百姓饿不着、冻不着，这样还不能实行王道，是从来不曾有过的事。现在的梁国呢，富贵人家的猪狗吃掉了百姓的粮食，却不约束制止；道路上有饿死的人，却不打开粮仓赈救。老百姓死了，竟然说：‘这不是我的罪过，而是由于年成不好。’这种说法和拿着刀子杀死了人，却说‘这不是我杀的而是兵器杀的’，又有什么不同呢？大王如果不归罪到年成，那么天下的老百姓就会投奔到梁国来了。”

◎ 评论

“无为”的思想老子在《道德经》中进行过多次阐述、解释。本章开头第一句即是“道常无为而无不为”。老子的道不同于任何宗教的神，神是有意志的、有目的的，而“道”则是非人格化的，它创造万物，但又不主宰万物，万物的繁衍、发展、淘汰、新生都顺其自然，所以“无为”实际上是不妄为、不强为。这样做的结果，当然是无不为了。第二句便引入人类社会，谈到“道”的法则在人类社会的运用。老子根据自然界的“道常无为而无不为”，要求“侯王若能守之”，即在社会治理方面，也要遵循“无为而无不为”的法则，从而导引出“化而欲作，吾将镇之以无名之朴”的结论。

《五十步笑百步》这则故事出自《孟子》，孟子所持的“可持续发展”，不妨碍百姓生产的观点，与老子的认识可谓有异曲同工之妙。

下篇　德经

第三十八章

本章抨击仁、义、礼对自然之道、德的破坏，重在针砭时弊。本章在《道德经》里比较难理解。老子认为，“道”的属性表现为“德”，凡是符合于“道”的行为就是“有德”，反之，则是“失德”。“道”与“德”不可分离，但又有区别。因为“德”有上下之分，“上德”完全合乎“道”的精神。“德”是“道”在人世间的体现，“道”是客观规律，而“德”是指人类认识并按客观规律办事。人们把“道”运用于人类社会产生的功能，就是“德”。

原典

上德不德①，是以有德；下德不失德②，是以无德③。上德无为而无以为④；下德无为而有以为⑤。上仁为之而无以为；上义为之而有以为。上礼为之而莫之应，则攘（rǎng）臂而扔之⑥。故失道而后德，失德而后仁，失仁而后义，失义而后礼。夫礼者，忠信之薄⑦，而乱之首⑧。前识者⑨，道之华⑩，而愚之始。是以大丈夫处其厚⑪，不居其薄⑫；处其实，不居其华。故去彼取此。

注释

① 上德不德：上德的人，顺应自然，不追求仁义之类的品德。不德，不表现为形式上的“德”。

② 下德不失德：下德的人（刻意追求）不想失去仁义之类的品德。

③ 无德：无法体现真正的德。

④ 上德无为而无以为：上德之人顺应自然而无所作为。

⑤ 下德无为而有以为：此句与上句相对应，即下德之人顺任自然而有所作为。

⑥ 攘臂而扔之：攘臂，用臂推搡。扔，意为强力牵引。

⑦ 薄：薄弱，浅薄，不足。

⑧ 首：开始、开端。

⑨ 前识者：有先见之明者。

⑩ 华：虚华。

⑪ 处其厚：立身敦厚、朴实。

⑫ 薄：指礼之衰薄。

译文

“上德”的人不追求其有德，因此真正有“德”；“下德”的人刻意追求“德”，因此实际达不到真正的“德”。“上德”之人顺应自然无所作为，“下德”之人顺应自然而有所作为。上仁之人勉力博施于人而无私心，上义的人博施于人而有私心。上礼的人博施于人而无人回应，就扬着胳膊强引别人。所以，失去了“道”而后才有“德”，失去了“德”而后才有“仁”，失去了“仁”而后才有“义”，失去了“义”而后才有“礼”。“礼”这个东西，是忠信不足的产物，而且是祸乱的开端。所谓“先知”，不过是“道”的虚饰，是愚昧产生的开始。所以大丈夫立身敦厚，不居于轻薄；存心朴实，不居于虚华。所以要舍弃轻薄虚华而采取朴实敦厚。

古注

王弼注：“德者，得也。常得而无丧，利而无害，故以德为名焉。何以得德？由乎道也。何以尽德？以无为用。以无为用则莫不载也，故物无焉，则无物不经，有焉，则不足以免其生。是以天地虽广，以无为心。圣王虽大，以虚为主。故曰，以复而视。则天地之心见。至日而思之，则先王之至睹也。故灭其私而无其身，则四海莫不瞻，远近莫不至。殊其己而有其心，则一体不能自全，肌骨不能相容，是以上德之人，唯道是用。不德其德，无执无用，故能有德而无不为，不求而得，不为而成，故虽有德而无德名也。”

王夫之注：“虎豹之行，进而前，则不能顾其却。新木之植，盛其华，则不能固其根。然不能无所前矣，无已，其以朴者前乎！前者犯难，却者观变。以犯难者，敦重而不惊；以观变者，因势而徐辨。故不以识之锐抵天下之巇。

何也？以失主乐取夫美名而昵之，以背众美之涵也，是德、仁、义、礼之可名而不常者也。故出而逾华，反而逾薄。唯先戒其前者，为能不德而德，无为以为。严君平云：‘至至而一不存。’岂不存哉？诚无以存之。”

阅典笔记

《道德经》一方面是谈“道”，一方面是论“德”。老子认为“上德”是完全合乎“道”的精神。第二十一章曾写道“孔德之客，唯道是从”；第二十八章说“为天下谿，常德不离，复归于婴儿”，“为天下谷，常德乃足，复归于朴”；第五十一章说“生而不有，为而不恃，长而不宰，是谓玄德”。以上所讲的“孔德”“常德”“玄德”都是指这里所讲的“上德”。从政治角度去分析和理解所谓“上德”，我们认为它不同于儒家所讲的“德政”。老子批评儒家“德政”不顾客观实际情况，仅凭人的主观意志加以推行，这不是“上德”，而是“不德”；而老子的“上德”则是“无以为”“无为”，它不脱离客观的自然规律，施政者没有功利的意图，不单凭主观意愿办事，这样做的结果当然是无为而无不为，即把“道”的精神充分体现在人间，所以又是“有德”。但是“下德”是“有以为”的“无为”，是抱着功利的目的，凭着主观意志办事。

触类旁通

◎ 通典

韦应物《与村老对饮》

鬓眉雪色犹嗜酒，言辞淳朴古人风。
乡村年少生离乱，见话先朝如梦中。

孟浩然《过故人庄》

故人具鸡黍，邀我至田家。
绿树村边合，青山郭外斜。
开轩面场圃，把酒话桑麻。
待到重阳日，还来就菊花。

◎ 评论

本章，老子把政治分成了两个类型、五个层次。两个类型即“无为”和“有为”。“道”和“德”属于“无为”的类型，仁、义、礼属“有为”的类型。五个层次是道、德、仁、义、礼。这五个层次中，德和仁是最高标准，但“德”只是指“上德”，不是“下德”。失道而后德，这是在无为的类型内部说的，失道则沦为下德，那就与上仁相差无几了。失德而后仁，这是指离开了“无为”的类型才有了仁。仁已经是“有为”“为之”了，所以“失仁而后义”、“失义而后礼”就是在“有为”范围内所显示出来的不同层次。在本章，老子用了“大丈夫”一词，是全书唯一使用的名词，过去有人将此解释为“智慧很高的人”，原意大约如此，但其中也包含有豪爽、果敢、刚毅的意思。老子感受到人际关系愈来愈难以相处，所以在十分激动的情绪下使用了“大丈夫”这个词，并说“大丈夫处其厚，不居其薄；处其实，不居其华”。此处引用这两首古诗恰好体现了老子淳朴厚德的情怀，同时也表明了老子对后代文人的深远影响。

第三十九章

这一章讲“道”的普遍意义，强调道的重要性和侯王的谦下态度，重在论述治国。前半段论述“道”的作用，天地万物都来源于“道”，或者说，“道”是构成一切事物所不可或缺的要素，如果失去了“道”，天地万物就不能存在下去。后半段由此推及到人间，告诫统治者从“道”的原则出发，并常要能“处下”“居后”“谦卑”，即贵以贱为根本，高以下为基础，没有老百姓为根本和基础，就没有高贵的侯王。因而在本章的内容中，同样包含有辩证法的因素。

原典

昔之得一[1]者：天得一以清，地得一以宁，神得一以灵[2]，谷得一以盈，万物得一以生，候王得一以为天下正[3]。其致之也[4]，天无以清[5]，将恐裂；地无以宁，将恐发[6]；神无以灵，将恐歇[7]；谷无以盈，将恐竭[8]；万物无以生，将恐灭；候王无以正[9]，将恐蹶[10]。故贵以贱为本，高以下为基。是以侯王自称[11]孤、寡、不穀（gǔ）[12]。此非以贱为本邪？非乎？故至誉无誉[13]。不欲琭琭如玉[14]，珞珞如石[15]。

注释

① 得一：得道。一，指道。

② 神得一以灵：神或指人。灵，灵性或灵妙。

③ 正：一本作“贞”。意为首领。

④ 其致之也：推而言之。

⑤ 天无以清：天离开道，就得不到清明。

⑥ 发：通“废”，毁坏。

⑦ 歇：休息，停止。

⑧ 竭：干涸、枯竭。

⑨ 正：一本作“高贵”，一本作“贞”。

⑩ 蹶：颠覆。

⑪ 自称：一本作“自谓”。

⑫ 孤、寡、不穀：谦称，不善。古代帝王自称为“孤”“寡人”“不穀”。不穀即不善的意思。

⑬ 至誉无誉：最高的荣誉是无须称誉赞美的。

⑭ 琭琭：形容玉有光彩的美的样子。

⑮ 珞珞：形容石坚硬的样子。

译文

古来得道者——天得到道而清明，地得到道而宁静，神（人）得到道而具备灵性，河谷得到道而充盈，万物得到道而生长，侯王得到道而成为天下的首领。推而言之，天不得清明，恐怕要崩裂；地不得安宁，恐怕要震溃；人不能保持灵性，恐怕要灭绝；河谷不能保持流水，恐怕要干涸；万物不能保持生长，恐怕要毁灭；侯王不能保持天下首领的地位，恐怕要倾覆。所以贵以贱为根本，高以下为基础，因此侯王们自称为“孤”“寡”“不穀”，这不就是以低贱为根本吗？不是吗？所以最高的荣誉无法赞美称誉。不要求光彩晶莹像宝玉，而宁愿坚硬像山石。

古注

王弼注：“昔，始也。一，数之始而物之极也。各是一物之生，所以为主也。物皆各得此一以成，既成而舍以居成，居成则失其母，故皆裂发歇竭灭蹶也。各以其一致此清、宁、灵、盈、生、贞。用一以致清耳，非用清以清也。守一则清不失，用清则恐裂也。故为功之母，不可舍也。是以皆无用其功，恐丧其本也。清不能为清，盈不能为盈。皆有其母认存其形。故清不足贵，盈不足多，贵在其母而母，无贵形。贵乃以贱为本，高乃以下为基，故致数舆乃无舆也。玉石琭琭珞珞，体尽于形，故不欲也。”

王夫之注："愚者仍乎'一'，而不能'以'；智者日'以'之，而不能'一'。'以'者失'一'也，不'一'者无'以'也。'一'含万，入万而不与万为对。'以'无事，有事而不与事为丽。而况可邀，而况可执乎？是以酒熟而酤者至，舍茸而行者休。我不'得一'，而姑守其浊，以为之筐橐，而后'一'可'致'而不拒。夫贵贱高下之与'一'均，岂有当哉？乃贵高者功名之府，而贱下者未有成也。功立而不相兼，名定而不相通，则万且不尽，而况于'一'？故天地之理亏，而王侯之道丧。以大'舆'载天下者，知所取舍久矣。"

阅典笔记

在《道德经》里，老子经常以"一"来代称"道"，如第二十二章的"圣人抱一为天下式"。本章中，老子连续七次使用"一"字，其含义是相当深刻的。杨兴顺说："一切在流动着，一切在变化着，但老子认为，变化的基础是统一而不是矛盾的斗争。'天得一以清；地得一以宁；神得一以灵；谷得一以盈；万物得一以生。'老子揭露了客观世界的矛盾，企图削弱矛盾，遏阻矛盾的尖锐化，为着这一目的，他把统一看成万物的基础而把它绝对化。"（《中国古代哲学家老子及其学说》）

触类旁通

◎ 通典

孟子拜见梁惠王。梁惠王站在池塘边上，一边看着鸿雁麋鹿，一边说："贤人也会享受这种快乐吗？"

孟子回答说："正因为是贤人才能够以此为乐，不贤的人即使有这些东西，也不会快乐的。《诗经》说：'开始建造灵台，测量到施工，天下百姓一起动手，很快就建成了。王说不着急，百姓很自觉卖力。王来灵园，群鹿伏在深草丛中，肥硕且毛色润泽，白鸟洁净羽毛丰盈。王到灵沼，满池鱼儿欢腾跳跃。'周文王虽借助老百姓的力量来修建高台深池，可老百姓却非常高兴，把那台叫灵台，把那池叫做灵沼，为那里面有麋鹿鱼鳖而高兴。古代的君王与民同乐，所以能真正快乐。相反，《汤誓》说：'这太阳什么时候毁灭呢？我宁愿与你一起消逝！'老百姓恨不得与其同归于尽，纵使有高台深池珍禽异兽，难道能独享快乐吗？"

◎ **评论**

事实上，老子认为宇宙的本原只有一个，宇宙的总规律也只有一个，因而他突出“一”，即宇宙起源的一元论，而且是物质的。在世界的自然万事万物之中，老子列举了许多相互矛盾的对立体，并认为对立物相互依存、相互转化，最终归于统一。所以，他一再使用“一”，也表明他认为矛盾和对立总要归于统一。在人类社会而言，老子也强调统一，认为侯王也要注重唯一的“道”，才能使天下有个准绳。这个准绳是什么？老子说，“贵以贱为本，高以下为基”。侯王应该认识到“贱”“下”是自己的根基。有道的人无须光华如玉，还是质朴更好一些。总而言之，本章开头就是讲道的普通性、重要性，不论是天、地、神、谷还是万物、侯王，都是来源于道；如果失去了道，一切都不会再存在下去。

第四十章

本章重在论道，也是说明道的特征。在本章，老子用极其简练的文字，讲述了“道”的运动变化法则和“道”产生天下万物的作用。关于“道”的基本理论，本章和第四十二章都是就此而论的。本章虽然只有两句话，但言简意赅，含义十分丰富。道的运用不是以暴烈强迫的方式进行，而是以自然柔和、润物无声为特征。所以道作为天地之始的“无”，产生了作为万物之母的“有”。

原典

反①者，道之动；弱者②，道之用。天下万物生于“有”，有生于“无”。

注释

① 反：同“返”，复，循环往复。

② 弱者：柔弱、渺小。

译文

循环往复的运动变化，是道的运动。道的作用是微妙、柔弱的。天下的万物产生于看得见的有形质，有形质又产生于不可见的无形质。

古注

王弼注：“高以下为基，贵以贱为本，有以无为用，此其反也。动皆知其所无，则物通矣。故曰，反者道之动也。柔弱同通，不可穷极。天下之物皆以有为生，有之所始，以无为本，将欲全有，必反于无也。”

王夫之注："流而或盈，满而或止，则死而为器。人知器之适用，而不知其死于器也。若夫道，含万物而入万物，方往方来，方来方往，蜿蟺希微，固不穷已。乃当其排之而来则有，当其引之而去，则托于无以生有，而可名为无。故于其'反'观之，乃可得而觌也。其子为光，其孙为水，固欲体其用也实难。夫迎来以强，息往以弱，致'用'于'动'，不得健有所据，以窒生机之往来；故用常在'弱'，而道乃可得而'用'也。'动'者之生，天之事。'用'者之生，人之事。天法道，人法天，而何有于强？然而知道体之本动者鲜矣。唯知'动'则知'反'，知'反'则知'弱'。"

阅典笔记

老子在《道德经》里，多次涉及到"事物的矛盾和对立转化是永恒不变的规律"，概括了自然和人类社会的现象与本质，这是十分光辉和精辟的见解。"反者，道之动"，历来解释者有两种观点：一是说矛盾着的对立物各自向着自己的对立面转化，二是说事物运动变化的规律是循环往复的。其实这两种解释意思是相同的。因为老子承认运动，承认运动循环往复、周而复始。这当然是老子认识上的不足。因为对立面的互相转化，必须在一定条件下，才能得以实现，不具备一定条件，是不能转化的。不经过任何努力，不管在任何情况下，都会发生转化，这就多少带有宿命论的色彩了。"弱者，道之用"，是说"道"在发挥作用的时候，用的是柔弱的方法，这不完全是消极的，同样也有积极的一面。道创造万物，并不使万物感到有什么强迫的力量，而是自然而然地发生和成长。用弱和用强，也就是"无为"和"有为"的区别。"天下万物生于有，有生于无。"有的论者认为这一句可以概括出"无——有——万物"的公式，并说万物毕竟是从"无"而来的。其实，老子讲"有"和"无"，并不曾把"无"当做第一性的东西，而把"有"当做第二性的东西，他是把有与无当成相互对立的两个哲学范畴，有与无都是道的属性，是道产生天地万物时由无形质落向有形质的活动过程。

触类旁通

◎ 通典

达则兼济天下

霍英东，聚财有道，散财亦有道。霍英东给人的印象，一是官至高位，在政界、商界、体育界拥有众多的头衔；二是他是个慷慨的有钱人。从小吃过不少苦的霍英东聚财有道，但也热心公益，散财有道。多年来他对社会的各类捐助金额接近两百亿元，单是在家乡番禺的捐助就超过四十亿元，有报道称他是港澳地区为家乡捐赠最多的富豪。说起父亲生前的善行，其子霍震霆回忆道："他说过一句话：人一生一定要做有意义的事。有钱，是给他一个机会，能对国家作自己的贡献。"

◎ 评论

万事万物都是在一定条件下相互转化的。霍英东生于忧患，以自强不息成就人生传奇；逝于安乐，用赤诚赢得生前身后名。他有这样的财富观：民族大义高于金钱，赤子之心胜于财富。他有这样的境界：达则兼济天下。

第四十一章

本章重在论道，阐发“明道若昧”的道理。这一章引用了十二句古人说过的话，列举了一系列构成矛盾的事物双方，表明现象与本质的矛盾统一关系，它们彼此相异，互相对立，又是互相依存，彼此具有统一性，从矛盾的观点，说明相反相成是事物发展变化的规律。在这里，老子讲了上士、中士、下士各自“闻道”的态度：上士听了道，努力去实行；中士听了道，漠不动心，将信将疑；下士听了以后哈哈大笑。这说明“下士”只见现象不见本质，还要抓住一些表面现象来嘲笑道，但道是不怕浅薄之人嘲笑的。

原典

上士闻道，勤而行之；中士闻道，若存若亡；下士闻道，大笑之。——不笑，不足以为道。故建言①有之：明道若昧，进道若退，夷道若颣(lèi)②。上德若谷，广德若不足，建德若偷③，质真若渝④。大白若辱，大方无隅⑤，大器晚成。大音希声，大象无形，道隐无名。夫唯道，善贷且成⑥。

注释

① 建言：立言的人。

② 夷道若颣：夷，平坦；颣，崎岖不平、坎坷曲折。

③ 建德若偷：刚健的德好像苟且偷生。偷，意为苟且。

④ 质真若渝：质朴而纯真好像浑浊。

⑤ 大方无隅：隅，角，棱角。最方整的东西却没有角。

⑥ 善贷且成：贷，施与、给予。善于帮助而且成就万物。

译文

上士听了道的理论，努力去实行；中士听了道的理论，或许记住，或许遗忘；下士听了道的理论，哈哈大笑。——不被嘲笑，那就不足以成其为道了。因此古时立言的人说过这样的话：光明的道好似暗昧，前进的道好似后退，平坦的道好似崎岖，崇高的德好似峡谷，广大的德好像不足，刚健的德好似怠惰，质朴而纯真好像混浊未开。最洁白的东西，好像含有污垢；最方正的东西好像没有棱角；最宝贵的器皿是最后完成的；最大的声响，反而听来无声无息；最大的形象，反而没有形状。道幽隐而没有名称，无名无声。只有"道"，才能善于施予万物成就万物。

古注

王弼注:"有志也。建,犹立也。光而不耀。后其身而身先,外其身而身存。纇[土内]也。大夷之道，因物之性，不执平以割物，其平不见，乃更反若纇[土内]也。不德其德,无所怀也。知其白,守其黑,大自然后乃得。广德不盈,廓然无形，不可满也。偷，匹也。建德者，因物自然，不立不施，故若偷，匹。质真者,不矜其真,故[若]渝。方而不割,故无隅也。大器成天下不持然别,故必晚成也。听之不闻名曰希，[大音]不可得闻之音也。有声则有分，有分则不宫而商矣。分则不能统众，故有声者非大也。有形则有分，有分者不温则(炎)[凉],不炎则寒。故象而形者,非大象。凡此诸善,皆此道之所成也。在象则为大象，而大象无形。在音则为大音，而大音希声。物以之成而不见其(成)形，故隐而无名也。贷之非唯供其乏而已，一贷之则足以永终其德，故曰善贷也。成之不如机匠之裁，无物而不济其形，故曰善成。"

王夫之注："有善贷者于此，则人将告贷焉，而彼非执物以赐之也。夫道，亦若是而已矣；然我未见物之告贷于道也。何也？物与道为体，而物即道也。物有来有往，有生有反，日饮于道，而究归于未尝或润；日烛于道，而要反于未之有明。无润无明，物之小成；不耀不流，道用自极。故欲勤，而莫致其力；欲行，而不见其功。盖'味'、'退'、'辱'、'偷'之名，非虚加之也。然而受之不辞者，且得不谓之上士乎？"

阅典笔记

本章前面先讲了"上士"、"中士"、"下士"对道的反应。"上士"即高明的奴隶主贵族，"中士"即平庸的贵族，"下士"即浅薄的贵族。上、中、下不是就政治上的等级制度而言，而是就其思想认识水平的高低而言。"道"的本质隐藏在现象后面，浅薄之士是无法看到的，所以不被嘲笑就不成其为"道"。在后面所引的十二组词语中，前六组是指"德"而言的，后六句组"质真"、"大白"、"大方"、"大器"、"大音"、"大象"指"道"或道的形象、道的性质。所以引完这十二组词语以后，用一句话加以归纳："道"是幽隐无名的，它的本质是前者，而表象是后者。这十二组，从有形与无形、存在与意识、自然与社会各个领域多种事物的本质和现象中，论证了矛盾的普遍性，揭示出辩证法的真谛。这是极富智慧的。

触类旁通

◎ 通典

"晚有直节，着在朝廷"

在入主开封府之前，包拯因对官场失望导致情绪低落，而"七求外任、出京四年"。1056年，58岁的老包终于成为开封府尹。按理说，包拯后世之名应是从开封府名扬天下的，事实上，他只在这个职位上坐了一年有余。既没有张龙、赵虎、王朝、马汉，也没有公孙先生、南侠展昭，更没有狗头铡、虎头铡、龙头铡，那些杀负心驸马、砍国舅脑袋、铡侄子包勉、打皇后銮驾等出神入化的情节都是后世善良的杜撰。

不过，以包拯的个性，不在开封府干出点名堂是不会善罢甘休的。他一上任就改革诉讼制度，裁撤了门牌司。在当时，平民告状都得先通过门牌司才能上交案件，时常被小吏讹诈。

几个月后，惠民河涨水，淹了南半城。包拯一调查，原来屡疏不通的原因是达官贵人在河两岸占地修豪宅，还堵水筑起了"水上公园"。包拯立即下令将这些花园水榭全部"毁去"，以泄水势。"人患"一治，水患自然解除。老包这一举动可谓石破天惊，威名大震，京师老百姓都盛传"关节不到，有阎罗包老"。

当然，在这不长的时间里，包拯肯定也查办过一些案子，也许其中不乏为民平冤的，也采取过一些措施维护首都治安，一度赢得美名。他处理案件公道正派，执法严峻，对各种阶层一视同仁也是不争的历史事实，他不苟言笑、过于严肃，得来了"包希仁笑比黄河清"的民间评价——要看包公笑，比黄河水变清还难啊！

然而，包拯主要政绩毕竟不在开封府任期，更不在英明断案上，他是一个实干家。不到两年，六十一岁的他就被任命为三司使，负责全国经济工作，他展现出了经济改革的天赋，比如改"科率"为"和市"，即朝廷按照公平价格购买农民要缴的上供物资；免除部分地区"折变"，即废除农民将粮食变成现钱纳税的规定等措施。开展经济工作卓有成效，两年后，包拯被提拔为枢密副使，相当于主管军事的副宰相，至此，包拯才算正式进入了中央执政官的行列，属于最高军事长官之一。然而，六十三岁的老包已经是风烛残年。仁宗时代相对和平，所以这个职务也许是皇帝对老包忠心耿耿一生的一种荣誉性质的回报。

一年后，包拯病逝，首都开封的老百姓莫不伤感，皇帝亲自到包家吊唁，并宣布停朝一天以示哀悼。当仁宗看到包家如此俭朴，又听闻他"居家俭约，衣服器用饮食如初宦时"，不禁感慨。

◎ 评论

欧阳修曾说，包拯一辈子"少有孝行，闻于乡里；晚有直节，着在朝廷"。这个评价是准确的。他纯朴平实，刚直不阿，疾恶如仇，爱民如子，同时他不苟言笑，太过较真，不会处世，人缘不好。然而，他却成为了中国历史上无人企及的崇高与正义的化身，一个至忠至正、至刚至纯的清官标志与忠臣样本，一个被历朝官方推向神坛，又被历代老百姓奉为神明的大青天。历史选择这样一个人来传颂，值得我们思考，我们可以将包拯与老子的哲学联系在一起，这样就容易理解老子所谓道的内涵了。

第四十二章

这一章的前半部分讲的是老子的宇宙生成论，也是重在论道。这里老子说到“一”、“二”、“三”，乃是指“道”创生万物的过程。这是继四十章之后，又一段关于“道”的基本原理的重要论述。宇宙万物的总根源是“混而为一”的“道”，对于千姿百态的万物而言，“道”是独一无二的。另一段话是警诫王公要以贱为本、以下为基的。对后一段内容，有的学者认为这一段文字与上一段讲的原理关联不上，疑为第三十九章文字错移本章。另一种说法是两段前后虽然不相密切关联，但意义仍相近。这是讲矛盾的双方既是对立的，又是统一的，事物相反相成，双方并非不变，而是可以互相转化的。所以，这一章再次表达了老子的辩证法思想。

原典

道生一①，一生二②，二生三③，三生万物。万物负阴而抱阳④，冲气以为和⑤。（人之所恶，唯孤、寡、不穀⑥，而王公以为称。故物或损之而益，或益之而损。人之所教，我亦教之。强梁者不得其死，吾当以为教父⑦。）

注释

① 一：这是老子用以代替道这一概念的数字表示，即道是绝对无偶的。

② 二：指阴气、阳气。“道”的本身包含着对立的两方面。阴阳二气所含育的统一体即是“道”。因此，对立着的双方都包含在“一”中。

③ 三：即是由两个对立的方面相互矛盾冲突所产生的第三者，进而生成万物。

④ 负阴而抱阳：背阴而向阳。

⑤ 冲气以为和：此句意为阴阳二气互相冲突交和而成为均匀和谐状态，从而形成新的统一体。冲，冲突、交融。

⑥ 孤、寡、不穀：这些都是古时候君主用以自称的谦词。

⑦ 教父：父，有的学者解释为“始”，有的解释为“本”，有的解释为“规矩”。有根本和指导思想的意思。

译文

道是独一无二的，道本身包含阴阳二气，阴阳二气相交而形成一种适匀的状态，万物在这种状态中产生。万物背阴而向阳，并且在阴阳二气的互相激荡而成新的和谐体。（人们最厌恶的就是“孤”、“寡”、“不穀”，但王公却用这些字来称呼自己。所以一切事物，如果减损它却反而得到增加，如果增加它却反而得到减损。别人这样教导我，我也这样去教导别人。强暴的人死无其所。我把这句话当做施教的宗旨。）

古注

王弼注：“万物万形，其归一也，何由致一，由于无也。由无乃一，一可谓无，已谓之一，岂得无言乎。有言有一，非二如何，有一有二，遂生乎三，从无之有，数尽乎斯，过此以往，非道之流。故万物之生，吾知其主，虽有万形，冲气一焉。百姓有心，异国殊风，而（得一者），王侯［得一者］主焉。以一为主，一何可舍，愈多愈远，损则近之，损之至尽，乃得其极。既谓之一，犹乃至三，况本不一而道可近乎，损之而益［益之而损］岂虚言也。我之［教人］非强使（人）从之也，而用夫自然，举其至理，顺之必吉，违之必凶。故人相教，违之［必］自取其凶也，亦如我之教人勿违之也。”

王夫之注：“当其为道也，函‘三’以为‘一’，则生之盛者不可窥，而其极至少。当其为生也，始之以‘冲气’，而终之以‘阴阳’。阴阳立矣，生之事繁，而生之理亦竭矣。又况就阴阳之情才，顺其清以贪于得天，顺其浊以坚于得地，旦吸夕餐，呕酣充闷以炫多，而非是则恶之以为少，方且阴死于浊，阳死于清，而讵得所谓‘和’者而仿佛之乎？又况超于‘和’以生‘和’者乎？有鉴于此，而后知无已而保其少，‘损’少致‘和’，损‘和’得‘一’。夫得‘一’者无‘一’，致‘和’者无致。散其党，游其宫，阴阳在我，而不叛其宗，则‘益’之最盛，何以加哉！”

今论

冯友兰说："老子书说'道生一,一生二,二生三,三生万物，万物负阴而抱阳，冲气以为和'（四十二章）。这里说的有三种气：冲气、阴气、阳气。我认为所谓冲气就是一，阴阳是二,三在先秦是多数的意思。二生三就是说，有了阴阳,很多的东西就生出来了。那么冲气究竟是哪一种气呢？照后来《淮南子》所讲的宇宙发生的程序说,在还没有天地的时候,有一种混沌未分的气。后来这种气起了分化，轻清的气上浮为天，重浊的气下沉为地，这就是天地之始。轻清的气就是阳气，重浊的气就是阴气。在阴阳二气开始分化而还没有完全分化的时候,在这种情况中的气就叫做冲气。'冲'是道的一种性质,'道冲而用之或不盈'（四章）。这种尚未完全分化的气，与道相差不多，所以叫冲气。也叫做一。"(《老子哲学讨论集》)

阅典笔记

在本章后半部分，老子讲了柔弱退守是处事的最高原则，谦受益，满招损，这也合乎辩证之道。

触类旁通

◎ 通典

有位丹青爱好者千里迢迢来到法门寺向住持释圆和尚诉说："我一心一意要学丹青，可至今没有找到一个满意的师傅，许多人都是徒有虚名，有的画技还不如我。"释圆和尚听了淡淡一笑，要求其"现场直播"。绘画者问画什么，释圆说老僧平素最大的嗜好就是品茗饮茶，施主就为我画一把茶壶一个茶杯吧。年轻人寥寥几笔就画完了，一把倾斜的茶壶正徐徐吐出一脉茶水来，源源不断地注入到茶杯中，画得栩栩如生。没想到和尚说他画错了，应该把杯子布置在茶壶之上才是。年轻人说大师有没有搞错啊，哪有杯子往茶壶里注水的。释圆哈哈大笑："原来你懂得这个道理啊！你渴望自己的杯子里能够注入那些丹青高手的香茗，但你总是将自己的杯子放得比那些茶壶还要高，香茗怎么注入你的杯子里？涧谷把自己放低，才能得到一脉流水，人只有把自己放低，才能吸取别人的智慧和经验。"年轻人听后恍然大悟。

◎ **评论**

子曰 :“三人行必有我师。”孔子这样的千古圣人尚能不耻下问，何况吾辈凡夫俗子。“满招损，谦受益”，这是颠扑不破的真理。大海不择细流，故能成其汪洋;泰山不择尘土，故能成其崔嵬。老子也教导我们“物或损之而益，或益之而损”，所以，谦虚谨慎是永远的真理。

第四十三章

本章说明无为的作用和效果，重在论述治国。本章和第十二章都是讲人之尊严的，申述“柔之胜刚，弱之胜强”的“是谓微明”之术。讲了柔弱可以战胜刚强的原理，又讲了“不言”的教诲和“无为”的益处。此意贯穿于老子《道德经》的全书之中。他指出，最柔弱的东西里面，蓄积着人们看不见的巨大力量，使最坚强的东西无法抵挡。“柔弱”发挥出来的作用，在于“无为”。水是最柔的东西，但它却能够穿山透地。所以老子以水来比喻柔能胜刚的道理。

原典

天下之至柔，驰骋[①]天下之至坚。无有入无间[②]。吾是以知无为之有益。不言之教，无为之益，天下希及[③]之。

注释

① 驰骋：使……奔跑，驱使，形容马奔跑的样子。

② 无有入无间：无有：指不见形象的东西。无有之形可以进入无间隙之中。

③ 希：少。及：至，到达。

译文

天下最柔弱的东西，腾越穿行于最坚硬的东西中；无形的力量可以穿透没有间隙的东西。我因此认识到“无为”的益处。“不言”的教导，“无为”的益处，普天下少有能赶上它的了。

古注

王弼注："气无所不入，水无所不（出于）经。虚无柔弱，无所不通，无有不可穷，至柔不可折，以此推之，故知无为之有益也。"

王夫之注："适燕者北驰，适粤者南骋；而无适之驾，则常得其夷而无所阻，轹践百为而无所牾。以觿解者，不能解不纠之结；以斧析者，不能析无理之薪。苟知实之有虚，因而袭之，则圻距万变，而我志无不得。夫炫其'坚'而修备，测其'间'而抵隙音多矣，道之所以终隐于'可道'也。"

阅典笔记

"贵柔"是《道德经》的基本观念之一，除本章论述外，第七十六章以及其他一些章节里也多所论及。"柔弱"是"道"的基本表现和作用，它实际上已不局限于与"刚强"相对立的狭义，而成为《道德经》概括一切从属的、次要的方面的哲学概念。

触类旁通

◎ 通典

冒顿示弱

秦汉时驰骋于蒙古草原的匈奴曾盛极一时，然而在冒顿统一匈奴前却经常受东胡国的欺侮。一次，冒顿得到一匹好马。东胡王得悉后，派人来索取。

冒顿部下气愤，但冒顿将马送于东胡王。后来东胡王得悉冒顿的妻子很漂亮，派人来此索取，冒顿的部下更加气愤，纷纷表示士可杀，不可侮。但冒顿又派人把妻子送给了东胡王。东胡王认为冒顿软弱可欺，便放松了警惕，整天饮酒作乐。后来，东胡王又派人向冒顿索取土地。这次冒顿斩掉东胡使者，召开誓师大会，杀奔东胡。直到匈奴兵临城下，东胡王才恍然大悟，但悔之晚矣。于是强大的东胡国被小小的匈奴灭掉了。

◎ **评论**

老子认为，“柔弱”是万物具有生命力的表现，也是真正有力量的象征。如果我们深入一个层次去考虑问题，就会发现老子要突出的是事物转化的必然性。他并非一味要人“守柔”、“不争”，而是认为“天下之至柔，驰骋天下之至坚”，即柔弱可以战胜刚强。这是深刻的辩证法的智慧。因此，发现了“柔弱”方面的意义是老子的重大贡献。

第四十四章

本章强调尊重生命，重在论养生。此章与第十三章同样，是讲人之尊严的。十三章是以宠辱荣患和人的自身价值对比，说明人要自重、自爱。这一章是以名与货和人的自身价值对比，也是要人自重、自爱。老子宣传的是这样一种人生观，人要贵生重己，对待名利要适可而止，知足知乐，这样才可以避免遇到危难；反之，为名利奋不顾身，争名逐利，则必然会落得身败名裂之可悲下场。

原典

名与身孰亲？身与货孰多①？得与亡孰病②？甚爱必大费③，多藏必厚亡④。知足不辱，知止不殆，可以长久。

注释

① 多：贵重的意思；货，财富。

② 得与亡孰病：得，指名利。亡，指丧失性命。病，有害，可引申为痛苦。

③ 甚爱必大费：过于爱名就必定要付出很大的耗费。

④ 多藏必厚亡：丰厚的藏货就必定会招致惨重的损失。

译文

声名和生命相比哪一样更为亲切？生命和钱财比起来哪一样更为贵重？获取名利和丢失生命相比，哪一个更痛苦？过分的爱名利就必定要付出更多的代价；过于积敛财富，必定会招致更为惨重的损失。所以说，懂得满足，就不会受到屈辱；懂得适可而止，就不会遇见危险。这样才可以保持住长久的平安。

古注

王弼注："尚名好高。其身必疏。食货无厌，其身必少。得多利而亡其身，何者为病也。甚爱不与物通，多藏不与物散，求之者多，攻之者众，为物所病。故大费厚亡也。"

王夫之注："所谓至人者，岂果其距物以孤处哉？而坐视其变，知我之终无如物何，而物亦终无如我何也。故'辱'有自来，而'辱'或无自来；'殆'有自召，而'殆'或不召而至。然而以'身'捷得其眚而受其'名'，则不如无居之为愈也。故谓之善爱'名'而善居'货'，善袭'得'而善遣'亡'。'得'之于'身'，听然以消阴阳之沴；得之于天下，泮然以毙虎兕之威。"

阅典笔记

虚名和人的生命，或者钱财与人的价值，哪一个更可贵？得到名利与丧失生命，这二者哪一个弊病多呢？这是老子在本章里向人们提出的尖锐问题，这也是每个人都必然会遇到的问题。有人解释说，本章讲吝惜生命，与提倡奋不顾身是格格不入的两种生命观。事实上，吝惜生命并不是贪生怕死，老子是对宠辱荣患和虚名货利来说的，不要贪图虚荣与名利，要珍惜自身的价值与尊严，不可自贱其身。本章里讲"知足不辱，知止不殆"，这是老子处世为人的精辟见解和高度概括。

触类旁通

◎ 通典

一　女儿的选择

一名妇女发现三位白须飘然的老先生坐在家门前歇脚。妇人邀请他们进屋，三位老先生笑呵呵地谢了她，身子却没动。妇人疑惑。其中一位老先生指着身旁的两位解释："这位的名字是财富，那位叫成功，而我的名字是健康。我们不能同时进屋呀！不过，你可以去和你的家人商量，看你们最需要我们中的哪一个。"

妇人进屋便将此话告诉了丈夫。丈夫惊喜道："既然如此，我们就邀请财富老人吧，请他进来，让我们的屋里装满财富！"妇人不同意："亲爱的，我们为什么不邀请成功老人呢？做一切事情都能成功，那感觉会有多好！”这时，在一旁倾听的女儿建议：“请健康进来不好吗？这样一来我们一家人身体健康，就可以幸福地享受生活、享受人生了！”丈夫对妻子说：“听我们女儿的吧。去请健康进屋做客。”

于是妇人出门，邀请健康进屋做客。谁知健康起身，成功和财富也都站起身来，紧随其后。妇人感到惊讶：“我们邀请的是‘健康’，你们两位怎么也一起来了？”三位老先生乐了：“哪里有健康，哪里就有财富和成功！”

二　偷油的老鼠

有三只老鼠一起去偷油喝，可是油缸特别深，油在缸底，它们只能闻到油香，喝不到油。于是它们集思广益，想出了一个很棒的主意，就是运用“长尾理论”：一只咬着一只的尾巴，依次吊到缸底去偷油喝。

第一只吊下去的老鼠在缸底想：“油只有这么一点点，和那两个轮流喝多不过瘾。今天算我好运，先下来了，不如自己喝饱了再说。”吊在半空中的第二只老鼠看第一只老鼠喝油的架势就想：“下面的油那么少，万一让它喝光了，那我岂不是白费力气一场。我看还是把它放了，自己跳下去喝个痛快。”在上面把舵的第三只老鼠也在琢磨：“油看上去不多啊。等那两个吃饱喝足，只怕早就没有我的份了。倒不如就此松口，扔下它们，自己跳到缸底海喝一气，解解嘴馋。”

于是三只老鼠以类似一米板、三米板、五米板连台跳水的方式，相继跌入油缸里。浑身被油湿透，虽然油是都喝饱了，但谁也逃不出这深深的油缸了。

◎ 评论

天地间的事情，没有无故就能得的。得何足喜？失何足忧？君子坦然自乐，就能脱开得失；小人忧苦烦劳，就是患得患失。得不是求来的，失不是患所能免的。唯有超出得失以外，尽上为人的天职，自然先难而后获，不求得而自得，且一得永得，万古不失。像孔子当日存救济天下万世的心，周游列国，一辈子没有得志，穷困一生，是将利禄失了。就因为失了名利，却得了万世师表，生平未有的大名；列国时那些得名得利的，反倒皆是失了。孔子固无心求名利，然而有实就有名，有德就有禄。看到这里，人也就求实行修大德就是了。何必求名利？何必算计得失呢？

第四十五章

本章重在论修身，论述人品修养。这一章在内容上和行文上，都可以说是第四十一章的继续。第四十一章讲的是“道”，本章讲的是“人格”。其中“大成”、“大盈”的人格形态，“若缺”、“若冲”、“若屈”、“若拙”、“若讷”的外在表现，都是说明一个完美的人格不在外形上表露，而为内在生命的含藏内收。

原典

大成①若缺，其用不弊。大盈若冲②，其用不穷。大直若屈③，大巧若拙，大辩若讷④，大赢若绌（chù）⑤。躁胜寒，静胜热⑥。清静，为天下正⑦。

注释

① 大成：最为完满的东西。成，善。

② 冲：本为“盅”，空虚。

③ 屈：弯曲。

④ 讷：拙嘴笨舌，语言困难，口吃。

⑤ 绌：通“黜”。

⑥ 躁胜寒，静胜热：急躁可以驱除寒意，冷静可以战胜昏热。

⑦ 正：长，君。

译文

最完满的东西，好似有残缺一样；但它的作用永远不会衰竭；最充盈的东西，好似是空虚一样，但是它的作用是不会穷尽的。最正直的东西，好似有弯曲一样；最灵巧的东西，好似最笨拙的；最卓越的辩才，好似不善言辞一样，最大的盈利，好似亏本。急躁可以驱除寒意，冷静可以战胜昏热。清静无为才能统治天下。

古注

王弼注："随物而成，不为一象，故若缺也。大盈(冲)[充]足，随物而与，无所爱矜，故若冲也。随物而直，直不在一，故若屈也。大巧，因自然以成器，不造为异端，故若拙也。大辩因物而言，己无所造，故若讷也。躁罢然后胜寒，静无为以胜热，以此推之，则清静为天下正也。静则全物之真，躁则犯物之性，故惟清静乃得如上诸大也。"

王夫之注："阴阳交而人事烦，人事烦而功名著。故喜于有为者，其物之盈而往附之。已盈而往附焉，必损于己，遂思以胜之；我见其寒而趋火，热而饮冰，徒自困也。彼岂乐有此患哉？始亦以附彼者之易于求盈，而不知其至此也。而早啬于己，不惊于物，则阴阳方长，而不附之以为功名。始于不依，终于不竞，天下正矣，而我若未有功。故貌见不足，而实享其有余。诚享矣，而又奚恤于貌之不足？"

阅典笔记

任继愈在《老子新译》中写道："这一章讲的是辩证法思想。老子认为有些事物表面看来是一种情况，实质上却又是一种情况。表面情况和实际情况有时完全相反。在政治上不要有为，只有贯彻了'无为'的原则，才能取得成功。"这个分析是准确的。老子运用辩证法认识事物、认识人。尤其是那些国富兵强，拓地千里，并国数十，成其大功的王侯将相，如果不因此而昏昏然，而看到自己的缺陷和不足；在丰满充盈的时候如果能以细小视之，富裕却以不足居之，再加上如屈、如拙，当然会其用无穷。

触类旁通

◎ 通典

基辛格的妙语

美国前国务卿基辛格在位时，曾经在接受一位大牌记者采访时，被问到国务卿先生是否知道导弹和潜艇的数目是多少。基辛格耸了耸肩，对记者说："我很难回答你这个问题。我的难处在于，数目我是知道的，但我不知道这是不是保密的。"该记者马上说："就数目而言，当然不是保密的。"基辛格于是说："哦，不是保密的，那你说是多少呢？"记者闻语，只得"嘿嘿"苦笑，不好再逼问基辛格。基辛格的揣着明白装糊涂，将记者的刁难轻易间化为无形，这就是"大辩若讷"。

◎ 评论

大辩之人，看上去不善言辞，却能令巧舌如簧之人甘拜下风。

第四十六章

本章重在论养生，说明了贪婪的危害。这一章主要反映了老子的反战思想。在春秋时代，诸侯争霸，兼并和掠夺战争连年不断，给社会和人民群众的生活造成了沉重灾难。对此，老子明确表示了自己的主张，他分析了战争的起因，认为是统治者贪欲太强。那么解决问题的办法是要求统治者知足常乐，这种观点可以理解，但他没有明确区分战争的性质，因为当时的战争有的是奴隶主贵族间的互相兼并，有的是新兴地主阶级崛起后推翻奴隶主统治的战争，还有劳动民众的反抗斗争。因此，在本章里，老子所表述的观点有两个问题，一是没有指出引起战争的根源，二是对战争没有加以区分。

原典

天下有道，却①走马以粪②；天下无道，戎马③生于郊④。咎莫大于欲得，祸莫大于不知足。故知足之足，常足矣⑤。

注释

① 却：退回，放回。

② 走马以粪：用战马耕种田地。粪，耕种，播种。

③ 戎马：战马。

④ 生于郊：在荒郊野外生下马驹。

⑤ 故知足之足，常足矣：知道满足的这种满足，是永远满足的。

译文

治理天下合乎“道”，就可以做到太平安定，让战马退还到田间给农夫用来耕种。治理天下不合乎“道”，连怀胎的母马也要送上战场，在荒郊野外生下马驹。最大的过失是贪得的欲望，最大的祸害是不知足。因此，知道到什么地步就该满足了的人，永远是满足的。

古注

王弼注：“天下有道，知足知止，无求于外，各修其内而已，故却走马以治田粪也。贪欲无厌，不修其内，各求于外，故戎马生于郊也。”

王夫之注：“祸发于方寸，福隐于无名。一机之动如蚁穿，而万杀之争如河决。故有道者，不为福先，而天下无祸。岂强室之哉？明于阴阳之亢害，而乐游于大同之圃，安能以己之已知，犯物之必害者乎？”

阅典笔记

社会政治清明，世道太平，就可以歇下奔跑的马用来施肥。社会政治黑暗，危国乱主，君主身边近臣的马匹都被拉出去战斗。没有比放纵欲望更大的罪恶，没有比不知餍足更大的灾祸，没有比贪得图利更大的过错。所以，只有由知道满足获得的富足，才是长久的富足。

触类旁通

◎ 通典

咎莫大于欲得

古代“三十六计”之一的“假道伐虢”，典出《左传》。春秋时期，晋国想吞并邻近的两个小国：虞和虢。但这两个国家关系很好。晋如袭虞，虢会出兵救援；晋若攻虢，虞也会出兵相助。大臣荀息向晋献公献上一计。他说，要想攻占这两个国家，必须要离间他们，使他们互不支持。虞国国君贪得无厌，我们正可以投其所好。他建议晋献公拿出心爱的两件宝物，屈产良马和垂棘之璧，送给虞公。献公哪里舍得！荀息说：大王放心，只不过让他暂时保管罢了，等灭了虞国，一切不都又回到你的手中了吗？献公依计而行。

晋国故意在晋、虢边境制造事端，找到了伐虢的借口。晋国要求虞国借道让晋国伐虢，虞公得了晋国的好处，只得答应。虞国大臣宫子奇再三劝说虞公，这件事办不得的。虞虢两国，唇齿相依，虢国一亡，唇亡齿寒，晋国是不会放过虞国的。虞公却说，为了交一个弱朋友去得罪一个强有力的朋友，那才是傻瓜哩！

晋大军通过虞国道路，攻打虢国，很快就取得了胜利。班师回国时，把劫夺的财产分了许多送给虞公。虞公更是大喜过望。晋军大将里克这时装病称不能带兵回国,要求暂时把部队驻扎在虞国京城附近。虞公毫不怀疑。几天之后，晋献公亲率大军前去，虞公出城相迎。献公约虞公前去打猎。不一会儿，只见京城中起火。虞公赶到城外时，京城已被晋军里应外合强占了。就这样，晋国又轻而易举地灭了虞国。

虞国国君贪图屈产良马和垂棘之璧，不听宫子奇劝阻，身死国亡。这就是“咎莫大于欲得”。

◎ 评论

张松如先生在《老子校读》一书中写道 ：“本章前四句表示了反战思想。老子反对的当然是春秋列国各贵族领主集团间频繁的兼并战争和掠夺战争。尽管有人指出说，这些战争，从其主流说，也有一定的进步趋势 ；但是对人民来说，特别是对从事农业生产的广大劳动人民群众来说，不可避免地要带来种种惨祸、暴行、灾难的痛苦。这是可以想见的。老子反对这些战争岂不是理所当然的吗？顺便说一句，有人曾说，老子是兵家。可是从古以来，哪里会有反战的兵家呢？在这里，老子认为战争是由于封建统治者不知足、贪心重所引起的,只要是能知足,满足于现状,不贪求什么,就不会发生战争。‘知足之足，恒足矣。’这是一种唯心史观，至于‘寡欲’、‘知足’的提出，对当时封建贵族领主集团的无厌欲求，无异于是一个强烈的抗议。”

第四十七章

这一章主要谈的是哲学上的认识论，论述认知关系，重在论修身。这里的基本观点是：在认识上纯凭感觉经验是靠不住的。因为这样做无法深入事物的内部，不能认识事物的整体，而且还会扰乱人的心灵。那么，要认识事物就只有靠内在的自省，下功夫自我修养，才能领悟“天道”，知晓天下万物的变化发展规律。对此，学术界在讨论老子哲学认识论时，有的观点是说，老子是彻头彻尾的唯心主义先验论者；而有的观点则说，老子并不轻视实践所获取的感性知识，只是夸大了理性认识的作用。

原典

不出户，知天下；不窥牖（yǒu）①，见天道②。其出弥远，其知弥少。是以圣人不行而知，不见而明③，不为④而成。

注释

① 窥牖：窥，窃视。牖，窗户。

② 天道：日月星辰运行的自然规律。

③ 不见而明：不窥见而明天道。

④ 不为：无为、不妄为。

译文

不出门户，就能够推知天下的事理；不望窗外，就可以认识日月星辰运行的自然规律。他向外奔逐得越远，他所知道的道理就越少。所以，圣人不出行却能够推知事理，不窥见而能明了“天道”，不妄为而可以有所成就。

古注

王弼注："事有宗，而物有主，途虽殊而（同）[其]归[同]也，虑虽百而其致一也。道有大常，理有大致，执古之道，可以御今，虽处于今，可以知古始，故不出户，窥牖而可知也。无在于一而求之于众也，道视之不可见，听之不可得，抟之不可得，如其知之，不须出户，若其不知，出愈远愈迷也。得物之致，故虽不行而虑可知也。识物之宗，故虽不见，而是非之理可得而名也。明物之性，因之而已。故虽不为而使之成矣。"

王夫之注："道盈于向背之间。有所向，斯有所背矣。无所向，无所背，可名之中。乃使人贸贸然终日求中而不得，为天下笑。无已，姑试而反之。反非中也，而渐见其际。有欻乎，如光之投隙；有约乎，如丝之就络。物授我知而我不勤，乃知昔之逐亡子而追奔马者，劳而愚矣。非然，则天下岂有'不行而知，不见而名，不为而成'者哉？"

今论

陈鼓应《老子注释及评介》："老子认为世界上一切事物都依循着某种规律运行着，掌握着这种规律（或原则），当可洞察事物的真情实况。他认为心灵的深处是透明的，好像一面镜子，这种本明的智慧，上面蒙着一层如灰尘般的情欲（情欲活动受到外界的诱发就会趋于频繁）。老子认为我们应透过自我修养的功夫，作内观返照，净化欲念，清除心灵的蔽障，以本明的智慧，虚静的心境，去览照外物，去了解外物和外物运行的规律。"

触类旁通

◎ 通典

英国人的情报

在第二次世界大战期间的1941年6月22日拂晓，德国以“闪电战”向苏联发起突然袭击，苏联军民措手不及，损失惨重。更可怕的是，苏联军事情报部门对德军的情况毫无掌握。以斯大林为首的军事委员会认为，此时由情报部门派出间谍已来不及，于是决定使用“尽人之力、之智”的策略，立即委托第三国情报部门协助探听军情。经研究，苏联选定委托英国情报部门合作。因为英国同样遭受德军的袭击，而且英国的情报网络严密。

果然，英国情报部门通过各种渠道和手段，迅速帮苏联查清了德军投人苏联战场的兵力多少、装备情况以及战略意图：希特勒集中了五百五十万德军，兵分三路组成了三个进攻集团军群，希望以迅雷不及掩耳之势，在一个半月到两个月的时间内打垮苏联，在冬季到来之前结束战争。

苏联国防委员会获得英国提供的情报后，立即号召军民，组织了伟大的卫国战争。当时，苏联按战时体制改组了党、政组织，对德军实行“焦土”抗战。撤退时，一切重要物资均被运走，凡不能运走的，一律销毁。苏联军民经过一个多月的英勇抵抗，遏制住了德军的攻势，为后来的大反攻以及击溃德军赢得了宝贵的时间。

◎ 评论

夫人君者不出户以知天下者，因物以识物，因人以知人也。故积力之所举，即无不胜也；众智之为，即无不成也。千人之众无绝粮，万人之群无废功。老子是一位博学多识之人，他有丰富的生活实践经验。在以前的若干章节中，我们可以看到许多涉及社会生活和自然界的内容，这些都表明老子极为重视生活实践。但更重要的是，老子是极富智慧之人，是天才的哲人。他的意思是，并不是什么事都只有经过本人的实践才能认识，那是不可能的。因此要重视理性认识。“不出户”、“不窥牖”这类极而言之的强调手法，从古到今都是普遍应用的。

第四十八章

本章讲“为学”和“为道”的问题，重在论述治国。他先讲“为学”，是求外在的经验知识，经验知识愈积累愈多。老子轻视外在的经验知识，认为这种知识掌握得越多，私欲妄见也就层出不穷。这一章所讲的“为学”是反映“政教礼乐之学”，老子认为它足以产生机智伪诈。只有“清静无为”，没有私欲妄见的人才可以治理国家。因而，老子希望人们走“为道”的路子。

原典

为学日益①，为道日损②。损之又损，以至于无为。无为而无不为③。取④天下常以无事⑤，及其有事⑥，不足以取天下。

注释

① 为学日益：研究世俗学问，则伪诈奸邪一天天增加。

② 为道日损：修行自然天道，则私欲私爱一天天减少。天道指清静无为之道。

③ 无为而无不为：顺应自然不妄为，就没有什么事情做不成。

④ 取：为，治理。

⑤ 无事：无所事事，无妄为之事。

⑥ 有事：有所事事，严刑峻法之类苛政。

译文

研究世俗学问，伪诈奸邪一天比一天增加；修行自然无道，其私欲则一天比一天减少。减少又减少，到最后以至于“无为”的境地。如果能够做到无为，即不妄为，任何事情都可以有所作为。治理天下，要经常以不骚扰人民为本，如果经常以繁苛之政扰害民众，那就不能治理国家了。

古注

王弼注：“务欲进其所能，益其所习。务欲反虚无也。有为则有所失，故无为乃无所不为也。动常因也。自已造也。失统本也。”

王夫之注：“损于有者，益于无。去其所取，全其未有取。未有取，则未有失。故宾百为，而天下来宾。犹且詹詹然以前识之得为墨守，则日见益而所失者积矣。故月取明于日，明日生而真月日死。安能舍此无尽藏，以取恩于天下之耳目哉？夫天下无穷，取者恩而失者怨，取者得而失者丧，此上礼之不免于攘臂，而致数舆之无舆也。”

今论

任继愈先生认为：“老子承认求学问，天天积累知识，越积累，知识越丰富。至于要认识宇宙变化的总规律或是认识宇宙的最后的根源，就不能靠积累知识，而要靠‘玄览’、‘静观’。他注重理性思维这一点是对的，指出认识总规律和认识个别的东西的方法应有所不同，也是对的。老子的错误在于把理性思维绝对化使他倒向了唯心主义，甚至陷于排斥感性知识的错误。”（《老子的研究》）张松如先生说：“‘为学者日益，为道者日损’，并不是老子的一种什么神秘的、蒙昧的反理性的主张，而是一定发展中的历史现象在观念形态上的客观反映。”

阅典笔记

老子把“无为”的思想发挥到极高的程度，从哲学高度来论证“无为”的社会意义。“无为”表面看来，似乎是一种后退的手段，但真正的目的，则在于避开前进中所存在的矛盾和问题，从而占据主动，以达到“无不为”的最终目的。

触类旁通

◎ 通典

奥巴马的提问

这一条奥巴马访华的新闻，是新华社 2009 年 11 月 17 日的报道。美国总统奥巴马 17 日下午在紧张的政治活动间隙，忙里偷闲来到故宫博物院参观。当天，碧空如洗，寒风凛冽，故宫金色琉璃瓦上还有残雪。下午 2 点 10 分，身穿褐色皮夹克的奥巴马，从位于天安门广场北面的故宫南门——午门，走进中国现今保存最大最完整的古代宫殿建筑群。

奥巴马此次亚洲四国之行，只在中国安排了参观游览项目。美联社就此评论说："参观到访国的名胜古迹，体现了一位领导人对这个国家文化的尊重。"在故宫博物院院长郑欣淼陪同下，奥巴马踏上位于旧北京城中轴线上汉白玉铺成的御道。"总统脚下这条路，当年只有中国皇帝可以走。"郑欣淼一边解说，一边引领奥巴马穿过太和门。暖阳照耀之下，太和殿的金色琉璃瓦和彩画交相辉映，殿宇愈发巍峨。奥巴马欣然以这座故宫最大的宫殿为背景留影。拾级而上，奥巴马一走进太和殿，就对高悬的匾额上书写的"建极绥猷"四个字产生兴趣。"这是什么意思？"奥巴马面带疑惑地问。郑欣淼说，这个词大意是说帝王要建立好的统治，对天下百姓负责。

建就是建立，极是屋脊栋梁，建极就是要建立中正的治国方略。绥是顺应之意，猷为道，为法则。这句话是讲要建立中正的治国方略必须顺应大道。

◎ 评论

"无为而无不为"是老子提出的极富智慧的命题，表面看来"无为是消极的，其实质是在前进中避开矛盾的对立面，使其畅通无阻，化被动为主动，从而达到无为而无不为的境界"。

第四十九章

这一章表达了老子善待百姓、混沌其心的治国思想。文中所讲的“圣人”，是老子理想中的执政者。老子认为，理想的执政者没有私心，以百姓之心为心，使人人守信、向善。老子把以“道”治天下的希望寄托给一个理想的“圣人”，在他的治理下，人人都回复到婴儿般纯真的状态，自然生长。这种见解是有进步意义的。本章从文字上和内容上看，都是紧接前一章的问题，深入进行分析论证。

原典

圣人常无心①，以百姓心为心。善者，吾善之；不善者，吾亦善之，德②善。信者，吾信之；不信者，吾亦信之，德信。圣人在天下，歙(xī)③歙焉，为天下浑其心④。百姓皆注其耳目⑤，圣人皆孩之⑥。

注释

①常无心：永远没有私心。

②德：通“得”。

③歙：收敛谨慎。

④浑其心：浑朴。

⑤百姓皆注其耳目：百姓都使用自己的智谋，生出许多事端。注，专注。

⑥圣人皆孩之：圣人使百姓们都回复到婴孩般纯真质朴的状态。孩，婴孩，儿童。

译文

圣人永远是没有私心的，以百姓的心为自己的心。对于善良的人，我善待于他；对于不善良的人，我也善待他。这样就可以得到善良了，从而使人人向善。对于守信的人，我信任他；对不守信的人，我也信任他。这样可以得到诚信了，从而使人人守信。有道的圣人在其位，收敛自己的欲意，使天下的心思归于浑朴。百姓们都专注于自己的耳目聪明，有道的人使他们都回到婴孩般纯朴的状态。

古注

王弼注："动常因也。各因其用则善不失也。无弃人也。各用聪明。皆使和而无欲，如婴儿也。夫天地设位，圣人成能，人谋鬼谋，百姓与能者。能者与之，资者取之，能大则大，资贵则贵，物有其宗，事有其主，如此则可冕旒充目而不惧于欺。黈纩塞耳而无戚于慢。"

王夫之注："即有圣人，岂能使天下之皆孩邪？一生二而有阴阳，有阴阳而有性情，有性情而有是非。夫性情之凝滞以干阴阳之肖者而执之，将遂以为常乎？常于此者，不常于彼矣。唯执大常以无所常，故恣阳亢阴凝之极，而百姓可坐待其及，我为焦土，百姓为灌潦；我为和风，百姓为笙竽。有渍而不受，有声而不留，则善之来投，若稚子学语于翁妪之侧，而况夫不善之注耳目者乎？呜呼！天下之有目而注者多矣，与之为目者，则亦注也。圣人不为目，而天下自此孩矣。"

今论

"圣人"生于天下，他能够恰当地收敛自己的心欲，兢兢业业地不敢放纵自己，不敢与民争利，不敢以自己主观意志而妄为。他治理国家往往表现出浑噩质朴的特征，对于注目而视、倾耳而听，各用聪明才智甚至机心巧诈的老百姓，圣人却要他们都回归到婴儿般无知无欲的纯真状态。这位体道的圣人，是被老子美化了的统治者，这是在前面几章里已经谈到过的。但是，正如张松如先生所说的那样："老子是站在什么立场的说话？岂不显然是站在封建统治者的立场吗？不是的，这道理我们已经一再指出过了。他是作为农业小生产者即小农阶层愿望的表达者来发言的。"（《老子校读》）

阅典笔记

“圣人无常心，以百姓心为心。”这里提出的“常心”是恒心，是人类中个别人所拥有的一种持久不懈的生命意志力之具体表现。

触类旁通

◎ 通典

快刀斩乱麻

传说公元前 233 年冬天，马其顿亚历山大大帝进兵亚细亚。当他到达亚细亚的弗尼吉亚城，听说城里有个著名的预言：几百年前，弗尼吉亚的戈迪亚斯王在其牛车上系了一个复杂的绳结，并宣告谁能解开它，谁就会成为亚细亚王。自此以后，每年都有很多人来看戈迪亚斯打的结。各国的武士和王子都来试解这个结，可总是连绳头都找不到，他们根本不知从何处入手。

亚历山大对这个预言非常感兴趣，命人带他去看这个神秘之结。幸好，这个结尚完好地保存在朱庇特神庙里。亚历山大仔细观察这个结，许久许久，始终连绳头都找不到。于是，他拔出剑来，一剑把绳结劈成两半。

这个保留数百载的难解之结，就这样轻易地被解开了。后来，亚历山大果然成为了亚细亚之王。

◎ 评论

不要因为环境的变化、待遇的变化和随之而来的人情冷暖而心态发生变化。人类的一切活动要顺势而动，借势而为，而不能逆潮流而动。在浩瀚的宇宙之中，在生命历史的长河里，人类显得多么的渺小和无助，人的一生或许只是短短的一瞬间，所有的一切都只是缘分而已。因此，不要把自己看得多么伟大。

第五十章

本章论述保护生命的方法，重在论养生。这一章讲两种养生之道：一种是因营养过剩，骄奢淫逸，故而短命夭折；一种是因行动不慎而造成伤亡。老子认为，人活在世，应善于避害，则可以保全生命长寿。他注意到人为因素对生命的影响，要求人们不要靠着争夺来保养自己，而要以清静无为的态度远离死地。

原典

出生入死[①]。生之徒[②]，十有三[③]；死之徒[④]，十有三；人之生，动之于死地[⑤]，亦十有三。夫何故？以其生生之厚[⑥]。盖闻善摄生[⑦]者，陆行不遇兕（sì）[⑧]虎，入军不被甲兵[⑨]；兕无所投其角，虎无所措其爪，兵无所容其刃。夫何故？以其无死地[⑩]。

注释

① 出生入死：出世为生，入地为死。离开了生存必然走向死亡。

② 生之徒：正常活着的人。

③ 十有三：十分之三。

④ 死之徒：属于夭折死去的人。

⑤ 人之生，动之于死地：此句意为人本来可以长生的，却意外地走向死亡之路。

⑥ 生生之厚：由于求生的欲望太强，营养过剩，因而奉养过厚了。

⑦ 摄生：养护生命。

⑧ 兕：独角犀牛，这里泛指野兽。

⑨ 入军不被甲兵：触及，遭受。

⑩ 无死地：没有进入死亡范围。

译文

人始出于世而生，最终入于地而死。属于长寿的人有十分之三；属于短命而亡的人有十分之三；本来可以活得长久些，却自己走向死亡之路的人，也占十分之三。为什么会这样呢？因为奉养太过度了。据说，善于养护自己生命的人，在陆地上行走，不会遇到凶恶的犀牛和猛虎，在战争中也受不到武器的伤害。犀牛于其身无处投角，老虎对其身无处伸爪，武器对其身无处刺击锋刃。为什么会这样呢？因为他不蹈死地。

古注

王弼注："出生地，入死地。十有三，犹云十分有三分，取其生道全生之极，十分有三耳。取死之道，全死之极，亦十分有三耳。而民生生之厚。更之无生之地焉，全摄生者无以生为生，故无死地也。器之害者，莫甚乎（戈兵）[兵戈]。兽之害者，莫甚兕虎。而令兵戈无所容其锋刃，虎兕无所措其爪角，斯诚不以欲累其身者也，何死地之有乎。夫蚖蟺以渊为浅，而凿穴其中，鹰鹯以山为卑，而增巢其上。矰缴不能及，网罟不能到，可谓处于无死地矣。然而卒以甘饵，乃入于无生之地，岂非生生之厚乎。故物苟不以求离其本，不

以欲渝其真，虽入军而不害，陆行而不（可犯）[犯可]也，赤子之可则而贵信矣。”

王夫之注："有死地，无生地。无地为生，有地为死。试效言之矣。人之生也，神舍空而即用，形拔实以营虚，非其出乎？迨气与空为宅，形与壤为质，则死者非其入乎？虽然，既有生矣，遂以其出者为可继也，引绪旁生，据地而游，则死固死于静。生亦死于动。死于动者，能不静，而不能静于动也。静于动，则动于静，动静两用而两不用。静于动，则动可名为静；可名为静，静亦乐得而归之；所谓'守静笃'者此也。动于静，则静可名为动；可名为动，静与周旋而不死；所谓'反者道之动'者此也。故有地者三，无地以为地者三，骛于地不地而究以得地者三。此自九而外，一之妙所难言与！然而摄生者其用在动，之死者其用亦动。何以效之？摄生者以得地为忧，动而离之。之死者以不得地为忧，动而即之。彼虽日往还于出入之间，而又恶知动哉？则甚矣，地之可畏也！兕虎之攫，必按地以为威；甲兵之杀，必争地以制胜。遇无地者，则皆废然而丧其杀机。杀不在彼，死去于我，御风音所以泠然善，云将所以畅言游也。”

今论

任继愈先生说："老子看来，这个世界到处埋伏着危险，生命随时受到威胁。他主张处处小心，不要进入危险范围，只有无所作为，才最安全，最足以保全性命。"（《老子新译》）

阅典笔记

只要人能够依照天道行事，那么外患就不能侵入其身，他就不会走向死亡的领域。老子生逢乱世，他看到人生危机四伏，生命安全随时随地受到威胁，因此他主张不要靠战争、抢夺来保护自己，不要以奢侈的生活方法来营养自己，而是清静无为，恪守“道”的原则，他不妄为，不伤害别人，别人也找不到对他下手的机会，这就可以排除造成人们寿命短促的人为因素。老子以本章文字对人们进行劝说，希望人们能够做到少私寡欲，清静质朴，纯任自然。

触类旁通

◎ 通典

祸莫大于不知足

《韩非子·解老》："人无毛羽，不衣则不犯寒，上不属天而下不着地，以肠胃为根本，不食则不能活；是以不免于欲利之心。欲利之心不除，其身之忧也。故圣人衣足以犯寒，食足以充虚，则不忧矣。众人则不然，大为诸侯，小余千金之资，其欲得之忧不除也。胥靡有免，死罪时活，今不知足者之忧终身不解。故曰：'祸莫大于不知足。'"

◎ 评论

人身上不长兽毛鸟羽，所以不穿衣服就不能御寒；人生天地间，以肠胃作为生命的根本，不吃不喝就不能过活。因此就不免有贪欲得利之心。贪欲得利之心不除去，其身堪忧。所以，圣人着衣只求够御寒，饮食只求能充饥。这样就不会有什么可烦忧的。一般的人却不是这样，大的做了诸侯，小的积有千金资财，但其贪欲得利的烦忧不能断。囚犯有被释放的一天，犯死罪的人有时也能得活，但是不知足的人其烦忧终生不得解脱。所以老子说，"祸莫大于不知足"。

第五十一章

本章重申“生而不有”，重在论道。这一章是着重讲“德”的作用，可以看做是第三十八章的继续。老子在这章里再一次发挥了“道”以“无为”的方式生养了万物的思想。本章里的“玄德”即“上德”。老子认为，“道”生长万物，“德”养育万物，但“道”和“德”并不干涉万物的生长繁衍，而是顺其自然。“德”是“道”的化身，是“道”在人世间的具体作用。万物成长的过程是：一、万物由“道”产生；二、“道”生万物之后，又内在于万物，成为万物各自的本性；三、万物依据各自的本性而发展个别独特的存在；四、周围环境的培养，使各物生长成熟。

原典

道生之，德畜之，物形之，势①成之。是以万物莫不尊道而贵德。道之尊，德之贵，夫莫之命而常自然②。故道生之，德畜之，长之育之，亭之毒之③，养④之覆⑤之。（生而不有，为而不恃，长而不宰，是谓“玄德”⑥。）

注释

① 势：万物生长的自然环境。

② 莫之命而常自然：不干涉或主宰万物，而任万物自化自成。

③ 亭之毒之：使万物结果成熟。

④ 养：爱养、护养。

⑤ 覆：维护、保护。

⑥ 玄德：深妙的德性。以上四句错简重出于第十章，应在此章。

译文

道生成万事万物，德养育万事万物。万事万物虽现出各种各样的形态，环境使万事万物成长起来。故此，万事万物莫不尊崇道而珍视德。道之所以被尊崇，德之所以被珍视，就是由于道生长万物而不加以干涉，德畜养万物而不加以主宰，顺其自然。因而，道生长万物，德养育万物，使万物生长发展，成熟结果，使其受到抚养、保护。生长万物而不据为己有，抚育万物而不自恃有功，导引万物而不主宰，这就是奥妙玄远的德。

古注

王弼注："物生而后畜，畜而后形，形而后成，何由而生，道也。何得而畜，德也。何（由）[因]而形？物也。何使而成？势也。唯因也，故能无物而不形；唯势也，故能无物而不成。凡物之所以生，功之所以成，皆有所由。有所由焉，则莫不由乎道也。故推而极之，亦至道也。随其所因，故各有称焉。道者，物之所由也。德者，物之所得也。由之乃得，故（曰）不得不（失）[尊]。（尊）[失]之则害，[故]不得不贵也。（命并作爵）。[亭谓品其形毒]谓成其（实）[质]。各得其庇荫。不伤其体矣。为而不有。有德而不知其主也，出乎幽冥，（是以）[故]谓之玄德也。"

王夫之注："道既已生矣，而我何生？道既已畜，且覆之矣，而我何为？而我何长？邻之人炊其囷粟以自饱，施施然曰我食之，夫谁信哉？乃彼未尝食于我。而未尝不食于此也。我唯灼而知之，顺而袭之，天下不相知而德我，我姑不得已而德之。物者形矣，势者成矣。虽灼知之，不名言之；虽顺袭之，不易置之；虽德我者不相知，终古而信之；亦可因万物之不相知也，而谓之玄德矣。"

阅典笔记

在前面的某些章节中，我们已经了解到老子阐发的"道"和"德"二者之间的关系，也了解到"道"、"德"与万事万物之间的关系。这一章同样论述的是"道"以"无为"的方式生养了万物的学说。有学者认为："老子提出'夫莫之命而常自然'的见解，说明万物是在无为的自然状态中生长的。'莫之命'，即孟子所说'莫之为而为者天也'的意思。万物的生长，是顺应着客观存在的自然规律而长的，各自适应着自己所处的具体环境而生长的，根本就不可能有所谓主持者加以安排，然后才能生长的。这一点，是老子反对鬼神术数的表现，反对有神论的表现，就万物的生长却需要依据着客观自然界存在的规律来说，老子称之为‘道生之’。就客观自然界存在的规律具体运用于物的生长来说，老子称之为‘德畜之’。万物生长，既然必须依据自然界的规律，而为自然界的规律的具体运用，所以‘万物莫不尊道而贵德’。但万物的尊道贵德，也仅为对自然界的规律的依据与运用，不是另有什么主宰者加以命令与安排的，这种现象，老子认为是无为自然的状态，所以说‘夫莫之命而常自然’。”

触类旁通

◎ 通典

一　听话的书生

“绅之束之”的故事出自《韩非子·外储说左上》。宋国有个书呆子，死啃书本，死抠字眼。古《书》上有“绅之束之”的话，说的是人要经常约束自己。这个书呆子照字面的意思，用两条衣带扎住腰，“一绅一束”。别人问他，这是在做什么。他颇认真地说：“古《书》上这么教导的，我当然应这么去做啦。”

二　可怜的鳄鱼

心理学家将一只饥饿的鳄鱼和一些小鱼放在水族箱的两端，中间用透明的玻璃板挡开。刚开始，鳄鱼毫不犹豫地向小鱼发动攻击，它失败了，但它毫不气馁；它向小鱼发动第十次更猛烈的攻击，它又失败了，并且受了重伤；它还要攻击，第十三次，第十四次……多次攻击无望后，它不再攻击了。这个时候，心理学家将挡板拿开，鳄鱼已经不再攻击小鱼了。它依然无望地看着那些小鱼在眼皮底下悠闲地游来游去，它放弃了一切努力。

◎ 评论

时势不断变化，当初做不到的事今天可能就会轻而易举地做到，当初能办到的事今天可能就难以办到了。无论如何，关键是心中不要存下一个一成不变的概念，要让好习惯坚持下去，让坏习惯变成好习惯。遗憾的是，像这条鳄鱼一样，我们很多人在多次的挫折、打击和失败之后，就逐渐失去了战斗力。激情死了，梦想死了，剩下的只有黯淡的眼神和悲伤的叹息，无奈、无助和无力。

第五十二章

本章论述持守大道，重在论修身，是继第四十七章后再次论述哲学上的认识论问题。老子认为，天下自然万物的生长和发展有一个总的根源，人应该从万物中去追索这个总根源，把握原则。人们认识天下万物但不能离开总根源，不要向外奔逐，否则将会离失自我。在认识活动中，要除去私欲与妄见的蔽障，以真正把握事物的本质及规律。

原典

天下有始①，以为天下母②。既得其母，以知其子③；既知其子，复守其母。没身不殆。塞其兑，闭其门④，终身不勤⑤；开其兑，济其事⑥，终身不救。见小曰“明”⑦，守柔曰“强”⑧。用其光，复归其明⑨，无遗身殃⑩。是为“袭常”⑪。

注释

①始：本始，指“道”。

②母：本原。

③子：指由“母”所产生的万物。

④塞其兑，闭其门：塞住嗜欲的孔穴，闭上欲念的门径。兑，指口，嗜欲的感官。门，指门径。

⑤勤：劳作。

⑥开其兑，济其事：打开嗜欲的孔穴，增加纷杂的事件。

⑦见小曰明：能察见细微，才叫做“明”。小，细微。

⑧强：强健，自强不息。

⑨ 用其光，复归其明：光向外照射，明向内透亮。发光体本身为“明”，照向外物为光。

⑩ 无遗身殃：不给自己带来麻烦和灾祸。

⑪ 袭常：袭承常道。

译文

天地万物本身都有起始，这个始作为天地万物的根源。如果知道根源，就能认识万物；如果认识了万事万物，又把握着万物的根本，那么终生都不会有危险。塞住欲念的孔穴，闭起欲念的门径，终生都不会有烦扰之事。如果打开欲念的孔穴，就会增添纷杂的事件，终生都不可救治。能够察见到细微的，叫做“明”；能够持守柔弱的，叫做“强”。运用其光芒，返照内在的明，不会给自己带来灾难，这就叫做万世不绝的“常道”。

名注

王弼注：“[善始之，则善养畜之矣，故天下有始，则可以为天下母矣]。母，本也，子末也。得本以知末，不舍本以逐末也。兑，事欲之所由生；门，事欲之所从也。无事永逸，故终身不勤也。不闭其原而济其事，故虽终身不救。为治之功不在大，见大不明，见小乃明。守强不强，守柔乃强也。显道以去民迷。不明察也。道之常也。”

王夫之注：“言‘始’者有三：君子之言始，言其主持也；释氏之言始，言其涵合也；此之言‘始’，言其生动也。夫生动者气，而非徒气也。但以气，则方其生动于彼，而此已枵然矣。盈于彼，不虚于此；先天地生，而即后天地死；其息极微，用之无迹。小且无所执，而况于大？弱且不必‘用’，而况于‘强’？将孰从而致吾‘见’与‘守’乎？故方其‘守’而‘知’，‘知’之在‘守’；方其‘知’而‘守’，‘守’之在‘知’。生息无穷，机漾于渺。欲执之而已逝矣，欲审之而已迁矣，欻忽萧散，何所为‘常’？于其不‘常’，而阴尸其‘常’，岂复在‘子’‘母’之涯涘邪？不然，以己之知与力，有涯之用，追随‘子’‘母’之变，未见其免于殃也。”

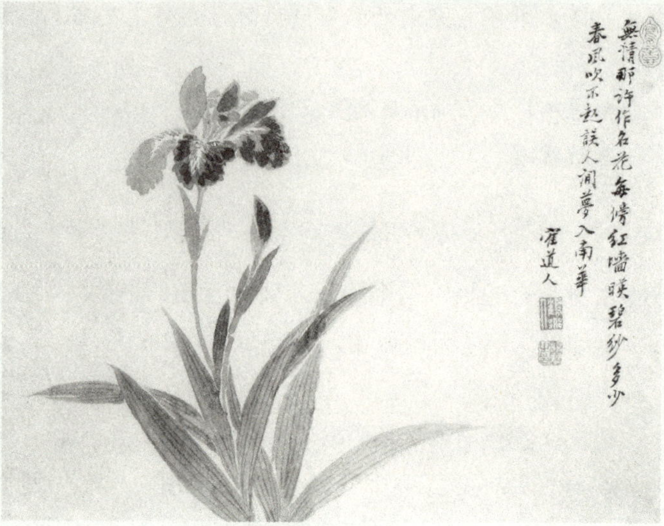

阅典笔记

在本章中，老子又一次使用了“母”、“子”这对概念。在这里，“母”就是“道”，“子”就是天下万物，因而母和子的关系，就是道和万物、理论和实际、抽象思维和感性认识、本和末等关系的代名词。张松如认为“所谓既得其母，以知其子；既知其子，复守其母，正是把概念形成的理论证明，当做对具体事物认识的方法了。西周以来，中国已经产生了例如五行说那样原始、自发的唯物论。当老子第一次试图把那种元素化的‘物理性形式’推进到更高阶段的理论性的形式时，他的理论形式的唯物主义思想，也因受到了历史与科学条件的限制而表现出某种不成熟性，这种不成熟性，反映到更为复杂的认识论领域中来，就很容易带上一种以‘道’观物的特点。这是老子在认识上失足落水的一个重要原因。”（《老子校读》）

触类旁通

◎ 通典

见小曰明

《韩非子·喻老》里讲了一则箕子谏纣王的故事：“昔者，纣为象箸，而箕子怖。以为象箸必不加于土铏，必将犀玉之杯。象箸玉杯，必不羹菽藿，则必旄象豹胎；旄象豹胎，必不衣短褐而食于茅屋之下，则锦衣九重，广室高台。吾畏其卒，故怖其始。居五年，纣为肉圃，设炮烙，登糟邱，临酒池，纣遂以亡。故箕子见象箸以知天下之祸，故曰见小曰明。”

◎ 评论

这则故事很好懂：商纣的王叔箕子见到纣王用象牙筷子就很害怕。因为有了象牙筷子，杯子也将换成犀玉杯；有了象牙筷子、犀玉杯就不吃粗食豆汤，要吃牛肉、象肉、豹肉等精美的食物；吃牛肉、象肉、豹肉，就不会穿着短的粗布衣在茅屋中食饭，就穿着很多华衣美服，在华丽的宫殿进食。箕子从纣王开始用象牙筷子而预见到纣王将来的穷奢极欲，会致亡国。一个明智的领导人一定要防微杜渐，看似一些极微小的事情却有可能造成统治集团内部分崩离析。这就是老子说的“见小曰明”。

第五十三章

这一章尖锐地揭露了当时社会的一些矛盾现象和统治者穷奢极欲的罪恶行径，重在针砭时弊。在《道德经》一书中，有几处谈到这个问题，如第三章、第十九章、第五十七章、第七十五章等。本章描述了社会的黑暗和统治者给人们带来的深重灾难，尤其是统治者凭借权势和武力，对百姓恣意横行，搜刮榨取，终日荒淫奢侈，过着腐朽糜烂的生活，而下层民众却陷于饥饿状况，农田荒芜，仓库空虚。这种景况，无怪乎老子把统治者叫做“盗夸”。这一章的内容也可以说是给无道的执政者们——暴君所画的像。

原典

使我[1]介然有知[2]，行于大道，唯施(yí)[3]是畏。大道甚夷[4]，而人[5]好径[6]。朝甚除[7]，田甚芜，仓甚虚，服文采，带利剑，厌饮食[8]，财货有余，是为盗夸[9]。非道也哉！

注释

①我：指有道的圣人，老子在这里托言自己。

②介然有知：微有所知，稍有知识。介，微小，稍微。

③施：斜、斜行。

④夷：平坦。

⑤人：指人君。

⑥径：邪路。

⑦朝甚除：宫殿很整洁。除，修饰。

⑧厌饮食：饱得不愿再吃。厌，饱足、满足、足够。

⑨盗夸：即大盗、盗魁。“盗夸”亦作“盗竽”。

译文

假如我稍微有些知识，在大道上行走，唯一担心的是害怕走了邪路。大道虽然平坦，但人君却喜欢走邪径。宫殿装饰奢华，腐败至极，弄得农田荒芜，仓库十分空虚，而人君仍穿着锦绣的衣服，佩戴着锋利的宝剑，饱餐精美的饮食，搜刮占有富余的财货，这就叫做强盗头子。这是多么无道啊！

古注

王弼注："言若使我可介然有知，行大道于天下，唯施为（之）是畏也。言大道荡然正平，而民犹尚舍之而不由，好从邪径，况复施为以塞大道之中乎。故曰，大道甚夷，而民好径。朝宫，室也。除洁，好也。朝甚除，则田甚芜苍甚虚，设一而众害生也。凡物不以其道得之则皆邪也。邪则盗也。夸而不以其道得之，[盗夸也贵而不以其道得之]窃位也。故举非道以明，非道则皆盗夸也。"

王夫之注："天下不胜'知'也。'知'而'施'之，则物之情状死于己之耳目，而耳目亦将死于情状矣。然则将去知乎？而知亦无容去也。有知者，有使找知者。知者自谓久知，而使我知者用其'介然'而已。知'介然'之靡常，则己无留好。己无留好，而天下不羡其留，虽施不足畏，而况于知？俄顷之光，而终身之据；己尚之物，亦从而尚之。莽、操之奉尧、舜为竽，黄巾、赤眉之奉汤、武为竽，与阴阳之沴奉凝滞之冲气以为竽而盗其生等也。道之不可以'介然'行也，如斯夫！"

今论

杨兴顺说："'盗夸'之人过着奢侈生活，而人民却在挨饿。按照老子的学说，这类不正常的情况是不会永远存在下去的，人类社会迟早会回复它自己最初的'天之道'。老子警告那些自私的统治者，他们永远渴望着财货有余，这就给自己伏下极大的危机。'祸莫大于不知足，咎莫大于欲得'(四十六章)。这样，他们违背了'天之道'的法则，而'不道早已'(三十章)。让早已忘却先王的金科玉律的自私统治者不要这样设想，以为他们的力量是不可摧毁的。这样的日子是会来临的：统治者将因自己的一切恶行而受到惩罚，因为在世界上，'柔弱胜刚强'。老子对于压迫者的炽烈仇恨，对于灾难深重的人民的真挚同情，对及对于压迫人民、掠夺人民的社会政治制度必然崩溃的深刻信念——这些都是老子社会伦理学说中的主要特点。"

阅典笔记

站在人民群众的立场上，从社会稳定与发展的角度抨击当政的暴君为“盗竽”，这是从老子开始到庄子的道家最为可贵的重要观点。在《庄子·外杂篇》里，他提出“窃钩者诛，窃国者侯”，这是传统的观点。事实上那些“财货有余”的人才是货真价实的“盗竽”。“圣人不死，大盗不止”，这是从被压迫的劳动者的利益出发而发出的呐喊。从这种观点中，我们也感到这说明了老子并不是腐朽的没落的奴隶主贵族利益的代言人，而是真切地代表了被压迫者的愿望。

触类旁通

◎ 通典

《庄子·达生篇》中说齐桓公曾经见到过委蛇，后来果然成为春秋五霸之一。齐桓公在一个大泽边打猎时碰鬼了，回来后一蹶不振，长卧不起。他的丞相管仲到处寻找高人，希望能知道他的主人遇到的是一个什么鬼。结果找到一个叫皇子告敖的人，和桓公侃侃而谈。

桓公曰：“然而有鬼否？”对曰：“有之。水有‘罔象’，丘有‘峷’，山有‘夔’，野有‘彷徨’，泽有‘委蛇’。”桓公曰：“汝试言委蛇之状。”对曰：“夫委蛇者，其大如毂，其长如辕，紫衣而朱冠。其为物也，恶闻轰车之声，闻则捧其首而立。此不轻见，见之者必霸天下。”桓公辗然而笑，不觉起立，曰：“此正寡人所见也！”于是顿觉精神开爽，不知病之何往矣。

◎ 评论

孔子在《春秋》提到“西狩获麟”指的是鲁哀公十四年猎获麒麟之事。中国古代用麒麟象征祥瑞，相传只在太平盛世或世有圣人时此兽才会出现。祥兽被捕获而亡，孔子为此落泪，表示“吾道穷矣”。“委蛇”由文中看来，不是什么祥兽，乃属“鬼怪”之流，鬼怪出现，而王霸天下，可见王霸天下并非好事，所谓“一将功成万骨枯”。

第五十四章

本章强调以道修德，普化天下，重在论修身，讲“道”的功用，即“德”给人们带来的益处。本章是第四十七章和第五十二章的重要补充。例如，第四十七章说：“不出户，知天下。”第五十二章说：“即得其母，以知其子；既知其子，复守其母。”要做到这一点，还要做到“塞其兑，闭其门”。那么在本章里，老子讲了修身的原则、方法和作用。他说，修身的原则是立身处世的根基，只有巩固修身之要基，才可以立身、为家、为乡、为天下，这就是“道”。老子认为这是唯一正确的认识方式和途径。

原典

善建者不拔，善抱[①]者不脱，子孙以祭祀不辍[②]。修之于身，其德乃真；修之于家，其德乃余；修之于乡，其德乃长[③]；修之于邦[④]，其德乃丰；修之于天下，其德乃普。故以身观身，以家观家，以乡观乡[⑤]，以邦观邦，以天下观天下。吾何以知天下之然哉？以此。

注释

① 抱：抱住、固定、牢固。

② 子孙以祭祀不辍：祖祖孙孙都能够遵守“善建”、“善抱”的道理，后代的香火就不会终止。辍，停止、断绝、终止。

③ 长：尊崇。

④ 邦：国家。

⑤ 故以身观察，以家观家，以乡观乡：以自身察看观照别人，以自家察看观照别家，以自乡察看观照别乡。

译文

善于建立（基业）的人（固其根本）则人不能拔，善于守住（基业）的人（持之以恒）不会失落，如果子孙能够遵循、守持先辈之德，那么子子孙孙的香火就不会断绝。把这个道理付诸于自身，他的德性就会是真实纯正的；把这个道理付诸于自家，他的德性就会是丰盈有余的；把这个道理付诸于自乡，他的德性就会受到尊崇；把这个道理付诸于自邦，他的德性就会丰盛硕大；把这个道理付诸于天下，他的德性就会无限普及。所以，用自身的修身之道来观察别身，以自家察看观照别家，以自乡察看观照别乡，以平天下之道察看观照天下。我怎么会知道天下的情况之所以如此呢？就是因为我用了以上的方法和道理。

古注

王弼注："固其根而后营其末，故不拔也。不贪于多，齐其所能，故不脱也。子孙传此道以祭祀则不辍也。以身及人也，修之身则真，修之家则有余，修之不废。所施转大。彼皆然也。以天下百姓心观天下之道也。天下之道。逆顺吉凶，亦皆如人之道也，此上之所云也。言吾何以得知天下乎，察己以知之，不求于外也，所谓不出户以知天下者也。"

王夫之注："以己与天下国家立，则分而为朋矣。彼朋'建'，则此朋'拔'；彼朋'抱'，则此朋'脱'。然而有道者，岂能强齐而并施之哉？事各有形，情各有状，因而观之，可以无争矣。而流动于情状之中，因其无可因，以使之自因者，所谓'知之以此'也。方且无'身'，而身何'观'？方且无乡、邦、天下，而我又何'观'？方且无之，故方且有之。析于所自然，而抟于所不得已，则匪特'朋亡'，而己物相见之真，液化脉函，固结以寿于无穷，是谓'死而不亡'。"

阅典笔记

本章说到"以身观身，以家观家，以乡观乡，以邦观邦，以天下观天下"。这一句是从一身讲到天下。读此句，使人不自觉地想起儒家经典之一的《大学》中所讲的"格物、致知、诚意、正心、修身、齐家、治国、平天下"的所谓"八条目"。这也是从一身讲到天下。道家与儒家在修身问题上并不相同，但也不是完全不相同。这相同之处就在于，他们都认为立身处世的根基是修身。

稍后一些的庄子也说，“道之真，以治身，其余绪，以为国”。所谓为家为国，应该是充实自我、修持自我以后的自然发展。而儒家则是有目的性地去执行，即一为自然的，一为自持的，这就是儒、道之间的不同点。

触类旁通

◎ 通典

修身而治国

楚庄王是春秋五霸之一。有一次，他问术士詹何：“治理国家应该怎样？”詹何回答说：“我知道修养身心，不知道治理国家。”楚庄王说：“我能成为祀奉宗庙社稷的人，希望学到怎样保持它的办法。”詹何回答说：“我没有听说过身心修养好了而国家反而混乱的事，又没有听说过身心烦乱而能把国家治理好的事。所以根本在于自身，不敢用末节来答复。”楚王说：“说得好。”

◎ 评论

在这里老子主要向我们说明人需要不断学习，通过学习不断完善自己。端正自己的品行，提高自己的道德修养，就像我们熟悉的朱熹的那首诗所说：“问渠哪得清如许，为有源头活水来。”通俗来说，这与“身体是革命的本钱”亦有相通之处。

第五十五章

本章讲处世哲学，即“德”在人身上的具体体现，论厚德之人重在论修身。前半部分用的是形象的比喻，后半部分讲的是抽象的道理，老子用赤子来比喻具有深厚修养境界的人，能返回到婴儿般的纯真柔和。“精之至”是形容精神充实饱满的状态，“和之至”是形容心灵凝聚和谐的状态，这样就能防止外界的各种伤害免遭不幸。如果纵欲贪生，使气逞强，就会遭殃，危害自己，也危害别人。

原典

含德之厚，比于赤子。毒虫[1]不螫(shì)[2]，猛兽不据[3]，攫(jué)鸟[4]不搏[5]。骨弱筋柔而握固。未知牝牡之合而朘(zuī)作[6]，精之至也。终日号而不嗄(shà)[7]，和之至也。知和曰“常”[8]，知常曰“明”，益生[9]曰祥[10]，心使气曰强[11]。物壮[12]则老，谓之不道。不道早已。

注释

① 毒虫：指蛇、蝎、蜂之类的有毒虫子。

② 螫：毒虫子用毒刺螫人。

③ 据：兽类用爪、足年攫取物品。

④ 攫鸟：用脚爪抓取食物的鸟，例如鹰隼一类的鸟。

⑤ 搏：鹰隼用爪击物。

⑥ 朘作：婴孩的生殖器勃起。朘，小男孩的生殖器。

⑦ 嗄：噪音嘶哑。

⑧ 知和曰常：常指事物运作的规律。和，指阴阳二气合和的状态。

⑨ 益生：有益于养生。

⑩ 祥：这里指妖祥、不祥的意思。

⑪ 强：逞强、强暴。

⑫ 壮：强壮。

译文

道德涵养浑厚的人，就好比初生的婴孩，毒虫不螫他，猛兽不伤害他，凶恶的鸟不搏击他。他的筋骨柔弱，但拳头却握得很牢固。他虽然不知道男女的交合之事，但他的小生殖器却勃然举起，这是因为精气充沛的缘故。他整天啼哭，但嗓子却不会沙哑，这是因为和气纯厚的缘故。认识淳和的道理叫做“常”，知道“常”的叫做“明”。贪生纵欲就会遭殃，欲念主使精气就叫做逞强。事物过于壮盛了就会变衰老，这就叫不合于“道”，不遵守常道就会提早地死亡。

古注

王弼注:“赤子无求无欲，不犯众物，故毒（虫）[螫]之物无犯（之）[于]人也。含德之厚者，不犯于物，故无物以损其全也。以柔弱之故，故握能周固。作，长也。无物以损其身，故能全长也。言含德之厚者，无物可以损其德，渝其真，柔弱不争而不摧折者，皆若此也。无争欲之心，故终日出声而不嗄也。物以和为常，故知和则得常也。不皦不昧，不温不凉，此常也。无形不可得而见，[故曰知常]曰明也。生不可益，益之则夭也。心宜无有使气则强。”

王夫之注：“以一已受天下之无涯，不给矣。忧其不给，将奔心驰气，内争而外渝。然且立德以为德，吐为外景，而不知中之未有明也。含而比于赤子者，德不立德；德不立德，而取舍无迹；无迹则‘和’。不立德以为德，则阴阳归一，阴阳归一则‘精’。如是者，大富不资，大劲不折，而犹有‘使气’、‘益生’之患乎？故闭之户牖，无有六合；守之酣寝，无有风雷；至人无涯之化，赤子无情之效也。”

阅典笔记

在本章里，老子用夸张的手法这样写道：把“德”蕴含在自己的身心里，而且积蓄得十分深厚，就像无知无欲的赤子，毒虫、猛兽、恶禽都不会去伤害他，同时他也不会去伤害禽兽虫豸，所以不会招引兽禽的伤害。他形象地说婴儿的生殖器勃起和大声哭喊，这是他精力旺盛和保持平和之气的缘故。他讲赤子的特点是柔弱不争和精力未散，其核心还是“和”。

触类旁通

◎ 通典

盘庚训话

《尚书 · 盘庚上》中记载了盘庚的一段话：“之所以找你们来，诸位，我是要告诉你们，对你们训话，目的是为了打消你们的私心杂念，奉劝你们不要傲慢，不要贪图安逸。从前，我的先王总是考虑任用贵戚旧臣，和他们共商国是。那个时候，先王发出的政治号令，他们是绝不敢加以隐匿或篡改的。因此，先王很敬重他们。他们也从来不会有什么错误的言论，因此，民众也能够令行禁止。而现在，你们却在不停地吵吵嚷嚷，信口雌黄，说出许多邪恶浮夸的话来。我真搞不懂，你们究竟想吵闹出什么名堂！不是我成心毁坏一直以来的这个君臣和谐关系，实在是因为你们把这个和谐关系藏匿了起来，不想给我。我对此洞若观火。当然，我有时也会糊涂，可能正是因为这，惯出了你们言行放纵的毛病……”

◎ 评论

“非予自荒兹德，惟汝含德，不惕予一人。”其中的“含德”，就是怀藏其德之意。盘庚以一国之君的身份警告特权阶层，不要反对迁都，绑架改革，他对他们私底下的小动作“洞若观火”，不换脑袋就换人。如果没有这样的魄力和勇气，盘庚也就成不了“东方的摩西”，带领子民千里迁徙，创建家园了。

第五十六章

本章阐发不言之教、混同亲疏的道理，重在论述治国。老子通过这一章向我们论证，不分亲疏，不分利害，不分贵贱，圣人才为天下贵。

原典

知者不言，言者不知①。（塞其兑，闭其门②，）（挫其锐，解其纷，和其光，同其尘③，）是谓“玄同”④。故不可得而亲，不可得而疏；不可得而利，不可得而害；不可得而贵，不可得而贱⑤。故为天下贵。

注释

① 知者不言，言者不知：聪明的人不发号施令，发号施令的人不聪明。

② 塞其兑，闭其门：塞堵嗜欲的孔窍，关闭起嗜欲的门径。此处第五十二章错简重出，当删去。

③ 挫其锐，解其纷，和其光，同其尘：此句意为挫去其锐气，解除其纷扰，平和其光耀，混同其尘世。出于第四章当移于此。

④ 玄同：玄妙混同的境界，即道的境界。

⑤ 不可得而亲，不可得而疏；不可得而利，不可得而害；不可得而贵，不可得而贱：这几句是说“玄同”的境界已经超出了亲疏、利害、贵贱等世俗的范畴。

译文

聪明的人不多说话，而到处说长论短的人就不是聪明的人。（堵住嗜欲的孔窍，关住嗜欲的门径。）（挫去人们的锋芒，解决他们的纷争，收敛他们的光耀，使他们混同于尘世，）这就是深奥的玄同。达到“玄同”境界的人，已经超脱亲疏、利害、贵贱的世俗范围，所以就为天下人所尊重。

古注

王弼注：“因自然也。造事端也。含守质也。除争原也。无所特显则物无所偏争也。无所特贱则物无所偏耻也。可得而亲，则可得而疏也。可得而利，则可得而害也。可得而贵，则可得而贱也。无物可以加之也。”

王夫之注：“夫将同其所同，则亦异其所异。同者我贵之，而或贱之；异者我贱之，而或贵之，何也？以我之贵，知或之贱；以我之贱，知或之贵也。唯不犯物者，物亦不犯我。非不犯也、物固莫能犯之也。因而靡之，坐而老之，使明如列炬，暗如窌土，锐如干将，纷如乱丝，一听其是非之无极，终不争同己以为贵，乃冒天下之上，以视天下短长之命。玄乎！玄乎！而何言之足建乎？”

阅典笔记

在老子看来，得“道”的圣人，即修养成理想人格的人，能够“挫锐”、“解纷”、“和光”、“同尘”，这就达到了“玄同”的最高境界。对此，车载评论说：“锐、纷、光、尘就对立说，挫锐、解纷、和光，同尘就统一说。尖锐的东西是容易断折不能长保的，把尖锐的东西磨去了，可以避免断折的危险。各人从片面的观点出发，坚持着自己的意见，以排斥别人的意见，因而是非纷纭，无所适从，解纷的办法，在于要大家从全面来看问题，放弃了片面的意见。凡是阳光照射到的地方，必然有照射不到的阴暗的一面存在，只看到了照射着的一面，忽略了照射不着的另一面，是不算真正懂得光的道理的。只有把‘负阴’、‘抱阳’的两面情况都统一地加以掌握了，然后才能懂得‘用其光，复归其明’的道理。宇宙间到处充满着灰尘，人世间纷繁复杂的情况也是如此，超脱尘世的想法与做法是不现实的，众人皆浊我独清的想法与做法是行不通的，这些都是只懂得对立一面的道理，不懂得统一一面的道理。只有化除成见、没有私心的人，才能对于好的方面，不加阻碍地让它尽量发挥作用，对不好的方面，也能因势利导，善于帮助它发挥应有的作用，‘同其尘’，是对立的统一道理的较高运用。”（《论老子》）

◎ 通典

白居易《感兴》

吉凶祸福有来由，但要深知不要忧。
只见火光烧润屋，不闻风浪覆虚舟。
名为公器无多取，利是身灾合少求。
虽异匏瓜难不食？大都食足早宜休。

◎ 评论

白居易这首诗的尾联说：“虽异匏瓜难不食？大都食足早宜休。”世界上谁不好名贪利？佛教劝人们绝对放弃名利，这是做不到的。老子就不然，他只是教人“少私寡欲”，少一点就好了。所以白居易说，名利像匏一样，实在好吃，叫人绝对不要吃是做不到的，但是吃了以后，很有可能会拉肚子的。深懂了黄老之道，那就是“大都食足早宜休”，不要吃得过分了，这就是老子之道在个人修养上的基本原则。

第五十七章

本章论述清净无为，重在论述治国。在第二章、第五章和第十章里，老子已将天道自然的思想，推之于人道，提出了“无为而治”的思想。在本章里，老子以“天下多忌讳，而民弥贫；民多利器，而邦家滋昏；民多智慧，而邪事滋起;法令滋章，而盗贼多有”反证应以“无事取天下”，皆未托“圣人”之言，长言无为之治，章法井然。老子生活的时代，社会动乱不安，严峻的现实使他感到统治者依仗权势、武力肆意横行，为所欲为，造成天下“民弥贫”、“国有滋昏”、“盗贼多有”的混乱局面。所以老子提出了“无为”、“无静”、“无事”、“无欲”的治国方案。他的政治主张在当时不可能被执政者所接受，也绝对没有实现的可能性。总之，这一章是他对“无为”的社会政治观点的概括，充满了脱离实际的幻想成分。但这对于头脑清醒的统治者为政治民，是会有益处的。

原典

以正[①]治国，以奇[②]用兵，以无事取天下[③]。吾何以知其然哉？以此[④]：天下多忌讳[⑤]，而民弥贫；人[⑥]多利器[⑦]，国家滋昏；人多伎巧[⑧]，奇物[⑨]滋起；法令滋彰，盗贼多有。故圣人云：“我无为，而民自化[⑩]；我好静，而民自正；我无事，而民自富；我无欲，而民自朴。”

注释

① 正：正，正道。以无为正道治理国家。

② 奇：奇谋。

③ 取天下：治理天下。

④ 以此：即以下面这段话为根据。此，指下面一段文字。

⑤ 忌讳：禁忌、避讳，戒律禁令。

⑥ 人：一本作“民”，一本作“朝”。

⑦ 利器：锐利的武器，权谋。

⑧ 人多伎巧：人们的伎巧很多。伎巧，技能智慧。

⑨ 奇物：邪事、奇事。

⑩ 我无为，而民自化：我无为而人民就自然顺化了。自化，自我化育。

译文

以无为正道去治理国家，以奇巧、诡秘的办法去用兵，以不扰害人民而治理天下。我怎么知道是这种情形呢？根据就在于此：天下的禁忌越多，而老百姓就越陷于贫穷；人民的锐利武器越多，国家就越陷于混乱；人们的技能智慧越多，邪风怪事就越闹得厉害；法令越是森严，盗贼就越是不断地增加。所以有道的圣人说：我无为，人民就自我化育；我好静，人民就自然富足；我无欲，而人民就自然淳朴。

古注

王弼注：“以道治国则国平，以正治国则奇（正）[兵]起也，以无事则能取天下也。上章云，其取天下者，常以无事，及其有事，亦不足以取天下也。故以正治国则不足以取天下，而以奇用兵也。夫以道治国，崇本以息末。以正治国，立辟以攻末。本不立而末浅，民无所及，故必至于[以]奇用兵也。利器，凡所以利己之器也。民强则国家弱。民多知慧则巧伪生，巧伪生则邪事起。立正欲以息邪，而奇兵用。多忌讳欲以耻贫，而民弥贫；利器欲以强国者也，而国愈昏（多）[弱]。皆舍本以治末，故以致此也。上之所欲，民从之速也。我之所欲唯无欲，而民亦无欲而自朴也。此四者崇本以息末也。”

王夫之注：“天下有所不治，及其治之，非‘正’不为功。以‘正’正其不正，恶知正者之固将不正邪？故‘正’必至于‘奇’，而治国必至于‘用兵’。夫无事者，正所正而我不治，则虽有欲为奇者，以无猜而自阻，我乃得坐而取之。彼多动多事者则不然，曰‘治者物之当然，而用兵者我之不得已也’。方与天下共居其安平之富，而曰不得已，是谁诒之戚哉？故无名无器，无器无利，无利无巧，无巧则法无所试。故欲弭兵者先去治。”

阅典笔记

《道德经》不是兵书，但其中不排除有关于军事方面的内容，这是我们在前面章节里已经说到的问题。例如本章讲“以奇用兵”，实际上讲的是军事问题。在老子的观念中，用兵是一种诡秘、奇诈的行为，因而在用兵时就要注意想奇法、设奇计、出奇谋，只有这样才能做到出奇制胜。这表明，老子的用兵之计与治国安邦有截然的区别，即用兵要奇，治国要正。“以奇用兵”实际就是要变化莫测，神出鬼没。战争是一种不正常的现象，是国家政治无法正常运轨时不得已而采取的下策。老子反对战争，但战争却不可避免。因此，老子在《道德经》里就不能不提出自己的见解。这个“以奇用兵”之计，不是为昏君、暴君出谋划策，而是为弱者、为正义之师设想的。

触类旁通

◎ 通典

君无为而民自化

周太王，姓姬，名亶父，又称古公亶父，周朝之先祖。因广施仁政，令不少部落归附。周灭商朝后，认为“王气”始于姬亶父，故追尊为太王。根据《史记·周本纪》记载，古公亶父继承了后稷、公刘的事业，积德行义，得到民众的爱戴。荤粥（xūn yù）和戎狄进攻周族，想要夺取财物，亶父就给了他们。后又来攻，要取得周族的土地和人口。民众非常愤怒，想要抵抗。亶父说道：“民众拥立君主，是为了让君主为民众谋利。如今戎狄来攻，是为了我的土地和臣民，而臣民归我还是归他，又有什么区别呢？你们要为我而战，要死很多人。通过这种办法让我当国君，我不忍心。”于是亶父带着家人和亲随离开了豳，渡过漆水和沮水，经过梁山，到岐山之下安顿了下来。豳地的人全都扶老携弱，复归古公到岐下。其他国家的人听说亶父仁德，也多归附。于是亶父改革戎狄的风俗，营造城郭房舍，让人们分别居住，并设置五官，各司其责。人民安居乐业，都歌颂周太王的功德。孟子曾经赞扬太王专爱他的妃子太姜，不娶其他妻妾，故而“内无怨女，外无旷夫”。

◎ 评论

有学者考证，“我无为而民自化；我好静而民自正；我无事而民自富；我无欲而民自朴”，这句话出自周太王亶父之口。老子在此所言的“圣人”就是指周太王。周太王在历史上没有周文王、周武王那么有名气，但他是周朝的一个重要的奠基人物。“古公亶父，来朝走马。率西水浒，至于岐下。”(《诗经·绵》)“后稷之孙，实维大王。居岐之阳，实始翦商。”(《诗经·鲁颂·閟宫》)敌人要得财物，予之；敌人欲得地与民，他不愿战而宁愿迁徙。故其深得民心，“以无事取天下”。

第五十八章

本章讲述对立转化的道理，重在论述治国。前面几章论述“德”在政治、社会、人生方面的体现，本章讲的是政治、社会、人生方面的辩证法。本章里提到“祸兮，福之所倚；福兮，祸之所伏”，对于此句本章评析中将详细论及。对于此章的研究，有的学者认为各段落之间的文义不一致，不连贯，可能有错简的情况。我们这里仍依据原文引述，未作文字方面的调整。

原典

其政闷闷①，其民淳淳②；其政察察③，其民缺缺④。祸兮，福之所倚；福兮，祸之所伏。孰知其极？其无正⑤。正复为奇，善复为妖⑥。人之迷，其日固久⑦。是以圣人方而不割⑧，廉而不刿（guì）⑨，直而不肆⑩，光而不耀⑪。

注释

① 闷闷：质朴的样子。

② 淳淳：淳朴知足的意思。

③ 察察：精明严酷的样子。

④ 缺缺：狡黠、抱怨、不满足之意。

⑤ 其无正：它们并没有确定的标准。正，标准，准则。其，指福、祸变换。

⑥ 正复为奇，善复为妖：正，方正、端正。奇，反常、邪。善，善良；妖，邪恶。正的变为邪的，善的变成恶的。

⑦ 人之迷，其日固久：人的迷惑于祸、福之门，而不知其循环相生之理者，其为时日必已久矣。

⑧ 方而不割：方正而不割伤人。

⑨ 廉而不刿：性格刚强不伤害人。刿，割伤。

⑩ 直而不肆：直率而不放肆。

⑪ 光而不耀：光鲜而不炫耀。

译文

政治宽厚清明，人民就淳朴忠诚；政治苛酷黑暗，人民就狡黠、抱怨。灾祸啊，幸福依傍在它的里面；幸福啊，灾祸藏伏在它的里面。谁能知道究竟是灾祸呢还是幸福呢？它们并没有确定的标准。正忽然转变为邪的，善忽然转变为恶的，人们的迷惑，由来已久了。因此，有道的圣人方正而不生硬，有棱角而不伤害人，直率而不放肆，光亮而不刺眼。

古注

王弼注："言善治政者，无形无名，无事无政可举，闷闷然，卒至于大治，故曰，其政闷闷也。其民无所争竞，宽大淳淳，故曰其民淳淳也。立刑名，明赏罚，以检奸伪，故曰，[其政]察察也。殊类分析，民怀争竞，故曰，其民缺缺。言谁知善治之极乎！唯无可正举，无可形名，闷闷然而天下大化此其极也。以正治国，则便复以奇用兵矣。故曰，正复为奇。立善以和万物，则便复有妖之患也。言人之迷惑失道，固久矣。不可便正善治以责。以方导物，(舍)[令]去其邪，不以方割物，所谓大方无隅。廉，清廉也；刿，伤也。以清廉(清)[导入]民，(令去其邪)令去其污，不以清廉刿伤于物也。以直导物，令去其僻，治不以直激(沸)[拂]于物也。所谓大直若屈也。以光鉴其所以迷，不以光照求其隐匿也，所谓明道若昧也。此皆崇本以息末，不攻而使复之也。"

王夫之注："果其无'正'耶，则圣人何不并'方'、'廉'、'直'、'光'而去之，去者必矫，今之矫，后之所矫也。弓之张也弣外，则其弛也弣内。然则天下遂无一或可者与？圣人知其无正，则亦知其无奇，而常循其冲。'人之所畏，不敢不畏'，则善人不能操名以相责。'天下注目，我皆孩之'，则不善人不能立垒以来争，是故远'割'、'刿'、'肆'、'耀'之伤，而作'方'、'廉'、'直'、'光'之保，则气数失其善妖，而奇正忘于名实。不然，避祸而求福于容，容亦迷而速其妖尔。"

阅典笔记

老子在本章里提出的“祸兮，福之所倚；福兮，祸之所伏”一句，自古及今是极为著名的哲学命题，往往被学者们征引来用以说明老子的辩证法思想。冯友兰在分析此句时这样说：“老子哲学中的辩证法思想是春秋战国时期社会的剧烈的变革在人们思想中的反映。在中国哲学史中，从《周易》以降，即有辩证法的思想，但用一般的规律的形式把它表达出来，这还是老子的贡献。”

触类旁通

◎ 通典

光而不耀

东汉开国元勋冯异，跟随刘秀南征北战，战功卓著，但是，他为人谦退不伐，“功成而不居”。每当刘秀为诸将论功封赏之时，他总是独自一人站在大树之下，一言不发，被人尊为“大树将军”，被后世传为美谈。冯异的这种姿态，就是“光而不耀”。

◎ 评论

老子讲“光而不耀”。但古往今来，像冯异一样懂得“光而不耀”的人太少了。世人想的多是如何“光宗耀祖”、“衣锦还乡”。手里有点权，有点钱，就爱得瑟显摆。当官的，没有不爱八抬大轿、肃静回避、威风凛凛的；发财的，没有不爱奔驰宝马、豪宅名表、珠光宝气的。哪怕身子不正、来路不光明也要炫耀，耀的就是权力的孔武有力，扬的就是财富的威力无边。这样的人，最后往往怎么死的都不知道。多少贪官，多少富豪，都折在了这种“光耀”心结上。

第五十九章

本章讲述俭啬之道，重在论修身。从文字上看，老子讲了与别人不同的这样一个道理，他把吝啬当做人修身养性的重要美德加以颂扬，而不是专指财物的爱惜。老子认为，吝啬就是在精神上注意积蓄、养护、厚藏根基，培植力量。真正做到精神上的“啬”，只有积累雄厚的德，有了德，也就接近了道，这就与圣人治国联系到一起了。这里，把“啬”解释为节俭也可以，因为就老子而言，他十分重视“俭”德，这也是道家一贯的思想特征。

原典

治人事天①，莫若啬(sè)②。夫唯啬，是谓早服③；早服，谓之重积德④；重积德，则无不克；无不克，则莫知其极；莫知其极，可以有国；有国之母⑤，可以长久。是谓深根固柢、长生久视⑥之道。

注释

① 治人事天：治理百姓，敬事天地。

② 啬：爱惜、收敛。

③ 早服：早早准备。

④ 重积德：不断地积德。

⑤ 有国之母：有国，含有保国的意思。母，根本、原则。

⑥ 长生久视：长久地维持、长久存在。

译文

治理百姓和养护身心，都没有比爱惜精神更为重要的了。爱惜精神，在于能够做到早作准备；早作准备，就是不断地积“德”；不断地积“德”，就没有什么不能攻克的；没有什么不能攻克，那就无法估量他的力量；具备了这种无法估量的力量，就可以担负治理国家的重任。有了治理国家的原则和道理，国家就可以长久维持。国运长久，就叫做根深柢固，符合长久维持之道。

古注

王弼注：“莫若犹莫过也。啬，农夫，农人之治田务，去其殊类，归于齐一也。全其自然，不急其荒病，除其所以荒病，上承天命，下绥百姓，莫过于此。早服，常也。唯重积德不欲锐速，然后乃能使早服其常。故曰早服谓之重德者也。道无穷也。以有穷而莅国，非能有国也。国之所以安谓之母，重积德是唯图其根，然后营末，乃得其终也。”

王夫之注：“‘人’之情无尽，取而‘治’之，则不及情者多矣，‘天’之数无极，往而‘事’之，则无可极者远矣。以其敝敝，从其浩浩，此冀彼之恩，而彼冀望此以为怨。怨不可以有国，而敝敝穷年，亦‘根’败‘柢’枯，而其‘生’不延。迨其不延，悔而思‘服’，岂不晚与！守之圜中，鲜所‘治’，鲜所‘事’。情万而情情者一，数万而数数者并一不存。或疑其吝而不德，而不德之德，天人无所邀望于始，则亦无所怨恫于终。而批却导窾，数给不穷者，宁有讫乎？故牡之触有穷，而牝之受无所止。‘重积德’者，天下歆其受而归我，席虚以讲天下，此‘有国’之与‘长久’两难并者，而并之于此。并之于此，则岂有不并于此者哉？”

阅典笔记

首先谈“治人事天，莫若啬”。上面提到，“啬”可以解释为治国安邦的根本原则，同时也可以解释为节俭的美德。老子提出“啬”这个观念，这在春秋末年的思想界是很独特的。老子把“俭”当做“三宝”之一，他说：“我有三宝，持而保之：一曰慈，二曰俭，三曰不敢为天下先。”他认为，要“俭”才可以进一步扩大生活的范围，否则必死矣。张松如说：“啬者，亦俭也。啬就是留有余地；留有余地，才能早为之备；早为之备，才能在事物即将发生之顷及时予以解决；

在事物即将发生之顷及时予以解决，才能广有蓄积；广有蓄积，自然就战无不胜攻无不克；战无不胜攻无不克，自然就具有了无穷的力量。老子认为大而维持国家的统治，小而维持生命的长久，都离不开‘啬’这条原则，都要从‘啬’这条原则做起。所以说它是‘长生久视之道也’。啬与俭当然符合‘无为而无不为’的思想；不过，如果强调它是一种消极、退守的政治倾向，就未免只从表面形式上看问题，不见得是看到了它的精神实质。”（《老子校读》）

触类旁通

◎ 通典

《尚书·盘庚》：“服田力啬，亦乃有秋。”（只有努力耕种，才会有秋天的好收成。）

《诗经·魏风·伐檀》：“不稼不穑，胡取禾三百廛兮？”（既不耕种不收割，为何取稻三百束？）

《管子·治国》：“粟者，人主之本事，人主之大务，有人之途，治国之道也。”（增产粮食乃是成王业的根本大事，是人君的重大任务，是招引民众的途径和治国的道路。）

◎ 评论

圣人积德，四海归仁，则无有不能制服者矣。人君之德，无有不能制御者，则无远不至，故四方莫知其穷极也。莫知其穷极，然后可以为有国。有国而茂养百姓者，则其国福祚可以长久矣。积德有国，则根深蒂固矣。深固者，有国长生久视之道。民以食为天，这是天经地义的，不论古今中外，人人清楚。但老子更借此隐喻了深一层的天文道理。农业靠气候，也就是中国人说的老天。老天赏饭与否，要看地面上的君臣是否守伦理。这一点，跟现在的生态环保理论也相通。

第六十章

本章讲的是治国的道理，论述清静无为，两不相伤。“治大国，若烹小鲜”是老子所说的一句传颂很广的名言。这是个比喻，“烹小鲜”就是煎烹小鱼。这是用烹鱼比治国。小鱼很鲜嫩，用刀乱切或在锅里频频搅动，肉就碎了。国家的统治者治理国家，要像煎小鱼那样，不要常常翻弄。此外，老子是无神论者，他并不相信鬼神，但这一章一再讲到鬼神，这里是说，鬼神都不伤害人，治理国家的统治者，就更不能够伤害、烦扰人民了，并不表明老子是有神论者。

原典

治大国，若烹小鲜①。以道莅②天下，其鬼不神③。非④其鬼不神，其神不伤人；非其神不伤人，圣人亦不伤人。夫两不相伤⑤，故德交归焉⑥。

注释

①烹小鲜：煎小鱼。

②莅：临。

③其鬼不神：鬼不起作用。

④非：不唯、不仅。

⑤两不相伤：鬼神和圣人不伤害人。

⑥故德交归焉：功德和恩泽都归向百姓。

译文

治理大国，好像煎烹小鱼。用“道”治理天下，怪就不能作怪了，不是鬼不愿作怪，而是鬼作怪也伤不了人。不但鬼伤害不了人，圣人也不会伤害人。这样，鬼神和圣人都不伤害人，所以，就可以让人民享受到德的恩泽。

古注

王弼注：“不扰也，躁则多害，静则全真，故其国弥大，而其主弥静，然后乃能广得众心矣。治大国则若烹小鲜，以道莅天下则其鬼不神也。神不害自然也，物守自然则神无所加，神无所加则不知神之为神也。道洽则神不伤人，神不伤人则不知神之为神。道洽则圣人亦不伤人，圣人不伤人则［亦］不知圣人之为圣也。犹云，［非独］不知神之为神，亦不知圣人之为圣也。夫恃威网以使物者，治之衰也。使不知神圣之为神圣，道之极也。神不伤人，圣人亦不伤人，圣人不伤人，神亦不伤人。故曰，两不相伤也。神圣合道，交归之也。”

王夫之注：“动天下之形，犹余其气；动天下之气，动无余矣。‘烹小鲜’而挠之，未尝伤小鲜也，而气已伤矣。伤其气，气遂逆起而报之。夫天下有‘鬼神’，揉治乱于无形；吾身有‘鬼神’，燥生死于无形。杀机一动，龙蛇起陆，而生德戕焉。静则无，动则有，神则‘伤人’，可畏哉！‘载营魄抱一而不离’，与相保于水之未波。岂有以治天下哉？‘莅’而已。”

今论

车载说：“这一段话就治国为政说，从‘无为而治’的道理里面，提出无神论倾向的见解。无为而治的思想，是老子书‘无为’的主张在政治上的运用。老子书很看重‘无为’，提出‘为无为’，提出‘无为而无不为’，反复说明这个道理，多方运用这个道理，这是它的‘道法自然’的见解的发挥。它把这个道理运用在治国为政一方面，主张‘处无为之事，行不言之教’，当‘民忘于治，若鱼忘于水’，就不需要再用宗教来辅助政治而谋之于鬼，于是鬼神无灵了。鬼神不再有任何作为，是为政的人‘无为’的结果，符合于‘道法自然’的无为的规律。这是它提出无神论倾向的一个方面。”（《论老子》）

阅典笔记

“治大国，若烹小鲜。”这句话流传极广，深刻影响了中国几千年的政治家们。这句话喻示着为政的关键所在，在于安静无为，不扰害百姓，否则，灾祸就要来临。要保证国家的平安，执政者就必须小心谨慎，认真严肃，不能以主观意志随意左右国家政治。这句话用极其形象、简洁的语言概括了这个极其复杂的治国谋略。如果以个人的主观愿望去改变社会，朝令夕改，朝三暮四，忽左忽右，老百姓就会无所适从，国家就会动乱不安。相反，如果国家制定的政策法令能够得到坚定不移地贯彻执行，就会收到富国强兵之效。如此，则一切外在的力量，都不致引发祸难。

触类旁通

◎ 通典

西门豹斗巫婆

魏文侯时，西门豹任邺县令。他到邺县，会集地方上德高望重的人，询问他们老百姓的疾苦。这些人说："苦于给河伯娶媳妇，因为这个缘故，本地民穷财尽。"西门豹问这是怎么回事，这些人回答说："邺县的三老、廷掾每年都要向老百姓征收赋税搜刮钱财，收取的钱有几百万，他们只用其中的二三十万为河伯娶媳妇，剩余的钱和祝巫一同瓜分。每到了为河伯娶媳妇的时候，女巫便物色小户人家的漂亮女子，只要她说：'这女子适合做河伯的媳妇。'马上就下聘礼娶去。给她洗澡洗头，给她做新的丝绸花衣，并在河边上给她准备斋戒用的房子，张挂起赤黄色和大红色的绸帐，这个女子就住在那里面。这样经过十几天，让女子坐在装饰好的席子上然后把她浮到河中。起初在水面上漂浮着，漂了几十里便沉没了。那些有漂亮女子的人家，担心被河伯娶去，大多带着自己的女儿远远地逃跑。也因为这个缘故，城里越来越空荡无人了，老百姓中间流传着'假如不给河伯娶媳妇，就会大水泛滥'的说法。"西门豹说："到了给河伯娶媳妇的时候，也请你们来告诉我这件事，我也要去送送这个女子。"这些人都说："好。"到了为河伯娶媳妇的日子，西门豹到河边与长老相会。三老、官员、有钱有势的人、地方上的父老也都会集在此，来看热闹的老百姓也有二三千人。那个女巫是个老婆子，已经七十岁。跟着来的女弟子有十来个人，都身穿丝绸的单衣，站在老巫婆的后面。西门豹说："叫河伯的媳妇过来，我看看她长得漂亮不漂亮。"人们马上扶着这个女子出了帷帐，走到西门豹面前。西门豹看了看这个女子，回头对三老、巫祝、父老们说："这个女子不漂亮，麻烦大巫婆为我到河里去禀报河伯，需要重新找一个漂亮的女子，迟几天送她去。"就叫差役们抱起大巫婆，把她抛到河中。过了一会儿，说："巫婆为什么去这么久？叫她弟子去催催她！"又把她的一个弟子抛到河中。又过了一会儿，说："这个弟子为什么也这么久？再派一个人去催催她们！"又抛一个弟子到河中。一连抛了三个弟子。西门豹说："巫婆、弟子，这些都是女人，不能把事情说清楚。还是请三老替我去说明情况吧。"又把三老抛到河中。西门豹弯着腰，恭恭敬敬地面对着河站着等了很久。旁边的长老、廷掾都胆颤心惊。西门豹说："巫婆、三老都不回来，怎么办？"剩下的人都吓得在地上叩头，把头都叩破了，额头上的血流了一地。西门豹说："好了，暂且留下来再等他们一会儿。"过了一会儿，西门豹说："你们可以起来了，看样子河伯留客要留很久，你们都散了吧，离开这儿回家去吧。"邺县的官吏和老百姓都非常惊恐，从此以后，不敢再提起为河伯娶媳妇的事了。

西门豹接着就征发老百姓开挖了十二条渠道，把黄河水引来灌溉农田，田地都得到灌溉。邺县得到了水的便利，老百姓因此家给户足，生活富裕起来。

◎ 评论

上文中提到西门豹的故事是鬼神害人的一面，在今天，盲目的迷信崇拜依然有诸多的害处。但古人并不这样认为，墨子对鬼神的尊重几乎达到了一种宗教般的境界。墨子认为鬼神具有教化作用，应当相信鬼神能够赏贤罚暴，政府官吏不清廉，鬼神都会看得见；百姓中为淫暴、寇乱、盗贼者，鬼神也能够看得见。

第六十一章

本章讲述大国居下流的道理，重在论述治国。老子针对当时兼并战争带来的痛苦，讲到如何处理好大国与小国之间的关系，表达了老子治国和国与国关系的政治主张。在老子看来，国与国之间能否和平相处，关键在于大国，所以一再提出大国要谦下，不可以恃强而凌辱、欺压、侵略小国。这章中仍有社会政治的辩证法思想。大国应该像江海，谦居下流，天下才能交归。大国还应像娴静的雌性，以静自处下位，而胜雄性。这里的国，是指大大小小的诸侯国。本章文字浅显，易于读懂。

原典

大邦①者下流，天下之牝（pìn），天下之交也②。牝常以静胜牡，以静为下。故大邦以下小邦，则取小邦；小邦以下大邦，则取大邦。故或下以取，或下而取③。大邦不过欲兼畜人④，小邦不过欲入事人。夫两者各得其所欲。大者宜为下。

注释

① 邦：国家。

② 天下之交，天下之牝也：处于天下雌柔的位置，那是天下万方交汇的地方。

③ 或下而取：下，谦下。取，通“聚”，会聚，统辖。

④ 兼畜人：聚养众人。

译文

大国要像居于江河下游那样，使天下百川河流交汇在这里，处在天下雌柔的位置。雌柔常以安静守定而胜过雄强，这是因为它居于柔下的缘故。所以，大国对小国谦下忍让，就可以取得小国的信任和依赖；小国对大国谦下忍让，就可以见容于大国。所以，或者大国对小国谦让而取得小国的信任，或者小国对大国谦让而得到大国的支持。大国不要过分想统治小国，小国不要过分想顺从大国，两方面各得所欲求的，大国特别应该谦下忍让。

古注

王弼注："江海居大而处下，则百川流之；大国居大而处下，则天下流之。故曰，大国［者］下流也。天下［之］所归会［者］也。静而不求，物自归之也。以其静故能为下也，牝，雌也。雄躁动贪欲，雌常以静，故能胜雄也。以其静复能为下，故物归之也。大国以下，犹云以大国下小国。小国则附之。大国纳之也。言唯修卑下，然后乃各得其所［欲］。小国修下自全而已，不能令天下归之；大国修下则天下归之。故曰，各得其所欲，则大者宜为下也。"

王夫之注："道莫妙于受。受而动，是名受而实不受也。欲受而动，是实受而名不受也。天下相报以实，而相争以名，阴阳之于人固然，况人事乎？语其极，则欲'兼畜人'，非能畜人；欲'入事人'，非能事人。何也？实元动也，况欲之而又不能静乎？愈大则愈可受。人能为阴阳之归，其处下尤甚。静其欲，静其动，江海之所以为百谷王也。"

阅典笔记

春秋末期，诸侯国到处林立，大国争霸，小国自保，战争接连不断地发生，给人们的生活带来极大灾难。任继愈说："这里老子讲的大国领导小国，小国奉承大国，是希望小国大国维持春秋时期的情况，不要改变。他希望社会永远停留在分散割据状态。这是和历史发展的方向背道而驰的。"（《老子新译》）任继愈先生这样分析，自然有其道理。因为老子学说的主要内容之一，就是小国寡民。国与国之间相安无事，和平相处。然而，深入一步研究这个问题，我们感到老子还有另外一种考虑。古今中外，人类社会能否得到安宁与和平，往往由大国、强国的国策所决定。大国、强国的欲望不过是要兼并和畜养小国、弱国；而小国、弱国的愿望，则是为了与大国修好和共处。在这两者的关系中，最主要的一方便是大国、强国。本章在开头和结语一再强调大国应该谦下包容，不可自恃强大而凌越弱小。只有这样，才可以赢得小国的信服。由此看来，老子的用心是符合百姓们的愿望的。

触类旁通

◎ 通典

退一步海阔天空

汉朝初期，汉高祖刘邦去世后，北方的强敌匈奴，其势力越来越大。匈奴的大单于冒顿渐渐有了乘机侵吞汉家江山之心。于是他找了个借口，给刘邦之妻吕后写了一封挑逗侮辱的“情书”，大意是：你死了老公，我死了老婆。我们都不快活，没有自己娱乐的东西。不如你就带着江山来跟我过吧，我也不嫌弃你人老珠黄。

吕后看了单于的“情书”后，第一反应是怒不可遏，恨不得一刀宰了这个野蛮无耻的冒顿。她召集群臣，准备把匈奴使者杀掉，宣布和匈奴开仗！朝中猛将樊哙当然是第一个响应吕后的号召，请求领十万兵众进攻匈奴！不过，中郎将季布却强烈反对出兵。理由是，目前的汉朝国力还不足以打败匈奴。吕后在盛怒之后，冷静了下来。决定采取“柔性外交”策略，顺水推舟

地给冒顿单于回了一封信，说:“我已年老气衰，只怕不能侍候大汗了。不过，我们宫中年轻美貌的女子倒有。”于是，吕后送了一个宫中佳丽和亲，避免了一场与匈奴的战争。

◎ 评论

要是当时吕后负气对匈奴动武的话，汉朝将凶多吉少。因为早在刘邦去世前八年，就曾亲率大军征讨匈奴。但汉军一战即败，刘邦还曾被困在山西定襄，险些被活捉了。刘邦也算有勇有谋和久经沙场的开国英主了，尚且如此，更不用说一个弱女子吕后了。鉴于此，吕后不用“硬实力”进行厮杀对抗，而是选择以“软实力”、“巧实力”来对付匈奴。结果证明，刘邦的战争手段失败了，而吕后的“柔性外交”避免了与匈奴的全面对抗，维持了汉朝的国防安全。

第六十二章

本章再一次宣扬“道”的好处和作用，说明守道的重要性，重在论修身。老子认为，清静无为的“道”，不但是善良之人的法宝，就是不善的人也必须保有它。所以有人认为，这一章的新意就在于指出世人在“道”面前应该一律平等。“道”保护善人，但也不抛弃不善人，它有求必应，有过必除。这是“道”的可贵之处。如果说在上一章，老子强调统一，即“和”的思想在国与国之间关系上的运用，这一章则是在人际关系上的运用。本章的目的，在于晓谕人君行“无为”之政。

原典

道者，万物之奥①。善人之宝，不善人之所保②。美言可以市尊③，美行可以加人④。人之不善，何弃之有？故立天子，置三公⑤，虽有拱璧以先驷马⑥，不如坐进此道⑦。古之所以贵此道者何？不曰：求以得⑧，有罪以免邪⑨？故为天下贵。

注释

① 奥：主，主宰。

② 不善人之所保：不善之人也要保持它。

③ 美言可以市尊：美好的言辞，可以换来别人对你的敬仰。市尊，博取尊敬。

④ 美行可以加人：良好的行为，可以见重于人。

⑤ 三公：太师、太傅、太保。

⑥ 拱璧以先驷马：拱璧，指双手捧着贵重的玉；驷马，四匹马驾的车。古代的献礼，轻物在先，重物在后。

⑦ 坐进此道：安坐而深入此道。

⑧ 求以得：有求就得到。

⑨ 有罪以免邪：有罪的人得到“道”，可以免去罪过。

译文

“道”是万物的主宰，善良之人珍贵它，不善的人也要用它保全自己。美好的言辞可以换来别人对你的尊重，良好的行为可以见重于人。不善的人怎能舍弃它呢？所以在天子即位、设置三公的时候，虽然有拱璧在先驷马在后的献礼仪式，还不如把这个“道”进献给他们。自古以来，人们所以把“道”看得这样宝贵，不正是由于求它庇护一定可以得到满足，犯了罪过，也可得到它的宽恕吗？就因为这个，天下人才如此珍视“道”。

古注

王弼注：“奥，犹暧也。可得庇荫之辞。宝以为用也。保以全也。言道无所不先，物无有贵于此也。虽有珍宝璧马，无以匹之，美言之则可以夺众货之贾，故曰，美言可以市也。尊行之则千里之外应之，故曰，可以可于人也。不善当保道以免放。言以尊行道也。此道，上之所云也。言，故立天子，置三公，尊其位，重其人，所以为道也。物无有贵于此者，故虽有拱抱宝璧以先，驷马而进之，不如坐而进此道也。以求则得求，以免则得免，无所而不施，故为天下贵也。”

王夫之注：“繇此验之，则有道者不必无求，而亦未尝讳罪耶？无求则亢，讳罪则易污，有道者不处。天下皆在道之中，善不善者其化迹，而道其橐钥。是故无所择，而聊以之深其息。知有所择也，是天子三公之为贵，而拱璧驷马之为文矣，岂道也哉？时有所求，终不怀宝以自封；或欲免罪，终不失保以孤立。和是非而休之以天钧，天下皆同乎道，而孰能贱之？”

阅典笔记

“道”是天地间最可宝贵的。所以可贵就在于：“求以得，有罪以免邪？”这就是说，善人化于道，则求善得善；有罪者化于道，则免恶入善。“道”并不仅仅是为善良之人所领悟，不善之人也并不被道所抛弃，只要他们一心向道，深切体会“道”的精髓要义，即使有罪过也是可以免除的。老子在这里给人们包括有罪之人提供了新的出路，还是很有意义的。这种想法与孔子所言“君子过而能改”的说法是有相近意义的。君子不怕犯错误，只要能认真改正，就不算错误，而且，这只有君子才可以做到。老子则从主、客观两个方面为有错者提供了出路，“道”不嫌弃犯罪之人，肯定会给他改错的机会；而犯罪者本人也必须体道、悟道，领会道的真谛，主、客观这两方面的条件缺一不可。

触类旁通

◎ 通典

周处自新

周处年轻时，为人蛮横强悍，任侠使气，是当地一霸。加之义兴的河中有条蛟龙，山上有只白额虎，义兴的百姓称他们是三大祸害。三害当中以周处为首。有人劝说周处去杀死猛虎和蛟龙，实际上是希望三个祸害相互拼杀。周处立即上山杀死了老虎，又下河斩杀蛟龙。周处在河中同蛟龙搏斗了三天三夜，当地的百姓们都认为周处已经死了，大肆庆贺。结果三天后，周处回来了。他听说乡里人为自己的死而庆贺的事情，才知道大家实际上也把自己当做一大祸害，因此，有了悔改之意。他到吴郡去找陆机和陆云两位有修养的名人指点迷津。当时陆机不在，只见到了陆云，他就把全部情况告诉了陆云，并说：“我想要改正错误，可是岁月已经荒废了，怕最终没有什么成就。”陆云说：“古人珍视道义，认为‘朝闻道，夕死可矣’，就是说哪怕是早晨明白了道理，晚上就死去了也甘心。况且你的前途还是有希望的。人只要能立志，又何必担忧好名声不能传扬呢？”周处听后就改过自新，终于成为一名忠臣。

◎ 评论

道之所以宝贵，是因为它一视同仁。我们常常会因某人曾有的劣迹而鄙弃他们，而大道却不会，它对任何人都是仁慈的，对不善之人同样加以保护。我们应该学习大道，对世间之物不分贵贱一视同仁。

第六十三章

本章旨在阐发“无为而无不为”的道理。老子讲的“为无为，事无事，味无味”的道理，也可以说是一种处世哲学。从前几章的内容来看，老子反对以繁琐的禁令去捆住人民的手脚，限制和扰乱百姓的生活。要想有所作为，就必须采取顺应自然的态度，必须以平静的思想和行为对待生活。他提醒人们注意，做任何事情都是从小到大，由少到多，由易到难的。

原典

为无为，事无事，味无味①。大小多少②。（报怨以德③。）图难于其易，为大于其细。天下难事，必作于易；天下大事，必作于细。是以圣人终不为大④，故能成其大。夫轻诺必寡信，多易必多难。是以圣人犹难之，故终无难矣。

注释

① 为无为，事无事，味无味：把无为当作为，把无事当作事，把无味当作味。

② 大小多少：大生于小，多起于少。

③ 报怨以德：此句当移至第七十九章“必有余怨”句后，故此处不译。

④ 不为大：是说有道的人不自以为大。

译文

以无为的态度去有所作为，以不滋事的方法去处理事物，以恬淡无味当作有味。以小为大，以多为少。处理问题要从容易的地方入手，作大事要从细微的地方入手。天下的难事，一定从简易的地方做起；天下的大事，一定从微细的部分开端。因此，圣人始终不贪图大贡献，所以才能做成大事。那些轻易发出诺言的，必定很少能够兑现的；把事情看得太容易，势必遭受很多困难。因此，圣人总是看重困难，所以就终于没有困难了。

古注

王弼注："以无为为居，以不言为教，以恬淡为味，治之极也。小怨则不足以报，大怨则天下之所欲诛，顺天下之所同者，德也。以圣人之才犹尚难于细易，况非圣人之才而欲忽于此乎，故曰，犹难之也。"

王夫之注："愤兴长养者，人之所见'大'也。恩怨酬酢者，人之所见'难'也。秋脱之叶，春之所荣；重云之屯，雨之所消；非果为'大'而为'难'，审矣。道其犹水乎！微出于险，昌流非盈。盈，循末而见其盈，不知其始之有以持之也。如是，则圣人劳矣乎！而能不劳者，托于无也。无'大'则若'细'，无'易'则若'难'，保其无而无往不得。所难者，保无而已矣。"

阅典笔记

老子理想中的"圣人"对待天下，都持"无为"的态度，也就是顺应自然的规律去"为"，所以叫"为无为"。把这个道理推及人类社会的通常事务，就是要以"无事"的态度去办事。因此，所谓"无事"，就是希望人们从客观实际情况出发，一旦条件成熟，水到渠成，事情也就做成了。这里，老子不主张统治者任凭主观意志发号施令，强制推行什么事。"味无味"是以生活中的常情去比喻，这个比喻是极其形象的。人要知味，必须首先从尝无味开始，把无味当作味，这就是"味无味"。接下来，老子又说，"图难于其易"。这是提醒人们处理艰难的事情，须先从细易处着手。面临着细易的事情，却不可轻心。"难之"，这是一种慎重的态度、缜密的思考，细心而为之。本章格言，对于人们来讲，无论行事还是求学，都是不移的至理。这也是一种朴素辩证法的方法论，暗含着对立统一的法则，隐含着由量变到质变的飞跃的法则。同时，我们也看到，本章的"无为"并不是讲人们无所作为，而是以"无为"求得"无不为"，他说"是以圣人终不为大，故能成其大"。这正是从方法论上说明了老子的确是主张以无为而有所作为的。

触类旁通

◎ 通典

防民之口甚于防川

周厉王暴虐，国都里的人公开指责厉王。召公报告说："百姓不能忍受君王的命令了！"厉王发怒，派人监视公开指责自己的人，并杀掉他们。国都里的人都不敢说话，路上彼此用眼睛互相望一望而已。

厉王高兴了，告诉召公说："我能止住谤言了，大家终于不敢说话了。"召公说："这是堵他们的口。堵住百姓的口，比堵住河水更厉害。河水堵塞而冲破堤坝，伤害的人一定很多，百姓也像河水一样。所以治理河水，要疏通它，使它畅通；治理百姓，要放任他们，让他们讲话。因此天子治理政事，命令公、卿以至列士献诗，乐官献曲，史官献书，少师献箴言，盲者朗诵诗歌，矇者背诵典籍，各类工匠在工作中规谏，百姓请人传话，近臣尽心规劝，亲戚弥补监察，太师、太史进行教诲，元老大臣整理阐明，然后君王考虑实行。所以政事得到推行而不违背事理。百姓有口，好像土地有高山河流一样，财富就从这里出来；好像土地有高原、洼地、平原和灌溉过的田野一样，衣食就从这里产生。口用来发表言论，政事的好坏就建立在这上面。实行好的而防止坏的，这是丰富财富衣食的基础。百姓心里考虑的，口里就公开讲出来，天子要成全他们，将他们的意见付诸实行，怎么能堵住呢？如果堵住百姓的口，将能维持多久？"

厉王不听。于是三年以后，厉王被放逐到彘地去了。

◎ 评论

老子强调无为而无不为，他的哲学是一种调和的哲学。"图难于其易，为大于其细"，他虽然反对任何形式的对抗与斗争，但他也承认客观上永远无法逃避矛盾的存在。因此他主张将矛盾与斗争在刚刚萌生之时就予以消除。周厉王的失道，正在于此。如果他可以在召公进谏之初悔改自己的过失，疏导民众的怨怒，便不至落得如此下场了。

第六十四章

本章重在论述治国，继续论述未雨绸缪、未兆易谋的道理。这一章从内容上讲与前一章相接续，仍然是谈事物发展变化的辩证法。由于与上一章联系起来读，也可以说又返回到“为无为，事无事，味无味”的道理。老子认为，大的事物总是从小的东西发展起来的，任何事物的出现，总有自身生成、变化和发展的过程。人们应该了解这个过程，对于在这个过程中有可能发生祸患的环节给予特别注意，杜绝它的出现。同时也告诫人们，无论做什么事情，都必须具有坚强的毅力，从小事做起，才可能成就大事业。

原典

其安易持，其未兆易谋；其脆易泮（pàn）①，其微易散。为之于未有，治之于未乱。合抱之木，生于毫末②；九层之台，起于累土③；千里之行，始于足下。（为者败之，执者失之④。是以圣人无为，故无败；无执，故无失⑤。）民之从事，常于几成而败之。慎终如始，则无败事。（是以圣人欲不欲，不贵难得之货，学不学⑥，复众人之所过，以辅万物之自然而不敢为⑦。）

注释

①其脆易泮：物品脆弱就容易消解。泮，散，解。

②毫末：细小的萌芽。

③累土：积累的泥土。

④为者败之，执者失之：一说是二十九章错简于此。

⑤是以圣人无为故无败，无执故无失：此句仍疑为第二十九章错简于本章。

⑥ 学：这里指办事有错的教训。

⑦ 以上数句，与上文不合，疑为错简，故删。

译文

局面安定时容易保持和维护，事变没有出现迹象时容易图谋；事物脆弱时容易消解，事物细微时容易散失。做事情要在它尚未发生以前就处理妥当；治理国政，要在祸乱没有产生以前就早做准备。合抱的大树，生长于细小的萌芽；九层的高台，筑起于每一堆泥土；千里的远行，是从脚下第一步开始走出来的。(主观妄为的将会招致失败，强行把持的将会遭受损害。因此圣人无所作为所以也不会招致失败，无所执着所以也不遭受损害。）人们做事情，常常在快要成功时失败，所以当事情快要完成的时候，也要像开始时那样慎重，就没有办不成的事情。(因此，有道的圣人追求人所不追求的，不稀罕难以得到的货物，学习别人所不学习的，补救众人所经常犯的过错。所以圣人能遵循万物的自然本性而不会妄加干预。)

古注

王弼注："以其安不忘危，持之不忘之，谋之无功之势，故曰易也。虽失无入有，以其微脆之故，未足以兴大功，故易也。此四者皆说慎终也，不可以无之，故而不持，不可以微之，故而弗散也。无而弗持，则生有焉，微而不散，则生大焉。故虑终之患，如始之祸，则无败事。谓其安未兆也。谓［闭］微脆也。当以慎终除微，慎微除乱，而以施为治之形名，执之反生事原，巧辟滋作，故败失也。不慎终也。好欲虽微争尚为之兴。难得之货虽细，贪盗为之起。不学而能者，自然也。喻于学者过也。故学不学，以复众人之［所］过。"

王夫之注："失有道者，不为吉先，不为福赘。'未有'、'未乱'而逆治，其事近迎。'几成'而'慎'有余，其事近随。迎随之非道，久矣，非以其数数于往来而中敝邪？孰知夫往者之方来，而来者之方往也？又孰知夫往者之未尝往，而来者之来尝来也？戒其随，始若迎之；戒其迎，始若随之。又孰知夫迎随之可避，而避迎随之亦可戒也？或敝或避，因物者也。兼而戒之，从事其易者，因道者也。因物者不常，因道者致一。一无所倚，迎几'早服'，此以'恃万物主自然而不为'。"

◎ 通典

太康失邦

当年大禹的儿子夏王启不禅不让，家天下开始。启死，儿子太康继位。太康喜欢打猎、游玩，不喜朝政。有一回他远离王都到洛水之南游猎，百日不归。结果，当他满载猎物想回来时，却被有穷国的后羿，拦在了半道上，不让回国了。后羿立太康之弟仲康为天子，自己摄政为相。太康王权旁落，是谓“太康失邦”。当年太康的五位弟弟与母亲站在洛水之曲，盼望太康早点回来，追述爷爷大禹的教戒，写了一组诗，名叫《五子之歌》。“其一曰：皇祖有训，民可近，不可下。民惟邦本，本固邦宁。予视天下，愚夫愚妇，一能胜予。一人三失，怨其在明！不见是图。予临兆民，懔乎若朽索之驭六马。为人上者，奈何不敬？”

◎ 评论

《五子之歌》翻译成白话文就是：“伟大的祖先曾有明训，人民可以亲近而不可轻视。人民是国家的根本，根本稳固国家就安宁。我看这天下的子民，即使是任何一个愚夫愚妇也能胜过我。一个人总不免有三差四错，民怨难道还要等到它显明才去处理？应当在其还没有出现时就考虑。我们统治着几百万人民，时刻都要战战兢兢，简直像用一根腐朽的绳索，驾驭着六匹骏马飞奔！做人民的君主，怎么可以对人民不尊敬？”《五子之歌》也可以看作一个家训，时时刻刻告诫着子孙们爱民惜民，时刻防患于未然。统治者若深谙此道，国家才能富强，百姓才能安居乐业。这是道家自古以来就崇尚的治国之道，从本章老子的论述中就可窥见端倪。

第六十五章

本章主要讲为政的原则，强调返璞归真，重在论述治国。有一种观点认为，从本章和下一章的内容看，老子这部书的性质，一言以蔽之，是谓“君人南面之术”。也就是说，不外乎为统治阶级出谋划策，而且谋划的都是阴险狡诈之术。对于这种观点，我们不敢苟同。

原典

古之善为道者，非以明民①，将以愚之②。民之难治，以其③智多。故以智治国，国之贼④；不以智治国，国之福。知此两者⑤，亦稽(jī)式⑥。常知稽式，是谓“玄德”。“玄德”深矣，远矣，与物反矣⑦，然后乃至大顺⑧。

注释

①明民：让百姓聪明巧智。

②将以愚之：此句意为使老百姓无巧诈之心，敦厚朴实、善良忠厚。愚，敦厚、朴实，没有巧诈之心，不是愚弄、蒙昧。

③智：巧诈、奸诈，而非为智慧、知识。

④贼：伤害的意思。

⑤两者：指上文“以智治国，国之贼；不以智治国，国之福”。

⑥稽式：法式、法则。

⑦与物反矣：此句意为“德”和事物复归于真朴。反，同“返”，返回。

⑧大顺：顺应自然。

译 文

古代善于为道的人，不是教导人民知晓聪明巧智，而是教导人民淳厚朴实。人们之所以难以统治，乃是因为统治者使用太多的智巧心机。所以用智巧心机治理国家，就必然会危害国家；不用智巧心机治理国家，才是国家的幸福。了解这两种治国方式的差别，就是了解了一个法则。深入了解这个法则，就叫做获得了“玄德”。玄德又深又远，获得它的人和万物复归道的真朴，然后才能极大地顺乎于自然。

古 注

王弼注:“明，谓多（见）[智]巧诈，蔽其朴也。愚谓无知守真，顺自然也。多智巧诈，故难治也。智，犹治也，以智而治国，所以谓之贼者，故谓之智也。民之难治，以其多智也。”

王夫之注：“顺之则与天下相生，‘反’之则与吾相守。生者，生智，生不智；生福，生祸；生德，生贼；莫必其生，而顺亦不长也。守者，吾守吾，天下守天下，而不相诏也。夫道之使有是天下也，天下不吾，而吾不天下，久矣‘楷式’如斯，而未有易也。仿其‘楷’，多其瓮缶而土裂于邱；学其‘式’，多其觚豆而木落于山，天下其为我之瓮缶与其觚豆乎？彼且不甘而怨贼起矣。物欲出生，我止其芽，则天下全其膏润。心欲出生，我止其几，则魂魄全其常明：非故‘愚之’也，‘以明’者非其明也。”

阅典笔记

本章“非以明民，将以愚之”、“民之难治，以其智多”数句，从文字的表面意思上去看，很容易得出“为统治阶级出谋划策，而且谋划的都是阴险狡诈之术”的结论。自古以来的封建统治者对人民群众实行“愚民政策”，与老子“非以明民，将以愚之”不能说毫无干系，但并不能得出直接的结论。因为就老子的本意来讲，他绝对不是为迎合统治者的需要而提出一套愚民之术的。有的学者说：“他是愿人与我同愚，泯除世上一切阶级，做到物我兼我的大平等，这样自可减少人间的许多龃龉纷争。”（张默生《老子》）

触类旁通

◎ 通典

明末乱世

明崇祯十七年（1644），中国历史舞台上竟先后出现五个皇帝，这就是：大明崇祯帝朱由检、大清顺治帝福临、大顺永昌帝李自成、大西大顺帝张献忠以及南明弘光帝朱由崧。大明王朝崩溃，崇祯皇帝自缢于煤山；李自成胜于北京，败于山海关，大顺政权覆亡；张献忠在成都称帝，建国号大西，改元大顺。大顺二年（清顺治二年，1645）夏，南明福王弘光政权灭亡。

一年不到，五个皇帝只剩下两个。大清当然实力占优。于是清廷采取剿抚兼施的策略：一面以何洛会为定西大将军进剿四川；一面派人下诏诱降张献忠，劝说他归顺清朝。大顺三年（清顺治三年，1646）清兵南下，由于叛徒的出卖，张献忠于盐亭县凤凰山被清军将领豪格射杀身亡。张献忠死后，余部继续转战四川各地。直到顺治十六年（1659），清军攻陷渝城（重庆）后，才算平复四川。问题出来了：如果四川数百万人真是张献忠所屠尽，那么四川怎么可能拥有抗清二十年的组织后勤和兵源补充？“民贼相混，玉石难分。或屠全城，或屠男而留女。”这是1649年清军在四川张贴的一份文告。可见清朝所谓张献忠屠蜀的记载应该是清廷的栽赃。因为成王败寇，历史是由战胜者书写的。

◎ 评论

不知张献忠称帝时取年号“大顺”是否就是典出《老子》，但张献忠确实和道教颇有渊源。《古今笔记精华》辑有《奇文》一篇，录张献忠祭奠道教神仙张亚子的文字：“咱老子姓张，尔也姓张，咱老子与尔联了宗罢。尚飨。”张亚子是东晋人，曾长期住居七曲山。他晓诗书，精医术，为贫苦乡民诊病施药，排忧解难，敬老爱幼，扶危济困，深受百姓爱戴，死后人们建此庙以纪念。唐封英显王，元代称为文昌帝君。明清全国各地建文昌祠，因为文昌帝君发祥于梓潼，故又称梓潼帝君。张献忠称帝后，追尊文昌为太祖高皇帝，以文昌庙为张献忠家庙。这就算是与道教所供奉梓潼帝君张亚子联宗了。

第六十六章

本章讲的是“不争”的政治哲学，主要论述谦下卑弱的道理，重在论述治国。老子通过大国与小国的关系，讲了“大者宜为下”的道理，也讲了“圣人”也要“为下”。他认为，统治者应该处下、居后，这样才能对百姓宽厚、包容，就好像居处于下游的江海可以包容百川之水那样。究竟这一章是否向统治者献计献策呢？我们还是要在本章评析中加以研究。本章开头用江海作比喻，这和第三十二章“譬道之在天下，犹川谷之于江海”的意思相同。老子喜欢用江海来比喻人的处下居后，同时也以江海象征人的包容大度。

原典

江海所以能为百谷王①者，以其善下之，故能为百谷王。是以圣人②欲上民，必以言下之；欲先民，必以身后之。是以圣人处上而民不重③，处前而民不害。是以天下乐推而不厌。以其不争，故天下莫能与之争。

注释

① 百谷王：百川的首领，河流的汇聚之地。谷，即川。

② 圣人：一本无此二字。

③ 重：累、不堪重负。

译文

江海所以能够成为百川河流所汇往的地方，乃是由于它善于处在低下的地方，所以能够成为百川之王。因此，圣人要领导人民，必须用言辞对人民表示谦下；要想居于人民之前，必须把自己的利益放在他们的后面。所以，有道的圣人虽然地位居于人民之上，而人民并不感到负担沉重；居于人民之前，而人民并不感到受害。天下的人民都乐意推戴而不感到厌倦。因为他不与人民相争，所以天下没有人能和他相争。

古注

王弼注："当务塞兑闭门。令无知无欲。而以智术动民。邪心既动。复以巧术防民之伪。民知其术。(防随)[随防]而避之。思惟密巧。奸伪益滋。故曰以智治国,国之贼也。稽同也。今古之所同则不可废。能知稽式是谓玄德。玄德深矣远矣。反其真也。"

王夫之注："未易下，尤未易'善下'，故天下之为江海者鲜矣：将欲抑之，而激之必亢；将欲浚之，而袛以不平。而不但此也。独立而为物所归，则积之必厚；积厚而无所输，则欲抑之、浚之而不能。故唯江海者，'善下'者也。江则有海，海则有尾闾。圣人有善，则过而不留。受天下之归而自不餍，天下亦孰得而厌之？故返息于踵，返踵于天，照之以自然，而推移其宿气，乃入于'寥天一'。"

阅典笔记

如上一章所说，在老子研究中有一些注释家认为，这一章表达了老子的一套利用人民、统治人民的权术。例如，张松如先生说："这是向统治者献言，颇有点像班固所说的'君人南面之术'。"(《老子校读》)不过，张先生的观点并不完全等同于有些学者关于老子是为统治者出谋划策的观点，而是认为老子的主张反映了农民小生产者的愿望。他说："'圣人'要想统治人民，就得用言辞对人民表示谦下；要想领导人民，就得把自身放置在人民后面。最后，要做到'居上而民弗重也，居前而民弗害也'。难道这不正是当时处于水深火热的广大农业小生产者的迫切愿望吗？事实上，封建统治者当中谁能做到这一点呢？以不争争，以无为为，这是合乎辩证法的，这也是农业小生产者的经济特点及其阶级利益决定的一种社会思想。当然，他只能把这种思想作为建议进献给他所理想中的体'道'的'圣人'。为什么一定会是这样呢？因为'他们不能代表自己，一定要别人来代表他们。他们的代表一定要同时是他们的主宰，是高高站在他们上面的权威，是不受限制的政府权力，这种权力保护他们不受其他阶级侵犯，并从上面赐给我们雨水和阳光。’从来的农民阶级都是皇权主义者，这在他们刚刚走上历史舞台的古时，更是如此。天真幻想诚有之，贬曰滑头，作为阴险，未免过界了吧。”

触类旁通

◎ 通典

无为之治

门无鬼问：“有虞氏是在天下平定后去治理的呢，还是天下大乱时去治理的？”赤张满稽回答说：“假如天下是太平的，百姓可以按照自己的愿望去治理国家，何必还要有虞氏去做呢？有虞氏之治国，就好像医生对待病人一样，头秃了给假发，生病了才求医；又好像孝子拿药医治父亲一样。而这些行为正是圣人以为耻辱而不愿为的。”

至德的时代，不标榜崇尚贤人，不任用才能，而天下治。那时的君主像高处的树枝一样，默然而无为；那时的百姓和林中的野鹿一般，悠然自得。他们行为端正，却不认为合乎义；彼此相爱，却不认为那是仁；待人诚实，并不以为就是忠；言行合宜，亦不觉得那是信；互相帮助，更不以为是赐予。所以他们的行为无迹可寻，他们的行事也没有被记载下来或广传世间。

◎ 评论

老子是一个富有谋略的智者，但由于他关注民生的苦难，也时时对国家政治满含一些天真的幻想。他希望远古时代的仁慈酋长能够重新出现，或者当时的统治者能够效法远古的圣人，虽然高高在上，却能让人民没有任何压迫的感觉。

第六十七章

本章讲解人生之宝，重在论修身。这一章是“道”的自述，讲的是“道”的原则在政治、军事方面的具体运用。老子说，“道”的原则有三条（即三宝），这就是：“慈”，即爱心加上同情感；“俭”，即含藏培蓄，不奢侈，不肆为；“不敢为天下先”，是“谦让”、“不争”的思想。有“道”的人运用这三条原则，能取得非常好的效果，否则，便会自取灭亡。本章实际是对《德经》第三十八章以来的一个小结。

原典

（天下皆谓我道大[1]，似不肖[2]。夫唯大，故似不肖。若肖，久矣其细也夫[3]！）我有三宝[4]，持而保之：一曰慈，二曰俭[5]，三曰不敢为天下先。慈故能勇[6]；俭故能广[7]；不敢为天下先，故能为成器长[8]。今舍慈且[9]勇，舍俭且广，舍后且先，死矣！夫慈，以战则胜[10]，以守则固。天将救之，以慈卫之。

注释

① 我道大：道即我，我即道。“我”不是老子用作自称之词。

② 似不肖：肖，相似之意。意为不像具体的事物。

③ 以上数句，与下文不合，当为第三十四章错简，可移至“故能成其大”之后。意为天下人能说“我道”伟大，不像任何具体事物的样子。正因为它伟大，所以才不像任何具体的事物。如果它像任何一个具体的事物，那么“道”也就显得很渺小了。

④ 三宝：三件法宝，或三条原则。

⑤ 俭：啬，保守。

⑥ 慈故能勇：慈爱所以能勇武。

⑦ 俭故能广：俭啬所以能大方。

⑧ 器长：器，指万物。万物的首长。

⑨ 且：取。

⑩ 以战则胜：一本作“以阵则亡”。

译文

天下都说我道大，大到无形。正因其大形，所以成无形。若有形，早已成为细小的了！我有三件法宝执守而且保全它：第一件叫做慈爱，第二件叫做俭啬，第三件是不敢居于天下人的前面。慈爱，所以能勇武；俭啬，所以能大方；不敢居于天下人之先，所以能成为万物的首长。现在丢弃了慈爱而追求勇武，丢弃了啬俭而追求大方，舍弃退让而求争先，结果是走向死亡。慈爱，用来征战就能够胜利，用来守卫就能巩固。天要援助谁，就用慈爱来保护他。

古注

王弼注：“久矣其细，犹曰其细久矣。肖则失其所以为大矣，故曰，若肖久矣，其细也夫。夫慈，以陈则胜，以守则固，故能勇也。节俭爱费，天下不匮，故能广也。唯后外其身，为物所归，然后乃能立成器为天下利，为物之长也。且，犹取也。相慜而不避于难，故胜也。”

王夫之注：“曰蚕‘肖’蠋，不能谓蠋之即蚕也。曰蚕‘肖’蚕，不能谓此蚕之即彼蚕也。求名不得，而举其‘肖’，然且不可，况欲执我以求‘肖’乎？终日‘慈’，而非以‘肖’仁；终日‘俭’，而非以‘肖’礼；终日‘后’，而非以‘肖’智。善无近名，名固不可得而近矣。无已，远其刑而居于无迹，犹贤于‘肖’迹以失真乎！不然，‘天将救之，以慈卫之’；苻坚不忍于慕容，而不救其死，非以其求‘肖’也哉？”

阅典笔记

本章包括两层内容：一是讲“道”的伟大，二是讲法宝的妙用。有学者认为这二者之间没有联系，毫不相应，显然是它章错简，认为可以移到第三十四章“故能成其大”句下。我们的看法与这种主张有些区别，认为这两层次前后呼应，有内在联系。例如，第一句和第二句说，天下人都说我道伟大，不像任何具体事物的样子……我这个伟大的“道”有什么护身的法宝呢？这就是“慈”、“俭”、“不敢为天下先”。这难道不是两层意思的内在联系吗？“慈”，包含有柔和、爱惜之意。第四十章讲“弱者道之用”，第四十三章讲“天下之至柔，驰骋天下之至坚”，第五十二章讲“守柔曰强”，第四十五章讲“清静为天下正”，第五十五章的“和”，第六十一章的“牝常以静胜牡”等内容，都可以包括在“慈”的范围之内。“无为”是老子政治思想的最高概括，而“慈”的另一个名词则是“无为”。“慈”是三宝的首要原则，用慈进攻可以得胜，退守则可以坚固。如果上天要救护谁，就用慈来保卫他。

“俭”的内涵有二层，一是节俭、吝惜，二是收敛、克制。第五十九章讲“治人事天，莫若啬”，与这里的“俭”是相同的含义。俭即是啬。他要求人们不仅要节约人力物力，还要聚敛精神，积蓄能量，等待时机。“不敢为天下先”，也有二层涵义，一是不争、谦让，二是退守、居下。第六十一章讲“大邦者下流”，第六十六章讲江海“善下”，都指不为天下先的意思。这符合于“道”的原则。总之，“慈”、“俭”、“不敢为天下先”等“三宝”，是老子对于“道”和“德”的社会实践意义上的总结。老子身处战乱，目击了太多的暴力残酷场面，深深地感觉到治国安邦离不开这三宝，因而才极力加以阐扬。

触类旁通

◎ 通典

虚能胜实，不足能胜有余

惠子对庄子说："你所说的话毫无用处可言。"庄子回答说："知道无用就可以和他谈有用的道理。广大无边的地，人所使用的，不过一块立足之地而已，其余没有用到的地方还多着呢！若将立足以外之地尽掘到黄泉，那么对于那块有用的地而言，还有用吗？"惠子道："没有用了。"庄子说道："那么没有用处的用处不是就很明显了！"

◎ 评论

脚所踩的地方虽然只是像鞋那么大的一块地，但他还必须靠他没有踩着的地方继续远行。

第六十八章

本章论述不争之德，重在议兵。这一章专从用兵的意义上讲战略战术的原则。其中心意思在于阐明上一章所讲“夫慈，以战则胜，以守则固”的道理。他要求人们不逞勇武，不轻易激怒，避免与人正面冲突，充分发挥人的才智能力，善于利用别人的力量，以不争达到争的目的。老子认为，这是符合于天道的，是古老的准则。

原典

善为士者①，不武；善战者，不怒；善胜敌者，不与②；善用人者，为之下。是谓不争之德，是谓用人之力，是谓配天，古之极也③。

注释

① 善为士者：善作将帅的人。士，卿士，这里作执政者、将帅讲。

② 不与：不相斗，不交战。

③ 配天，古之极：符合天道。配，合。极，极准，最高的法则。

译文

善于带兵打仗的将帅，不逞其勇武；善于打仗的人，不轻易发怒；善于胜敌的人，不与敌人正面冲突；善于用人的人，对人表示谦下。这叫做不与人争的品德，这叫做善于用人的能力，这叫做符合自然的道理，是古代德的最高准则。

古注

王弼注：“士，卒之帅也。武，尚先陵人也。后而不先，应而不唱，故不在怒。（不）与争也。用人而不为之下，则力不为用也。”

王夫之注：“避杀者不可为，犹之乐杀者不可长也。或以有所乐，或以有所避，皆谓生杀之在己而操纵之，是谓窃天。不致其乐，避于何庸？故‘以正治国’者，将以弭兵而兵愈起；‘善为士’者，可以用兵而兵不伤。知天之化迹，有露雷而无喜怒；知古之‘楷式’，有消长而无杀生。有道者之善用人，岂立我以用人哉？人已然而因用之也。”

阅典笔记

本章的文字讲用兵作战的道理，认为《道德经》是一部兵书的学者，往往以此为论据。我们的意见是，老子就军事现象，为其辩证法思想提供论据。事实上，军事辩证法本身就是一门深奥的学问。或者说，本章内容既是讲用兵打仗，又是讲辩证法的道理，这样理解，也无不可。但说到底，认为《道德经》是一部兵书，那就极大曲解了它的内涵。下面，我们谈谈“善战者，不怒”的问题。《孙子兵法·火攻》写道：“主不可以怒而兴师，将不可以愠而致战。”这是说，国君不能因一时之愤怒而发动战争，将帅不能因一时之气愤而出阵开仗。这一军事思想与老子在本章里所讲的内容是基本一致的。战争是国力、人力的较量，也是智慧的较量。“武”、“怒”是军事指挥者暴烈、失去理智的表现。一旦“怒”上心头，就会失去冷静，也就不能客观地分析、研究敌我双方的优与劣，而以主观臆断和愤怒的情绪代替客观实际，这种状况将给国家和军队带来极大危害和灾难。这样的事例在古今中外的战争史上比比皆是。军事上如此，人生亦然。遇事不急躁、不冲动，平心静气地认真思考，细心分辨客观现象，就可找到问题的症结，从而找到正确的解决方法。

◎ 通典

大而无当的古树

有一个名叫石的木匠到齐国，经过曲辕，看见一株祭土地神的栎树。这棵树大极了！树荫下可以卧牛千只，树干的圆径有百围，干身像山那么高，直到八丈以上才有树枝，可以用为造船的材料就有几枝。看的人多极了，而木匠却看都不看，就走了过去。他的徒弟饱看一番后，追上木匠问道："自从我拿斧头跟随先生学艺以来，从未见过这么好的木材。可是先生却看都不看一眼就走了，这是什么道理？"

木匠说："算了吧！别提了，它只是株没有用的散木而已。拿来做船，就要沉；用做棺材，腐败得快；用做器具，又不结实；用做门窗，会流汁液；用做屋柱又会生蛀虫，简直是毫无用处可言。就因为它没有用处，所以才这么长寿。"

木匠回家后，夜里梦到栎树对他说："你且看那桃、梨、橘、柚、瓜果之类的树，果实一成熟，不是被敲就是被打，这就是为何它们不能长寿的原因。说来说去，还是它们自己招来的祸患。一切有用的东西都是如此。假如我对人有用，怎能活到这么大的岁数？你这快死的无用人啊！哪里知道无用树木的本意？"木匠醒来，把梦中的经过告诉了他的徒弟。徒弟听后，说道："它既然渴求无用，为什么又要充当社树呢？"木匠回答说："别做声！它是特地托身在神社，任人讥评的，这样才能显出它的无用。它如果不做社树，不是还会被人砍了作柴烧吗？它保全自己的方法与众不同，不是一般常理可以解释的。"

◎ 评论

人们都知道有用的用处，却不懂得无用的更大用处。

第六十九章

本章仍是从军事学的角度，谈以退为进的处世哲学，反对狂妄轻敌，发动战争，重在议兵。老子认为，战争应以守为主，以守而取胜，表现了老子反对战争的思想，同时也表明老子处世哲学中的退守、居下原则。这一章讲到“哀兵必胜，骄兵必败”的道理，成为千古兵家的军事名言。本章和前两章是相应的，都是在阐明哀、慈、柔的道理，以明不争之德。

原典

用兵有言：“吾不敢为主①，而为客②；不敢进寸，而退尺。”是谓行无行③，攘(rǎng)无臂④，扔无敌⑤，执无兵⑥。祸莫大于轻敌，轻敌几丧吾宝。故抗兵相若⑦，哀⑧者胜矣。

注释

① 为主：主动进攻，进犯敌人。

② 为客：被动防守，不得已而应敌。

③ 行无行：虽然有阵势，却像没有阵势可摆。行，行列，阵势。

④ 攘无臂：奋起却没有挥臂。

⑤ 扔无敌：交手却没有敌人。

⑥ 执无兵：执握却没有兵器。兵，兵器。

⑦ 抗兵相若：对抗的两军力量相当。

⑧ 哀：闵、慈，悲哀的一方，指受攻击、受侵略的一方。

译文

用兵的人说："我不敢主动进犯，而采取守势；不敢前进寸步，而宁可后退一尺。"这就是说，行军却没有阵形，奋起却没有挥臂，执握却没有兵器，交手却没有敌人。祸患再没有比轻敌更大的了，轻敌几乎丧失了我的"三宝"。所以，两军实力相当的时候，一定是受侵略的悲痛一方可以获得胜利。

古注

王弼注："(彼)[进]遂不止。行，谓行陈也，言以谦退爱慈，不敢为物先，用战犹行无行，攘无臂，执无兵，扔无敌也，言无有与之抗也。言吾哀慈谦退，非欲以取强，无敌于天下也。不得已而卒至于无敌，斯乃吾之所以为大祸也。宝，三宝也，故曰，几亡吾宝。抗，举也；(加)[若]当也。哀者，必相惜而不趣利避害，故必胜。"

王夫之注："居道之宫，非'主'非'客'；乘道之机，亦'进'亦'退'。而'主'不知'客'，'客'能知'主'，繇其相知，因以测非'主'非'客'之用；'进'无'退'地，'退'有'进'地，因其余地，遂以袭亦'进'亦'退'之妙。'主客'之间有宫焉，'进退'之外有用焉。'无行'、'无臂'、'无敌'、'无兵'者，如斯也。远死地而致'微明'，不'胜'其何俟焉？欲猝得此机而不能，将如之何？无亦姑反其势而用其情乎！以'哀'行其'不得已'，所以敛吾怒而不丧吾'三宝'也。"

今论

张松如认为："今人或谓老子以退为进的方针，在军事方面，则表现为以守为主，以守取胜的主张。这条总的作战原则是不对的，但老子提出的'不可轻敌'和'双方兵力差不多相等的条件下，悲愤的一方将获胜'等见解，还有它合理的地方。"(《老子校读》)

阅典笔记

焦宏《老子翼》引吕吉甫曰："道之动常在于迫，而能以不争胜。其施之于用兵之际，宜若有所不行者也。而用兵者有言：吾不敢为主而为客，不敢进寸而退尺，则虽兵犹迫而后动，而胜之以不争也，而况其他乎。何则？主逆而客顺，主劳而客逸，进骄而退卑，进躁而退静。以顺待逆，以逸待劳，以卑待骄，进骄而退卑，进躁而退静。以顺待逆，以逸待劳，以卑待骄，以静待躁，皆非所敌也。”

触类旁通

◎ 通典

田单复国

公元前 284 年至前 279 年，燕国将领乐毅带兵马灭了齐国，仅剩莒和即墨两座孤城未能攻克。即墨大夫出战阵亡，田单被推举为城守，乐毅强攻不克，只好包围城市。双方交战五年。公元前 279 年，燕昭王逝世，燕惠王继位。燕惠王与乐毅不合。田单使反间计，派人潜入燕国，到处散播谣言说：乐毅早就想做齐王，只因为先王对他恩重如山，他实在不忍心背叛，所以故意慢慢攻打莒城和即墨；现在先王去世了，他将不再听从新王的指挥，若不迅速撤换乐毅，等到他自立为齐王，就来不及了。燕惠王信以为真，派骑劫接替乐毅。乐毅知道回国以后，一定没有什么好结果，便逃亡到赵国。田单一方面故意将穿盔甲的勇士埋伏在城中，只派老弱妇孺上城防守，以松懈燕军的戒心；另一方面收集即墨城中的金银珠宝，派人送给燕军，表示即将献城投降。燕军以为胜利在望，高兴万分，于是举行庆功宴，狂欢痛饮，一连数日，军心逐渐松懈下来。随后田单用火牛阵攻破燕营，斩杀骑劫，收复齐国七十余城，大破燕军。

◎ 评论

“祸莫大于轻敌，轻敌几丧吾宝。”骄傲轻敌必败无疑，这是军事中的重要思想，无论现代还是古代，都是个真理。饱受侵略的齐国，最终反败为胜，也是“哀兵必胜”的最佳注脚。但是老子所谓的“哀兵”还有另一层意思，即心怀仁慈之意。老子认为在战争中应该怀着一颗悲悯之心，才能在战争中不残杀无辜的生灵，这种审慎的态度是对生命的尊重。

第七十章

本章论行道之难，重在论修身。本章流露出老子对当时的统治者失望的情绪。他提出的一系列政治主张，很容易理解，很容易实行，却没有任何人理解和实行。看来，他的那一套治天下的理想，只有他幻想中的“圣人”才能实现。在现实中是无法实现的。他不了解，任何治国方案，都必须适应统治阶层的的利益，否则，他们是不会采纳，不会去实行的。于是，老子就有了这一篇感慨之论。本章是专对掌权者而言的，不是对一般人说的。文中的“我”、“吾”等词，可谓之“道”的人格化。

原典

吾言甚易知，甚易行。天下莫能知，莫能行。言有宗①，事有君②，夫唯无知③，是以不我知。知我者希，则④我者贵。是以圣人被褐(hè)⑤而怀玉⑥。

注释

① 言有宗：言论有一定的主旨。

② 事有君：办事有一定的根据。君，主。“君”指有所本。

③ 无知：指别人不理解。一说指自己无知。

④ 则：法则。此处用作动词，意为效法。

⑤ 被褐：身穿粗衣而胸怀美玉。被，穿着。褐，粗布。

⑥ 怀玉：意为怀揣着知识和才能。玉，美玉，此处引申为知识和才能。

译文

我的话很容易理解，很容易施行。但是天下竟没有谁能理解，没有谁能实行。我的言论有主旨，行事有根据。正由于人们不理解这个道理，因此才不理解我。能理解我的人很少，那么能取法于我的人就更难得了。因此有道的圣人总是穿着粗布衣服，怀里揣着美玉。

古注

王弼注："可不出户窥牖而知，故曰，甚易知也。无为而成，故曰甚易行也。惑于躁欲，故曰莫之能知也。明于荣利，故曰莫之能行也。宗，万物之(宗)[主]也。万（物）[事]之主也。以其言有宗，事有君之故。故有知之人，不得不知之也，唯深故知之者希也。知我益希，我亦无匹。故曰知我者希，则我（者）贵也。被褐者，同其尘，怀玉者，宝其真也。圣人之所以难知，以其同尘而不殊，怀玉而不渝，故难知而为贵也。"

王夫之注："大喧生于大寂，大生肇于无生。乘其喧而和之，不胜和也。逐其化而育之，不胜育也。唇吹竽，则指不能拊瑟；仰承蜩，则俯不能掇蟮。故天下之言，为唇为指；天下之事，为承为掇。逐逐其难而终不遇，乃枵然以自侈其知之多，岂有能知我者哉？我之自居于'希'也，天下能勿'希'乎？故大谷无纤音，而大化无乳字。谢其喧而不敏于化，盖披褐以乐居其'易'，而怀玉以潜袭其'希'也。"

阅典笔记

在之前各章里，老子谈了自己的政治理想和政治学说，例如静、柔、俭、慈、无为、不争等，这些都是合乎于道、本于自然的主张，在社会生活当中应当容易被人们所理解、易于被人们所实行。然而，人们却拘泥于名利，急于躁进，违背了无为的原则。老子试图对人们的思想和行为进行探索，对于万事万物作出根本的认识和注解，他以浅显的文字讲述了深奥的道理，正如身着粗衣而怀揣美玉一般。但不能被人们理解，更不被人们实行，因而他感叹道："知我者希"。对此，任继愈先生说："他自以为很高明，颇有怀才不遇、曲高和寡的苦闷，其实他唱出的是没落阶级的挽歌。并不是人们不了解他，而是历史抛弃了他。"（《老子新译》）

触类旁通

◎ 通典

孔子问道

孔子问老子："今日有暇，特来请教什么是至道。"老子回答："你先将心灵洗净，知识摒除吧！因为道是深幽不表达的。虽如此，我还是把大略的情况说给你听。

"显明的东西来自看不见的东西，有形来自无形，精神来自大道，万物起自形体，所以九窍的动物胎生，八窍的动物卵生。他们生下来的时候没有形迹，死后也无局限；没有出来的门户，也没有静息的归宿。他们站立的地方正是天地的中央，四面通达，广博而自在。顺应大道的人，四肢强壮，思虑通达，耳聪目明，不以忧愁苦其心，一味顺应万物。若没有至道，天就不能高大，地就不能广博，日月也不能运行，万物更无法壮大。此外，学问渊博的人不必有真知，善于辩论的人也不必有智慧，因为这些都是被圣人摒弃的东西。只有那增加了的并不见得增加、减损了的也不见得减损的大道，才是圣人所珍视的。"

◎ 评论

这则故事出自《庄子》，并不可信，一般认为是儒家和道家的争辩中，道家为了显示更胜一筹，就制造了孔子问道于老子的寓言。若真如此，恐怕自诩清静无为的道家亦难勉于争强好胜之嫌了。

第七十一章

这一章论述人贵有自知之明，重在论修身。在社会生活中，有一些人自以为是，不懂装懂，刚刚了解了一些事物的皮毛，就以为掌握了宇宙变化与发展的规律；还有些人没有什么知识，而是凭借权力地位，招摇过市，便摆出一副智者的架势，用大话、假话欺人、蒙人。对于这些人，老子大不以为然，并且提出了尖锐的批评。

原典

知不知[1]，尚矣[2]；不知知[3]，病也。夫唯病病，是以不病。圣人不病，以其病病[4]，是以不病。

注释

① 知不知：知道却自认为不知道。

② 尚矣："尚"通"上"，最好。

③ 不知知：不知道却自以为知道。

④ 病病：知道祸患就是祸患。病，毛病、缺点。

译文

知道却自认为不知道，就最好了；不知道却自以为知道，这就是祸患。只有厌恶这种弊病，才能不犯这种弊病。有道的圣人没有缺点，因为他把缺点当做缺点。正因为他把缺点当做缺点，所以，他没有缺点。

古注

王弼注："故难知而为贵也。不知知之不足任则病也。"

王夫之注："府天下以劳我，唯其知我；官我以割天下，唯其知天下。夫岂特天下之不胜知？而知者，亦将倚畔际而失迁流。故圣人于牛忘耜，于马忘驾，于原忘田，于材忘器，闷闷于己而不见其府，闷闷于天下而无以为官。若夫制万族之宇而效百骸之位，已有前我而市其余知者，方数之以为劳，而苦其多遗，沉浮新知，以遁故器，而曾莫之病乎？"

阅典笔记

在自知之明的问题上，中国古代哲人们有非常相似的观点。孔子有言曰："知之为知之，不知为不知，是知也。"(《论语·为政》)在老子看来，真正领会"道"之精髓的圣人，不轻易下断语，即使是对已知的事物，也不会妄自臆断，而是把已知当做未知，这是虚心的求学态度。只有这个态度，才能使人不断地探求真理。所以，老子认为，"知不知"，才是最高明的。在古今社会生活中，刚愎自用、自以为是的人并不少见。这些人缺乏自知之明，刚刚学到一点儿知识，就以为了不起，从而目中无人，目空一切，甚至把自己的老师也不放在眼中。这些人肆意贬低别人，抬高自己，以为老子天下第一。这说到底，如果不是道德品质问题，那就是没有自知之明。我们在阅读这一章的内容以后，深深地感到老子的《道德经》真是一部极富智慧的处世之作。

触类旁通

◎ 通典

邹忌讽齐王纳谏

战国时期，齐国的大臣邹忌，身高八尺多，身形魁伟，相貌堂堂。有一天早上，他穿好衣服，戴上帽子，照着镜子，对他的妻子说："我跟城北的徐公谁漂亮？"他的妻子说："您漂亮极了，徐公哪里比得上你呀！"城北的徐公，是齐国公认的美男子。邹忌自己信不过，就又问他的妾说："我跟徐公谁漂亮？"妾说："徐公哪里比得上您呢！"第二天，有位客人从外边来，邹忌跟他坐着聊天，问他道："我和徐公谁漂亮？"客人说："徐公不如你漂亮啊。"又过了一天，徐公来了，邹忌仔细地看他，自己认为不如他漂亮；再照着镜子看自己，更觉得相差太远。晚上躺在床上反复考虑这件事，终于明白了："我的妻子赞美我，是因为偏爱我；妾赞美我，是因为害怕我；客人赞美我，是想要向我求点什么。"

于是，邹忌上朝廷去见威王，说："我知道我确实不如徐公漂亮。可是，我的妻子偏爱我，我的妾怕我，我的客人有事想求我，都说我比徐公漂亮。如今齐国的国土方圆一千多里，城池有一百二十座，王后、王妃和左右的侍从没有不偏爱大王的，朝廷上的臣子没有不害怕大王的，全国的人没有不想求得大王的恩遇的：由此看来，您受的蒙蔽一定非常厉害了。"

威王说："好！"于是就下了一道命令："各级大小官员和老百姓能够当面指责我的过错的，得头等奖赏；书面规劝我的，得二等奖赏；能够在公共场所评论我的过错让我听到的，得三等奖赏。"命令刚下达，许多大臣都来进言规劝，宫门口和院子里像个闹市；几个月后，偶尔才有人进言规劝；一年以后，即使有人想规劝，也没有什么说的了。

燕国、赵国、韩国、魏国听说了这件事，都到齐国来朝拜。这就是人们说的"在朝廷上征服了别国"。

◎ 评论

如果一个人的内心为声色欲望所塞，形体为皮帽、鹬冠、插笏、大带、长裙所束，还洋洋自得，那么被关押的罪人和困于笼中的虎豹，也可以说是自得了。

第七十二章

本章反对暴政，重在论述治国。上一章讲自知之明，是就一般情况而论的。本章着重讲统治者要有自知之明，反对采取高压政治，反对肆无忌惮地压榨百姓。他认为，老百姓一旦不畏惧统治者的残暴统治，那么可怕的反暴力斗争就要发生了。他希望统治者不要自居高贵，而要自知、自爱，抛弃自见和自贵，这样，他就不会遭到人民的反抗。此章讲“不自贵”，与第十三章讲“贵身”、第四十四章讲“名与身孰亲”的内涵不同。“贵身”讲维护人的尊严，自重自爱，不以荣辱忧患和其他身外之物损害了自身的尊贵；“名与身孰亲”则说人的价值比虚名和货利更可宝贵，不要为争夺身外的名利而轻生伤身。

原典

民不畏威①，则大威至②。无狎（xiá）③其所居，无厌④其所生。夫唯不厌⑤，是以不厌。是以圣人自知不自见⑥，自爱不自贵⑦。故去彼取此⑧。

注释

① 民不畏威：百姓们不畏惧统治者的高压政策。威，镇压和威慑。

② 大威至：这个威是指人民的反抗斗争。

③ 无狎：不要逼迫。狎通“狭”，意为狭窄、逼迫。

④ 无厌：厌指压迫、阻塞的意思。

⑤ 不厌：这个厌指人民对统治者的厌恶，反抗斗争。

⑥ 不自见：不自我表现，不自我显示。

⑦ 自爱不自贵：指圣人但求自爱而不求自显高贵。

⑧ 去彼取此：指舍去“自见”、“自贵”，而取“自知”、“自爱”。

译文

当人民不畏惧统治者的威压时，那么，可怕的祸乱就要到来了。不要逼迫人民不得安居，不要阻塞人民谋生的道路。只有不压迫人民，人民才不厌恶统治者。因此，有道的圣人不但有自知之明，而且也不自我表现；有自爱之心也不自显高贵。所以要舍弃后者（自见、自贵）而保持前者（自知、自爱）。

古注

王弼注："清（净）[静]无为谓之居，谦后不盈谓之生。离其清（净）[静]，行其躁欲，弃其谦后，任其威权，则物扰而民僻，威不能复制民，民不能堪其威，则上下大溃矣，天诛将至。故曰民不畏威，则大威至。无狎其所居，无厌其所生，言威力不可任也。不自厌也。不自厌，是以天下莫之厌。不自见其所知，以耀光行威也。自贵则（物）[将]狎（厌居）[居厌]生。"

王夫之注："侈于有者穷于无，填其虚者增其实，将举手流目而无往非'狭'也，亦举手流目而无往非'厌'也。有'居'者，有居'居'者。有'生'者，有生'生'者。居'居'者浃于'居'之里，澒洞盘旋，广于天地。生'生'者保其'生'之和，婉嫕萧散，乐于春台。而自弃其乐，自塞其广，悲哉！屏营终夕，不自聊而求助于'威'也。是故去'见'则不广而广，去'贵'则乐不以乐。日游于澹远，以释无穷，恢乎有余，充乎有适。忘天下而不为累，天下亦将忘之。盖居'居'而生'生'者，天下之固有也，而我奚'见'而奚'贵'乎？"

阅典笔记

有的学者认为，"这一章可以看出老子对人民压迫斗争的敌视"(《老子新译》)。当然，我们认为老子不希望暴乱，不管是对统治者的高压暴政，还是对人民的反抗斗争都极力加以反对，这是因为暴乱将给社会造成严重灾难。那么，只要仔细加以分辨，我们就会得知，老子重点反对的是统治者的高压政策和自见、自贵的政治态度。因为人民的反抗斗争必须有一个前提，这个前提就是只有当统治者对人民实施暴政，压迫和掠夺人民的时候才会发生。所以老子警告统治者，对待人民必须宽厚，"无狎其所居，无厌其所生"。如果只是凭借恐怖手段，使人民群众无法生存下去的话，那么老百姓就会掀起巨大的暴动，反抗统治者的暴政。然而，老子对当世的统治者们失去了信心，而把希望寄托在理想中的"圣人"身上，只有"圣人"才懂得这个道理。圣人有自知之明，有自爱之心。他不会自我显示，不会自我抬高，这样就可以取得人民群众对他的拥护和支持。由此，我们感到，老子这一章的内容，正是表达了人民的愿望，而不是对人民反压迫斗争的敌视。

触类旁通

◎ 通典

赵襄子居安思危

话说赵襄子有一次派新稚穆子攻打狄人，打胜了，夺取了左人、中人两座城池。捷报从前线传回来时，襄子正在吃饭，听了后却开心不起来，面带愁容。

旁边的侍者说："一个早晨就攻下了两座城邑，这是大家都高兴的事，现在大王您却有愁容，这是为什么呢？"

襄子的回答很酷："夫汪河之大也，不过三日，飘风暴雨不终朝，日中不须臾。今赵氏之德行无所施于积，一朝而两城下，亡其及我哉(江河的潮水再大，也不过三天便退；暴风骤雨不到一个早晨便停；太阳当顶，不一会儿便倾斜了。现在我们赵家的德行没有积善多施，一个早晨便攻下两个城邑，败亡大概要到我这里了吧）！"

◎ 评论

据《列子》记载，赵襄子打了大胜仗却高兴不起来，估计在当年是大大的新闻。其时名气很大的重量级学者、时事评论员孔丘听到这个新闻后，有如下精彩的点评："赵氏其昌乎！夫忧者所以为昌也，喜者所以为亡也(赵氏大概将要昌盛了吧！忧患于未然是大国昌盛的原因，盲目乐观是大国败亡的种子)。胜非其难者也；持之，其难者也（取得胜利并不是艰难的事情，保持胜利才是艰难的事情)。贤主以此持胜，故其福及后世。齐、楚、吴、越皆尝胜矣，然卒取亡焉，不达乎持胜也（贤明君主以戒惧忧虑来保持胜利，因而福佑传及后代。齐、楚、吴、越都曾取得过胜利，然而终归灭亡了，就是不懂得保持胜利的方法)。"

第七十三章

本章论述俭啬不争，重在论述治国，主要讲人生哲学。第一层意思是柔弱胜坚强，第二层意思是天道自然。这两层意思之间是相互沟通的。老子认为，两种不同的勇，会产生两种不同的结果，一则遭害，一则存活。“勇于敢则杀，勇于不敢则活。”自然界的万事万物只要依照自然的规律变化和发展，都会有好的结果，不会有什么过失。在这里，老子讲了自然无为的人生哲学，细细读来，颇能启迪人的心灵。

原典

勇于敢则杀，勇于不敢则活①。此两者，或利或害②。天之所恶，孰知其故？（是以圣人犹难之③。）天之道④，不争而善胜，不言而善应，不召而自来，绰（chǎn）然⑤而善谋。天网恢恢⑥，疏而不失⑦。

注释

① 勇于敢则杀，勇于不敢则活：敢，进取；勇于敢，勇于进取。不敢，柔弱、软弱，引申为谦让。

② 或利或害：勇于柔弱则利，勇于坚强则害。

③ 是以圣人犹难之：此句已见于第六十三章，错简重出，删。

④ 天之道：指自然的规律。

⑤ 绰然：舒缓，安然。

⑥ 天网恢恢：天网指自然的范围；恢恢，广大、宽广无边。

⑦ 疏而不失：虽然宽疏但并不漏失。

译文

勇于进取就会死，勇于谦让就可以活，这两种勇的结果，有的得利，有的受害。天所厌恶的，谁知道是什么缘故。自然的规律是，不斗争而善于取胜。不言语而善于回应。不召唤而自动到来，坦然从容而善于筹划。自然的范围宽广无边，虽然宽疏但并不漏失。

古注

王弼注："必不得其死也。必齐命也。俱勇而所施者异，利害不同，故曰，惑利惑害也。孰，谁也。言谁能知天（天下之所恶）意（故）邪，其唯圣人[也]。夫圣人之明，犹难于勇敢，况无圣人之明而欲行之也，故曰，犹难之也。（天）[夫]唯不争，故天下莫能与之争。顺则吉，逆则凶，不言而善应也。处下则物自归。垂象而见吉凶，先事而设诚，安而不忘危，未（召）[兆]而谋之，故曰，繟（弹）然而善谋也。"

王夫之注："执'不敢'以'勇'，'敢'矣；'不敢'其所'不敢'，'勇'矣。'勇'、'敢'之施，'杀'、'活'之报，天乘其权，而我受其变，'难'矣。圣人畏其'难'，而承其'活'，不辞其'杀'，故'活'在己而'杀'任天下。何也？以己受'活'，则必有受'杀'者，气数之固然，而不足诘也。夫唯已'活'而非以功，天下'杀'而无能罪，斯以处劝罪之外，而善救人物，我无'杀'、'活'而天下亦'活'。彼气数者，日敝敝以'杀'、'活'为劳，其于我也，吹剑首之吷而已矣。是以圣人破'天网'而行'天道'。"

阅典笔记

老子认为，自然的规律是柔弱不争。他说，勇气建立在妄为蛮干的基础上，就会遭到杀身之祸；勇气建立在谨慎的基础上，就可以活命。勇与柔相结合，人们就会得到益处；勇与妄为相结合，人们就会遭受灾祸。同样是勇，情形不同，利与害大相径庭。老子的主张是很明确的，他以为自然之道，贵柔弱，不贵强悍妄为；贵卑下，不贵高上贵重。而自然之道是不可违背的。有人认为老子只注重自然规律，而忽视人的主观因素，不讲人的主观努力的作用，是在宣扬退缩、胆小怕事的生活态度和命定论的思想。我们不同意这种观点，因为老子所宣扬的是自然规律，人们立身处世不可以违背自然规律，勇而敢是不遵循自然规律的肆意妄为，并不是我们现在

所说的勇敢坚强的含义。勇而不敢是顺应自然规律，不以主观意志取代客观实际，并不是懦弱和软弱的代名词。我们同意老子的观点，人类的行为应该是选择后者而遗弃前者。

触类旁通

◎ 通典

佛道相争

佛教传入中国的时间大约在两汉之际。当时社会上最具影响力，占据“准执政”地位的是道教。两汉魏晋南北朝，那是中国道家思想“革新开放、高速发展”的战略机遇期，也是道教创意飞扬、做大做强的一个大时代。直到唐朝，这种长期执社会思想之牛耳的道教“奇迹”，达到了辉煌的顶点：道教正式升格为国教，取得了在儒、佛之上的法定地位。“老教、孔教，此土先宗，释教后兴，宜从客礼。令老先、次孔、末后释。”（《先老后释诏》）但正如道教的祖师爷老子所云：“浴毋已盈，将恐竭；谓侯王毋已贵以高，将恐蹶。”就是在唐朝，道教遇到了来自佛教的强有力的挑战，作为当时占据意识形态统治地位的道教，竟动用了国家权力来对付正在兴起的佛教。结果，还是搞不定佛教。其“国教”地位被佛教事实上“轮替”掉了。

◎ **评论**

道家以老子为创始人，经过数百年的发展，历经两汉魏晋南北朝，逐渐形成了三大流派：老庄学派（内圣之道）、黄老学派（外王之道）与魏晋玄学（内圣外王合一）。而道教以道家创始人老子为教主，奉《老子》《庄子》《列子》《文子》为四大经典，并在其逐步形成的过程中，吸收了儒家的思想以及古代的鬼神观念与神仙方术。这就是说道教思想不仅仅是道家思想，而是道家思想、儒家思想和神道思想的杂糅并蓄。所以当佛教入土中原时，道教的这种广泛拿来、为我所用的“吸星大法”，在其思想体系里再吸收一点佛教思想，更是革新开放的创意。“老子化胡”，对道教而言在当时是一种赞美之辞，也是其开放胸襟之体现。

第七十四章

本章反对刑杀，重在针砭时弊。这一章讲老子的政治主张。他让为当时统治者施行苛政和酷刑，滥杀百姓，压制民众，其结果是，一旦人民忍受不了了，就不会畏惧死亡。人的自然死亡，是由“司杀者杀”的天道掌管的，但人间的君主残暴无道，把人民推向死亡，这从根本上悖逆了自然法则。因此，从本章内容看，它是老子对于当时严刑峻法、逼使人民走向死途的情形，提出了自己的批评与抗议。

原典

民不畏死，奈何以死惧之？若使民常畏死，而为奇①者，吾得执②而杀之，孰敢？常有司杀者③杀。夫代司杀者④杀，是谓代大匠斫(zhuó)⑤。夫代大匠斫者，希有不伤其手矣。

注释

① 为奇：奇，奇诡、邪恶。

② 执：拘押。

③ 司杀者：指专管杀人的人，指天道、自然。

④ 代司杀者：代替专管杀人的人。

⑤ 斫：砍、削。

译文

人民不畏惧死亡，为什么用死来吓唬他们呢？假如人民真的畏惧死亡的话，对于为非作歹的人，我们就把他抓来杀掉，谁还敢为非作歹？（人的生死是由天道决定的，）如果有人（指残暴的统治者）代替专管杀人的人（指天道）去执行杀人的任务（指君王无道，将人民逼向死亡），就如同代替高明的木匠去砍木头。那代替高明的木匠砍木头的人，很少有不砍伤自己手指头的。

古注

王弼注："诡异乱群谓之奇也。为逆顺者之所恶忿也，不仁者人之所疾也。故曰，常有司杀也。"

王夫之注："木当其'斫'，岂有避其坚脆者哉？故盗跖、鲍焦相笑而无已时也。拣其所笑，以为或是或非，执秕糠以强人之所固不信，遂将乘人之死以验己之得，而要之为利，则于杀有喜心，于杀有喜心者，于天下未有损，而徒自剥其和也。圣人知理势之且然，故哀夭而目击夫化。化日迁而不得不听，听化而哀之也抑深矣。岂求以近仁名邪？近仁名者，是有司生者而代之生也。代之生，代之杀，皆愚也。圣人终不为愚，故似不肖。"

阅典笔记

一旦人民不再畏惧死亡，那么国家的严酷刑法就失去了威慑作用。一旦君主恣意威逼民众，到了代替天道决定人民生死的程度，那么离伤害自己就不远了。

触类旁通

◎ 通典

一 得民心者

有一天，惠普公司纽约分公司的各部门接到通知：下班后在贵宾厅召开职工大会。当全厂工人走进大厅时，简直被眼前的一切惊呆了，只见每张桌子上都摆满了水果、饮料等各类食品。一名上了年纪的老门卫，看到眼前的一切，认为这不是自己有资格享有的，扭头就走，恰好碰上了分公司总经理。总经理把他请了回来。总经理走进大厅，走上讲台，恭恭敬敬地向在场的工人们行了一个礼，说："今天，把大家召集到一起，同大家开一个聊天会，大家可以畅所欲言，提问题，讲困难，提意见或建议都可以。”然后，他拿出一个笔记本，把工人谈到的内容一一记录下来，并当场作出怎样解决问题的决定。谈话过程中，他还不时地往工人手里塞苹果、饮料，和大伙开玩笑，以解除他们的戒备之心。散会之后，老门卫激动地说：“我这一辈子还是第一次开这样的会。我这个看门的，本来就是在厂门口了，再踢一脚就出门了。老板这么看得起我，我一定好好干，看好这个家。”

从此，全厂工人上下一条心，干起活来也更卖力了。

二　小小的善意之举

美国前国务卿奥尔布赖特曾是BON电影公司的公关部经理。在工作中，她非常善于运用一些小小的善意之举理顺人际关系。比如，她的下属总会在某个繁忙的下午突然收到一张上面写着诸如“你辛苦啦”、“你干得非常出色”之类的便笺，或一张精致典雅的卡片。她丈夫生日的那一天，她总会努力举办一个家庭小舞会，邀请亲朋好友欢聚一堂。就这样，在繁忙工作的间隙，她并没有花太多的时间，却给他人送去了一份又一份快乐。

◎ 评论

如何得到小人物的拥护呢？方法很简单：尊重他们而不轻视他们，帮助他们而不损害他们。贾谊曾说：“故夫民者，至贱而不可简也，至愚而不可欺也。故自古至于今，与民为仇者，有迟有速，而民必胜之。”从古到今，凡是轻视小人物的，没有一个能逃脱失败的下场。所以，在小人物面前，一定要放低姿态，尊重他们，信任他们。这样，你就能得到他们衷心的拥戴。

第七十五章

本章反对虐政，重在针砭时弊。上一章里，老子对严苛的政治压迫给予了抨击，要求统治者善待民众。这一章里，老子又对繁重的经济剥削进行指责。在《道德经》里的第七十二章、第七十四章、本章和第七十七章，内容基本上都是对统治者进行无情揭露和严正警告。他认为，宽容的政治，比暴虐的政治要高明得多。因为，一旦人民不畏惧死亡而进行反抗，为求生存而暴动，那样，统治者的日子就不会好过下去。

原典

民之饥，以其上食税之多，是以饥。民之难治，以其上之有为[1]，是以难治。民之轻死，以其上求生之厚[2]，是以轻死。夫唯无以生为[3]者，是贤[4]于贵生[5]。

注释

① 有为：无为的反面，有所作为。

② 以其上求生之厚：由于统治者奉养过于丰厚奢侈。

③ 无以生为：生活上淡泊清净的人。

④ 贤：胜过、超过的意思。

⑤ 贵生：奉养奢华的人。

译文

人民所以遭受饥荒，就是由于统治者吞吃赋税太多，所以人民才陷于饥饿。人民之所以难于统治，是由于统治者政令繁苛，喜欢有所作为，所以人民就难于统治。人民之所以轻生冒死，是由于统治者为了奉养自己，把民脂民膏都搜刮净了，所以人民觉得死了不算什么。只有不去追求生活享受的人，才比过分看重自己生命的人高明。

古注

王弼注："夫圣人之明。犹难于勇敢。况无圣人之明而欲行之也。故曰犹难之也。(天)[夫]唯不争。故天下莫能与之争。顺则吉逆则凶。不言而善应也。处下则物自归。垂象而见吉凶。先事而设诚。安而不忘危。未(召)[兆]而谋之。故曰绰(弹)然而善谋也。"

王夫之注："夫食税者上，而饥者民；有为者上，而难治者民。彼此不相知而相因，诚有之矣。统吾之生而欲生之，无异养矣。孰知其不相知而相因也，肝胆之即为胡越乎？故同其异，则胡越肝胆也；异其同，则肝胆胡越也。于彼有此，于此有彼，彼此相成，而生死不相戾，岂能皆厚而莫知有轻哉？脉脉使其知，则筋骨血肉之皆虚，而冲虚无有之皆实。故曰：'冲而用之或不盈。'诚不盈矣，知得入之而不窒，奚其生之厚而死之轻也？"

今论

张松如先生说："本章文显义明，无须诠释。而有的论者，却硬说这是为统治者出谋划策，是骗人的。是的，'夫唯无以生为者，是贤于贵生也'。确实是代统治者设想的说法。可是古代的从事生产的广大民众，如果不是寄希望于其理想中的所谓'圣人'，难道在复杂的尖锐的阶级斗争的舞台上，还能扮演独立的主角吗？前述的那些引论者，在这里说老子是为统治者出谋划策，在另一些地方又说老子是新兴的封建制度的对抗者，是势不两立的。这种随心所欲的评价，岂不是自相矛盾吗？"所以，张松如先生说："本章揭示了劳动人民与封建统治者之间阶级矛盾的实质：人民的饥荒，是统治者沉重的租税造成的；人民的轻生，是统治者无厌的聚敛造成的。这种说法，当然同贯穿《老子》书中的'无为'思想相通着，可是它岂不也反映了被压迫的人民群众的要求吗？岂不正是作为人民群众主体的广大农民阶级思想的流露吗？"(《老子校读》)

阅典笔记

老子在这一章里揭示了老百姓与统治者之间的矛盾对抗。从政治上讲，人民的反抗是由统治者的苛政和沉重的赋税所引起来的。这是说，剥削与高压是政治祸乱的最实际的原因。老百姓在这种情况面前，只有铤而走险，毫不畏惧死亡。

触类旁通

◎ 通典

祸莫大于不知足

法家集大成者韩非子说：人身上不长兽毛鸟羽，所以不穿衣服就不能御寒；人生天地间，以肠胃作为生命的根本，不吃不喝就不能过活。因此就不免有贪欲得利之心。贪欲得利之心不除去，其身堪忧。所以，圣人着衣只求够御寒，饮食只求能充饥。这样就不会有什么可烦忧的。一般的人却不是这样，大的做了诸侯，小的积有千金资财，但其贪欲得利的烦忧不能断。囚犯有被释放的一天，犯死罪的人有时也能得活，但是今天不知足的人其烦忧终身不得解脱。所以老子说，“祸莫大于不知足”。

◎ 评论

“得民心者得天下”，从根本上讲，统治者只要不贪得无厌，“食税过多，以至民饥寒，无法生活，百姓是不会发动暴力革命的”。因此，老子才警告说，“祸莫大于不知足”。

第七十六章

本章阐发贵柔思想，重在论修身。这一章以生活中常见的现象，反复说明这样一种观点：柔弱胜刚强。老子向来主张贵柔、处弱，他从直观的认识角度，看到了人初生之时，身体是柔弱的，死了以后就变得坚硬了；草木初生之时也是柔弱的，死了以后就变得枯槁。这种直观的、经验的认识，可以说是老子处弱、贵柔思想的认识论之根源。

原典

人之生也柔弱[1]，其死也坚强[2]；草木[3]之生也柔脆[4]，其死也枯槁[5]。故坚强者死之徒[6]，柔弱者生之徒[7]。是以兵强则灭，木强则折[8]。故坚强处下，柔弱处上。

注释

① 生也柔弱：人活着的时候身体是柔软的。

② 坚强：人死了以后身体就变成僵硬的了。

③ 草木：一本在此之前有“万物”二字。

④ 柔脆：指草木形质的柔软脆弱。

⑤ 枯槁：用以形容草木的干枯。

⑥ 死之徒：属于死亡的一类。徒，类的意思。

⑦ 生之徒：属于生存的一类。

⑧ 兵强则灭，木强则折：军队士兵强大会导致灭亡，树木长大就要砍伐折断。

译文

人活着的时候身体是柔软的，死了以后身体就变得僵硬。草木生长时是柔软脆弱的，死了以后就变得干硬枯槁了。所以坚强的东西属于死亡的一类，柔弱的东西属于生长的一类。因此，用兵逞强就会遭到灭亡，树木强大了就会遭到砍伐摧折。凡是强大的，总是处于下位；凡是柔弱的，反而居于上位。

古注

王弼注："强兵以暴于天下者，物之所恶也，故必不得胜。物所加也。木之本也。枝条是也。"

王夫之注："强弱者，迹也。夫岂木之欲生，而故为柔脆哉？天液不至而糟粕存，于是而坚枯之形成矣。故坚强者，有之积也；柔弱者，无之化也。无之化，而尚足以生，况其未有化者乎？不得已而用其化以为柔弱，以其去无之未远也。夫无其强者，则柔者不凝，天下之所以厚树其质也。而孰知凝之即为死之徒乎？质虽固其已有而不可无，而用天地之冲相升降，则岂唯处上者之柔弱也，即其处下者而与枯槁远矣。"

阅典笔记

老子对于社会与人生有着深刻的洞察，他认为世界上的东西，凡是属于坚强者都是死的一类，凡是柔弱的都是生的一类。因此，老子认为，人生在世，不可逞强斗胜，而应柔顺谦虚，有良好的处世修养。我们感到，这一章又一次表达了老子的辩证法思想。这种思想来源于对自然和社会现象的观察和总结。这里，无论柔弱还是坚强，也无论"生之徒"还是"死之徒"，都是事物变化发展的内在因素在发挥作用。这个结论还蕴含着坚强的东西已经失去了生机，柔弱的东西则充满着生机。老子在这一章里所表达的思想是极富智慧的，他以自然和社会现象形象地向人们提出奉告，希望人们不要处处显露突出，不要时时争强好胜。事实上，在现实生活当中，有不少这样的人，这种例子不胜枚举。当然，这也符合老子一贯的思想主张。

触类旁通

◎ 通典

道为大

有个拐脚、驼背、无唇的人，去游说卫灵公。卫灵公很喜欢他，看看形体完全的人，反而觉得他们的背部太平。有一个颈上生大瘤的人，去游说齐桓公。齐桓公因为喜欢他，反觉得那些身体完整的人颈子太细了。

所以一个人只要有过人的德性，身体上的残缺很快就会被人遗忘。如果人们不忘记所应当忘记的形体，反把不应当忘记的德性忘记，那才叫做真正的“忘”呢！

因此游于道中的圣人，晓得机智是思虑的萌芽，礼义是束缚人的缪漆，道德是交接的工具，技巧是通商谋利的手段。他既无心图谋，何用机智？不求雕琢，何用约束？没有丧失，何用道德？不求货利，何用通商？这四者，就是天养。

◎ 评论

所谓“天养”乃是“禀受天然之理”的意思。既然受天然之理，又哪里用得着人为？圣人有人的形体，而没有人的感情。有人的形体，所以能和人相处；没有人的感情，所以没有是非观念。和人同类的是渺小的，和天相合的才是伟大的啊！

第七十七章

本章文字透露出一种朦胧的、模糊的平等与均衡思想，揭示“损不足以奉有余”的病态社会，重在针砭时弊。这是老子的社会思想。他以“天之道”来与“人之道”作对比，主张“人之道”应该效法“天之道”。老子把自然界保持生态平衡的现象归之于“损有余而补不足”，因此他要求人类社会也应当改变“损不足以奉有余”的不合理、不平等的现象，效法自然界的“损有余而补不足”，“损有余以奉天下”，体现了他的社会财富平均化和人类平等的观念。因而，这一章是第七十四章、第七十五章里“民不畏死，奈何以死惧之”、“民之饥，以其上食税之多”这一思想的继续和发展，表达了老子对统治者推行苛政的痛恨，对老百姓生活艰难困苦的同情。

原典

天之道，其犹张弓欤？高者抑之，下者举之；有余者损之，不足者补之。天之道，损有余而补不足；人之道[①]则不然，损不足以奉有余。孰能有余以奉天下？唯有道者。（是以圣人为而不恃，功成而不处，其不欲见贤[②]。）

注释

① 人之道：社会的一般法则、律例。

② 是以圣人为而不恃，功成而不处，其不欲见贤：疑为错简，当删除。意思是：所以圣人培育万物而不倚仗，成就功业而不居功。他不愿意表现出自己的贤能。

译文

自然的规律，不是很像张弓射箭吗？弦拉高了就把它压低一些，低了就把它举高一些，拉得过满了就把它放松一些，拉得不足了就把它补充一些。自然的规律，是减少有余的补给不足的。可是社会的法则却不是这样，要减少不足的，来奉献给有余的人。谁能够减少有余的，以补给天下人的不足呢？只有有道的人才可以做到。

古注

王弼注："与天地合德，乃能包之，如天之道。如人之量，则各有其身，不得相均，如惟无身无私乎。自然然后乃能与天地合德。言（唯）[谁]能处盈而然虚，损有以补无，和光同尘，荡而均者，唯（其）[有]道[者]也。是以圣人不欲示其贤以均天下。"

王夫之注："唯弓有'高''下'，而后人得施其'抑''举'；唯人有'有余'、'不足'，而后天得施其'损''补'。夫自损者固未尝无损，而受天损者，其祸烈矣。圣人之能不祸于天者，无祸地也。夫岂但劳天下以自奉者为奉有余哉？人未尝不肖而欲贤之，人未尝乱而欲治之，美誉来归而腥闻赠物，非乐天下之败以自成乎？故一人安位，天下失据；一日行志，百夫伤心；杀机发于诰誓，而戎马生于勋名，然则庸人之自奉俭，而贤者之自奉奢，可不畏哉！"

今论

张松如指出，"老子把他从自然界得来的这种直观的认识，运用到人类社会，面对当时社会的贫富对立，阶级压迫的不合理现实，他认为'人之道'也应该像好比张弓的'天之道'那样，'高者抑之，下者举之，有余者损之，不足者补之'。这是他的主张，他的愿望。可是，现实怎么样呢？现实是'人之道则不然，损不足以奉有余'。"（《老子校读》）

杨兴顺说："在老子看来，损有余而补不足，这是自然界最初的自然法则——'天之道'。但人们早已忘却'天之道'，代之而建立了人们自己的法则——'人之道'，有利于富人而有损于贫者，'天之道'，有利于贫者，给他们带来宁静与和平，而'人之道'则相反，它是富人手中的工具，使贫者濒于'民不畏死'的绝境。"

胡寄窗说："老子所以产生这种分配观念，由于他们认为自然规律总是'损有余而补不足'，因此应该使贫富平均，大家有利。天之道虽主损有余以补不足，但损有余的结果会更增加被损者的利益，因为'物或损之而益'。由于现实社会是'损不足以奉有余'，存在领主贵族对劳动人民的压榨，也存在新兴地主阶级与富商大贾的剥削，所以，老子企图以'天之道'警诫他们，使他们本着自己的利益以遵行天道。他们要求富者能够做到'常善救人，故人无弃人；常善救物，则物无弃物'。从均富和使人与物都能得到充分利用一点看来，老子的愿望是好的，但在考虑如何实现这一愿望时，他们并没有提出任何积极的斗争纲领，而是向剥削者说教，妄想他们发善心，这又充分暴露了他们的在解决社会现实问题上的软弱无能。"(《中国经济思想史》上)

以上诸位学者的观点，基本上指出了老子在均贫富问题上的合理之处和症结所在。

阅典笔记

本章的主旨是论述"天之道损有余而补不足；人之道则不然，损不足以奉有余"。老子出于对自然界和人类社会的观察，认为一切事物在其相互对立的矛盾中都具有同一性。

触类旁通

◎ 通典

杜甫《自京赴奉先咏怀五百字》

杜陵有布衣，老大意转拙。
许身一何愚！窃比稷与契。
居然成濩落，白首甘契阔。
盖棺事则已，此志常觊豁。
穷年忧黎元，叹息肠内热。
取笑同学翁，浩歌弥激烈。
非无江海志，潇洒送日月。
生逢尧舜君，不忍便永诀。

当今廊庙具，构厦岂云缺。
葵藿倾太阳，物性固莫夺。
顾惟蝼蚁辈，但自求其穴。
胡为慕大鲸，辄拟偃溟渤。
以兹悟生理，独耻事干谒。
兀兀遂至今，忍为尘埃没。
终愧巢与由，未能易其节。
沉饮聊自遣，放歌破愁绝。
岁暮百草零，疾风高冈裂。
天衢阴峥嵘，客子中夜发。
霜严衣带断，指直不得结。
凌晨过骊山，御榻在嵽嵲。
蚩尤塞寒空，蹴蹋崖谷滑。
瑶池气郁律，羽林相摩戛。
君臣留欢娱，乐动殷胶葛。
赐浴皆长缨，与宴非短褐。
彤庭所分帛，本自寒女出。
鞭挞其夫家，聚敛贡城阙。
圣人筐篚恩，实欲邦国活。
臣如忽至理，君岂弃此物。
多士盈朝廷，仁者宜战栗。
况闻内金盘，尽在卫霍室。
中堂舞神仙，烟雾散玉质。
暖客貂鼠裘，悲管逐清瑟。
劝客驼蹄羹，霜橙压香橘。
朱门酒肉臭，路有冻死骨。
荣枯咫尺异，惆怅难再述。
北辕就泾渭，官渡又改辙。
群水从西下，极目高崒兀。
疑是崆峒来，恐触天柱折。
河梁幸未坼，枝撑声窸窣。

行旅相攀援，川广不可越。
老妻既异县，十口隔风雪。
谁能久不顾？庶往共饥渴。
入门闻号咷，幼子饥已卒！
吾宁舍一哀，里巷亦呜咽。
所愧为人父，无食致夭折。
岂知秋禾登，贫窭有仓卒。
生常免租税，名不隶征伐。
抚迹犹酸辛，平人固骚屑。
默思失业徒，因念远戍卒。
忧端齐终南，澒洞不可掇。

◎ 评论

这首脍炙人口的诗传达出了杜甫忧国忧民的情怀，他对百姓极具同情心。他也敢于讽刺统治者的荒淫奢侈。这与老子的思想如出一辙。在日常生活中，统治者荒于朝政，根本不关心人民群众的死活。老子对于当时这种状况极为清楚，他这章里所说的话，表明他为老百姓的安危、生存忧虑的历史责任感。“朱门酒肉臭，路有冻死骨”，体现了对“人之道则不然，损不足以奉有余。孰能有余以奉天下”的悲愤。

第七十八章

本章重在论修身，论述以柔克刚、正言若反的道理。本章以水为例，说明弱可以胜强、柔可以胜刚的道理。第八章说“水善利万物而不争”，本章可与第八章的内容联系起来阅读。老子所举水的例子是人们日常生活中常见的。水最为柔弱，但柔弱的水可以穿透坚硬的岩石。水表面上软弱无力，却有任何力量都不能抵挡的力量。这就清楚地说明，老子所讲的软弱、柔弱，并不是通常人们所说的软弱无力的意思。此处，由于水性趋下居卑，因而老子又阐扬卑下屈辱的观念，实际上反而能够保持高高在上的地位，具有坚强的力量。本章后面有一句话“正言若反”，集中概括了老子辩证法思想，其含义十分深刻、丰富。

原典

天下莫柔弱于水，而攻坚强者莫之能胜，以其无以易之①。弱之胜强，柔之胜刚，天下莫不知，莫能行。是以圣人云：“受国之垢②，是谓社稷主；受国不祥③，是为天下王。”正言若反④。

注释

① 无以易之：没有什么能够代替它。易，替代、取代。

② 受国之垢：承受国家的屈辱。垢，屈辱。

③ 受国不祥：承受国家的祸难。不祥，灾难、祸害。

④ 正言若反：正面的话好像反话一样。

译文

遍天下再没有什么东西比水更柔弱了，而攻坚克强却没有什么东西可以胜过水，也没有什么可以代替它。弱胜过强，柔胜过刚，遍天下没有人不知道，但是没有人能实行。所以圣人这样说："承担国家的屈辱，才能成为国家的君主，承担天下的灾祸，才能成为天下的君王。"正面的话好像在反说一样。

古注

王弼注："以'用也。其谓水也。言用水之柔弱无物'可以易之也。"

王夫之注："无'攻'之力，有'攻'之心，则心鼓其力。无'攻'之心，有'攻'之力，则力荡其心。心力交足以'攻'，则各乘其权，身以内各挟其戈矛以屡变；而欲以'攻'天下，能不瓦解者，未之有矣。虽然，莫心为甚。夫水者，岂欲以敌坚强面为攻者哉？受天下之'垢'也，终古而无'易'心，而力从之。何也？水之无力，均其无心；水之无心，均其无力也。故'弱其志'者无'易'志，'虚其心'者无'易'心，行乎其所不得已，而不知坚强之与否，则险夷无易虑，无他，寓心于汗漫而内不自构也。寓心于汗漫，无所畏矣。内不自构，和之至矣。和于中，无畏于外，天下其孰能御之！"

今论

张松如说："在世界上，弱能胜强，柔能制刚的事例是不乏见的。生活在春秋末年的老子，他亲身经历了这个时代的许多大变化，看到了曾为天下共主的周王朝由盛到衰的演变，这不能不对他的思想发生重大影响；同时，在这个时期，随着铁器的广泛使用，人类在征服自然界的斗争中，对自然现象的认识也在不断发展。""在更远的时代，水的特点还没有为人们所了解，保留《山海经》中禹治洪水的传说，和老子书中对于水的柔性和作用的认识，是很不相同的。"

阅典笔记

老子认为，水虽然表面上看来是柔弱卑下的，但它能穿山透石，淹田毁舍，任何坚强的东西都阻止不了它，战胜不了它。因此，老子坚信柔弱的东西必能胜过刚强的东西。这里，老子所说的柔弱，是柔中带刚；弱中有强，坚韧无比。所以，对于老子柔弱似水的主张，应该加以深入理解，不能停留在字面上。由此推而言之，老子认为，体道的圣人就像水一样，甘愿处于卑下柔弱的位置，对国家和人民实行“无为而治”。

触类旁通

◎ 通典

身若明镜，心如止水

庄子说：“覆载万物的道何其伟大啊！君子不抛弃主见是体会不出的。抱无为的态度去做，便称为‘天’；以无为的言辞来表达，称做‘德’；爱人无私，施恩万物，叫做‘仁’；视不同的万物为同体，称为‘大’；行为没有形迹，叫做‘宽’；具备所有事物的不同点，便称为‘富’。静止的水，外无水波，内里透明。人心也是如此，如果内心能保持平静，便不会被外物所动摇。”

◎ 评论

庄子认为精神和物质是不同的。尽管他赞同人类的精神在无形的世界中徘徊，但对生活上的问题却并未忽视。这些问题是：“某些事是不能被帮助的。不助的态度就是圣人的态度。”这种态度也正是忍耐、谦虚的美德，

例如："大成若缺"、"大盈若冲"、"大直若屈"、"大巧若拙"、"大辩若讷"、"明道若昧"、"进道若退"、"夷道若类"、"上德若谷"、"大白若辱"、"广德若不足"、"建德若偷"、"质真若渝"、"大方无隅"、"大器晚成"、"大音希声"等等。孙中原说："这里连句子的结构都是类似的。……他们本来是彼此相异的、互相排斥的、对立的，但在某种条件下，某种意义上，表示某种特定事物的概念和它的对立面具有同一性，二者互相包含，互相融合，互相渗透，彼此同一、一致。这样，在同一个判断中，就包含了对立概念的流动、转化，体现了概念的灵活性。这种灵活性是有条件的，《老子》中的话也只在一定条件下才有意义。"

第七十九章

本章论述天道无亲，继续讨论“损有余而补不足”的道理，提示为政者不可蓄怨于民，警告统治者不要激化与老百姓之间的矛盾。因为积怨太深，就难以和解；用税赋去榨取百姓，用刑法去钳制百姓，都会构怨于民。所以，为政者应该像有道的圣人那样，行“无为”之治，以“德”化民，给予而不索取，不扰害百姓。这就是“执左契而不责于人”。

原典

和大怨，必有余怨，（报怨以德①，）安可以为善？是以圣人执左契②，而不责③于人。有德司契，无德司彻④。天道无亲⑤，常与善人。

注释

① 报怨以德：原为六十三章错简，应为本章，移于此。

② 契：契约，债权人所执的券契（合同）。

③ 责：求，讨债，索取所欠。

④ 司彻：掌管税收的官职。

⑤ 无亲：没有私亲。

译文

和解深重的怨恨，必然还会残留下残余的怨恨。（用德来报答怨恨，）这怎么可以算是妥善的办法呢？因此，有道的圣人保存借据，但并不以此强迫别人偿还债务。有“德”之人就像持有借据的圣人那样宽容，没有“德”的人就像掌管税收的人那样苛刻刁诈。自然规律对任何人都没有偏爱，永远帮助有德的善人。

古注

王弼注："不明理其契以致大怨已至而德[以]和之，其伤不复，故[必]有余怨也。左契防怨之由生也。有德之人念思其契，不(念)[令]怨生而后责于人也。彻，司人之过也。"

王夫之注："既不欲攻之，则从而'和'之，欲有为于天下者，舍二术无从矣。夫物本均也，而我何所通？物苟不通也，而我又何以均？无心无力，怨自不长。有心者心定而释，有力者力穷而返。不待无所终而投我，而先就之以致均通之德，是益其怨而怨归之矣。圣人知其然，阴惥阳忒之变，坐而消之，天固自定；静躁寒热之反，坐而胜之，身固自安；儒墨是非之争，坐而照之，道固自一。无他，无所亲斯无所疏，物求斯与，而已不授也。"

阅典笔记

本章有"圣人执左契，而不责于人"一句，希望人们做有德行善之人，才可能得天道的庇护。因为"无道无亲"，对万事万物都非常公正，并非对哪一物有特别的感情，有德行善之人，他得到"天"的帮助，是他顺应自然规律的结果，是他自身努力的结果。这是向那些剥削者进行劝说，劝他们积德行善不要扰害百姓，否则会受到自然规律的惩罚。他在本章里特别强调这一点，他说用"德"和解重大的怨仇，这肯定还留下残余的怨恨，最好的办法，就是不要与人结下怨仇，即要求统治者实行清静无为之政，辅助百姓而不干涉他们，给与百姓而不向他们索取，这样就不会积蓄怨仇，这便是治国行政的上策。否则，肆意盘剥、搜刮，随意施用严刑峻法约束、限制人民，那就会与民结怨，这便是治国行政的下策。

触类旁通

◎ 通典

死亡不亡

《左传》曰："太上有立德，其次立功，其次立言，虽久不废，此之谓不朽。"意谓为世立德、立功、立言的人，为天下人谋利益，为子孙万世留荣名，不仅同时代的人怀念他，而且后世的人也怀念他，此即不朽，也即老子所言的"死而不亡者寿"，也即拿破仑所说的"名字与上帝一样长久"。

◎ 评论

道、德、仁、义、礼，古人其实也是将这些精神层面分了层次的，正如把区域按照地理位置和进贡等级分为五服。古文化中很多东西几千年来不断地细化。这些思想留下来很难，遗失反而成了很容易的事。要知道古人的意思，必然要回归古人的情形和生活，考古和考据大都是如此。现在很多戏剧，和所谓专家的解读总是给了古人以现代的想法和眼光，这就是自以为是吧。以古考古，才得真解，这同以古论今也是不冲突的。譬如“德”字，若以古字通假论，自然更有接近正解的可能。

第八十章

本章阐述“小国寡民”的社会理想，重在论述治国。这是老子理想中的“国家”的一幅美好蓝图，也是一幅充满田园气息的农村欢乐图。老子用理想的笔墨，着力描绘了“小国寡民”的农村社会生活情景，表达了他的社会政治理想。这个“国家”很小，邻国相望，鸡犬之声相闻，大约相当于现在的一个村庄，没有欺骗和狡诈的恶行，民风淳朴敦厚，生活安定恬淡，人们用结绳的方式记事，不会攻心斗智，也就没有必要冒着生命危险远徙谋生。老子的这种设想，当然是一种幻想，是不可能实现的。

原典

小国寡民①。使②有什伯之器③而不用，使民重死④而不远徙⑤。虽有舟舆⑥，无所乘之；虽有甲兵⑦，无所陈之⑧。使民复结绳⑨而用之。甘其食，美其服，安其居，乐其俗⑩。邻国相望，鸡犬之声相闻，民至老死，不相往来。

注释

① 小国寡民：使国家变小，使人民稀少。在这里“小”和“寡”都是使动用法。

② 使：即使。

③ 什伯之器：各种各样的器具。什伯，即“什佰”，意为极多，多种多样。

④ 重死：以死为重，怕死，不轻易冒着生命危险去做事。

⑤ 徙：迁移、远走。

⑥舆：车子。

⑦甲兵：武器装备。

⑧陈：陈列。此句引申为布阵打仗。

⑨结绳：文字产生以前，人们以绳记事。

⑩甘其食，美其服，安其居，乐其俗：人们认为自己的饮食甜美、衣服美丽漂亮，能够安心地居住下来，热衷自己的风俗。

译文

使国家变小，使人民稀少。即使有各种各样的器具，却并不使用；使人民重视死亡，而不向远方迁徙；虽然有船只车辆，却没有远行乘坐的必要；虽然有武器装备，却没有地方去布阵打仗；使人民再回复到远古结绳记事的自然状态之中。人民吃得香甜，穿得漂亮，住得安适，过得快乐。国与国之间互相望得见，鸡犬的叫声都可以听得见，但人民从生到死，也不互相往来。

古注

王弼注："国既小，民又寡，尚可使反古，况国大民众乎，故举小国而言也。言使民虽有什伯之器而无所用，何患不足也。使民不用，惟身是宝，不贪货赂，故各安其居，重死而不远徙也。无所欲求。"

王夫之注："夫天下亦如是而已矣。以'寡小'观'寡小'，以强大观强大，以天下观天下，人同天，天同道，道同自然，又安往而不适者哉？推而准之四海之广：贤贵'安其居'，而贱不肖'不来'，则贤贵定；贱不肖'安其居'，而贤贵'不往'，则贱不肖和。反而求之一身之内：耳目'安其居'，而心思'不往'，则耳目全；心思'安其居'，而耳目'不来'，则心思正。'抱一'者，抱其一而不彻其不一，乃以'玄同'于一，而无将迎之患。"

今论

胡寄窗说："我们研究老子小国寡民思想，要分析产生这种理想的阶级根源、时代因素以及其所企图要解决的问题。所谓小国寡民是针对当时的广土众民政策而发的。他们认为广土众民政策是一切祸患的根源。做到小国寡民便可以消弭兼并战争，做到'虽有甲兵，无所陈之'；便可以避免因获取物质资料而酿成社会纷扰的工艺技巧，'使有什伯之器而不用'；便可以取消使民难治的智慧，而且结绳以记事的方法来代替；便可能使人安于俭朴生活，不为奢泰的嗜欲所诱惑；便可以使人民重死而不远徙，以至老死不相往来，连舟车等交通工具都可一并废除。他们不了解，广土众民政策是社会生产力发展到一定水平时，新的生产关系要求一个全国统一的地主政权这一历史任务在各大国的政策上的反映。”但是老子“忘记了在‘有什伯之器而不用’的原始‘乐园’中，并没有甘食美服，也没有代他们生产甘食美服的被剥削的人。《老子》作者尽管在世界观上是唯物主义的，而在社会观上特别是在经济问题的看法上却陷入于唯心主义的幻想。”这个批评是中肯的。

阅典笔记

小国寡民是老子所描绘的理想社会，它反映了中国古代社会自给自足的生活方式。老子幻想着回复到没有压迫、没有剥削的原始社会时代，在那里，没有剥削和压迫，没有战争和掠夺，没有文化，也没有凶悍和恐惧。这种单纯的、质朴的社会，实在是古代农村生活理想化的描绘。

触类旁通

◎ 通典

桃花源记

晋太元中，武陵人捕鱼为业。缘溪行，忘路之远近。忽逢桃花林，夹岸数百步，中无杂树，芳草鲜美，落英缤纷。渔人甚异之。复前行，欲穷其林。

林尽水源，便得一山。山有小口，仿佛若有光。便舍船，从口入。初极狭，才通人。复行数十步，豁然开朗。土地平旷，屋舍俨然，有良田美池桑竹之属。阡陌交通，鸡犬相闻。其中往来种作，男女衣着，悉如外人。黄发垂髫，并怡然自乐。

见渔人，乃大惊，问所从来。具答之。便要还家，设酒杀鸡作食。村中闻有此人，咸来问讯。自云先世避秦时乱，率妻子邑人来此绝境，不复出焉，遂与外人间隔。问今是何世，乃不知有汉，无论魏晋。此人一一为具言所闻，皆叹惋。余人各复延至其家，皆出酒食。停数日，辞去。此中人语云：“不足为外人道也！”

既出，得其船，便扶向路，处处志之。及郡下，诣太守，说如此。太守即遣人随其往，寻向所志，遂迷，不复得路。

南阳刘子骥，高尚士也，闻之，欣然规往。未果，寻病终。后遂无问津者。

◎ 评论

老子面对急剧动荡变革的社会现实，感到一种失落，便开始怀念远古蒙昧时代结绳记事的原始生活，这是一种抵触情绪的发泄。晋朝时陶渊明写的这篇传诵至今的名篇《桃花源记》，显然受到《老子》的影响。这是一个美丽的幻想，同时也表达了他对社会黑暗的不满，反映了人民摆脱贫困和离乱的愿望。在这一点上，陶渊明和老子的思想是一脉相承的。

第八十一章

本章是《道德经》的最后一章，应该是全书正式的结束语。本章采用了与第九章、第十章、第十五章、第二十章、第三十三章、第四十五章、第六十四章、第七十六章相类似的格言警句的形式，前三句讲人生的主旨，后两句讲治世的要义。本章的格言，可以作为人类行为的最高准则，例如信实、讷言、专精、利民而不争。人生的最高境界是真、善、美的结合，而以真为核心。本章含有朴素的辩证法思想，是评判人类行为的道德标准。

原典

信言①不美，美言不信。善者②不辩，辩者③不善。知者不博④，博者不知。圣人不积⑤，既以为人，己愈有⑥；既以与人，己愈多⑦。天之道，利而不害⑧；圣人之道⑨，为而不争。

注释

① 信言：真实可信的话。

② 善者：善良的人。

③ 辩者：巧辩、能说会道的人。

④ 博：广博、渊博。

⑤ 圣人不积：有道的人不积累财物。

⑥ 既以为人，己愈有：已经把自己的一切用来帮助别人，自己反而更充实。

⑦ 多：丰富。

⑧ 利而不害：使在万物得到好处而不伤害万物。

⑨ 圣人之道：圣人的行为准则。

译文

真实可信的话不漂亮，漂亮的话不真实。善良的人不巧言善辩，巧言善辩的人不善良。真正有知识的人未必广博，广博的人未必真有知识。圣人是不存占有之心的，而是尽力照顾别人，他自己也更为充足；他尽力给予别人，自己反而更丰富。自然的规律是让万事万物都得到好处，而不伤害它们。圣人的行为准则是，施惠于众人而不与人争夺。

古注

王弼注："实在质也。本在朴也。极在一也。无私而有，唯善是与，任物而已。物所尊也。物所归也。动常生成之也。顺天之利不相伤也。"

王夫之注："以所'有''为人'，则人'有'而己损；以'多''与人'，则人'多'而己贫。孰能知无所为者之'为人'邪？无所与者之'与人'邪？道散于天下，天下广矣，故'不积'。道积于己，于是而有'美'，有'辩'，有'博'。既'美'且'辩'，益之以'博'，未有'不争'者也。乃其于道之涯际，如勺水之于大海，挥之、饮之，而已穷。俯首而'为'，恶知昂首而'争'？不问其'利'、'利'自成，恶与'害'逢？能不以有涯测无涯者，亦无涯矣。'休之以天钧'，奚'为'、奚'与'，又奚穷哉？"

王安石注："水之性善利万物，万物因水而生。然水之性至柔至弱，故曰不争。众人好高而恶卑，而水处众人之所恶也。"

阅典笔记

信与美、善与辩、知与博，这实际上是真假、美丑、善恶的问题。老子试图说明某些事物的表面现象和其实质往往并不一致。这之中包含有丰富的辩证法思想，是评判人类行为的道德标准。按照这三条原则，以"信言"、

"善行"、"真知"来要求自己，做到真、善、美在自身的和谐。按照老子的思想，就是重归于"朴"，回到没有受到伪诈、智巧、争斗等世俗的污染之本性。

触类旁通

◎ 通典

为而不争

元吴澄《道德真经注》说："上善，谓第一等至极之善，有道者之善也……盖水之善，以其灌溉浣濯，有利万物之功，而不争处高洁，乃处众人所恶卑污之地。"

◎ 评论

我们处在一个竞争社会，"人之熙熙，皆为利来；人之攘攘，皆为利往"，不争就无法成名，不争就无法致富，不争就无法享有权力。那么，老子强调"不争"，强调"居众人之所恶"，难道是自甘平庸、自甘堕落？非也！老子所说的"不争"，并不是放弃竞争，而是"不争之争"，这是一种追求卓越的高效竞争手段。

【附录】

《道德经》全文

上篇·道经

1. 道可道，非常道；名可名，非常名。无，名天地之始；有，名万物之母。故常“无”，欲以观其妙；常“有”，欲以观其徼。此两者，同出而异名，同谓之玄。玄之又玄，众妙之门。

2. 天下皆知美之为美，斯恶已；皆知善之为善，斯不善已。有无相生，难易相成，长短相形，高下相倾，音声相和，前后相随，恒也。是以圣人处无为之事，行不言之教；万物作而弗始，生而不有，为而不恃，功成而弗居。夫唯弗居，是以不去。

3. 不尚贤，使民不争；不贵难得之货，使民不为盗；不见可欲，使民心不乱。是以圣人之治，虚其心，实其腹，弱其志，强其骨。常使民无知无欲，使夫智者不敢为也。为无为，则无不治。

4. 道冲，而用之或不盈。渊兮，似万物之宗。（挫其锐，解其纷，和其光，同其尘。）湛兮，似或存。吾不知谁之子，象帝之先。

5. 天地不仁，以万物为刍狗；圣人不仁，以百姓为刍狗。天地之间，其犹橐籥乎！虚而不屈，动而愈出。多言数穷，不如守中。

6. 谷神不死，是谓“玄牝”。玄牝之门，是谓天地根。绵绵若存，用之不勤。

7. 天长地久。天地所以能长且久者，以其不自生，故能长生。是以圣人后其身而身先，外其身而身存。以其无私，故能成其私。

8. 上善若水。水善利万物而不争，处众人之所恶，故几于道。居善地，心善渊，与善仁，言善信，政善治，事善能，动善时。夫唯不争，故无尤。

9. 持而盈之，不如其已；揣而锐之，不可长保。金玉满堂，莫之能守；富贵而骄，自遗其咎。功遂身退，天之道也。

10. 载营魄抱一，能无离乎？专气致柔，能如婴儿乎？涤除玄鉴，能无疵乎？爱民治国，能无为乎？天门开阖，能为雌乎？明白四达，能无知乎？（生之畜之，生而不有，为而不恃，长而不宰，是谓玄德。）

11. 三十辐共一毂，当其无，有车之用。埏埴以为器，当其无，有器之用。凿户牖以为室，当其无，有室之用。故有之以为利，无之以为用。

12. 五色令人目盲，五音令人耳聋，五味令人口爽，驰骋畋猎，令人心发狂，难得之货令人行妨。是以圣人为腹不为目。故去彼取此。

13. 宠辱若惊，贵大患若身。何谓宠辱若惊？宠为上，辱为下；得之若惊，失之若惊，是谓宠辱若惊。何谓贵大患若身？吾所以有大患者，为吾有身，及吾无身，吾有何患？故贵以身为天下，若可寄天下；爱以身为天下，若可托天下。

14. 视之不见，名曰“夷”；听之不闻，名曰“希”；搏之不得，名曰“微”。此三者不可致诘，故混而为一。其上不皦，其下不昧，绳绳兮不可名，复归于无物。是谓无状之状，无物之象，是谓“惚恍”。迎之不见其首，随之不见其后。执古之道，以御今之有。能知古始，是谓道纪。

15. 古之善为道者，微妙玄通，深不可识。夫唯不可识，故强为之容：豫兮，若冬涉川；犹兮，若畏四邻；俨兮，其若客；涣兮，其若凌释；敦兮，其若朴；旷兮，其若谷；混兮，其若浊；（澹兮，其若海；飂兮，若无止。）孰能浊以静之徐清？孰能安以动之徐生？保此道者，不欲盈。夫唯不盈，故能蔽而新成。

16. 致虚极，守静笃。万物并作，吾以观复。夫物芸芸，各归其根。归根曰“静”，静曰“复命”。复命曰“常”，知常曰“明”。不知“常”，妄作凶。知“常”容，容乃公，公乃全，全乃天，天乃道，道乃久，没身不殆。

17. 太上，不知有之；其次，亲而誉之；其次，畏之；其次，侮之。信不足焉，有不信焉。悠兮其贵言。功成事遂，百姓皆谓：“我自然。”

18. 大道废，有仁义；智慧出，有大伪；六亲不和，有孝慈；国家昏乱，有忠臣。

19. 绝圣弃智，民利百倍；绝仁弃义，民复孝慈；绝巧弃利，盗贼无有。此三者，以为文，不足。故令有所属：见素抱朴，少私寡欲，绝学无忧。

20. 唯之与阿，相去几何？美之与恶，相去若何？人之所畏，不可不畏。荒兮，其未央哉！众人熙熙，如享太牢，如春登台；我独泊兮，其未兆。沌沌兮，如婴儿之未孩；傫傫兮，若无所归。众人皆有余，而我独若遗，我愚人之心也哉！俗人昭昭，我独昏昏；俗人察察，我独闷闷。（澹兮，其若海；飂兮，若无止。）众人皆有以，而我独顽且鄙。我独异于人，而贵食母。

21. 孔德之容，惟道是从。道之为物，惟恍惟惚。惚兮恍兮，其中有象；恍兮惚兮，其中有物。窈兮冥兮，其中有精；其精甚真，其中有信。自今及古，其名不去，以阅众甫。吾何以知众甫之状哉？以此。

22. 曲则全，枉则直，洼则盈，敝则新，少则得，多则惑。是以圣人抱一为天下式。不自见，故明；不自是，故彰；不自伐，故有功；不自矜，故长。夫唯不争，故天下莫能与之争。古之所谓“曲则全”者，岂虚言哉？诚全而归之。

23. 希言自然。故飘风不终朝，骤雨不终日。孰为此者？天地。天地尚不能久，而况于人乎？故从事于道者，同于道；德者，同于德；失者，同于失。同于道者，道亦乐得之；同于德者，德亦乐得之；同于失者，失亦乐得之。（信不足焉，有不信焉。）

24. 企者不立，跨者不行。自见者，不明；自是者，不彰；自伐者，无功；自矜者，不长。其在道也，曰：“余食赘形，物或恶之。”故有道者不处。

25. 有物混成，先天地生。寂兮寥兮，独立而不改，周行而不殆，可以为天地母。吾不知其名，强字之曰“道”，强为之名曰“大”。大曰“逝”，逝曰“远”，远曰“反”。故道大，天大，地大，人亦大。域中有四大，而人居其一焉。人法地，地法天，天法道，道法自然。

26. 重为轻根，静为躁君。是以君子终日行不离辎重。虽有荣观，燕处超然。奈何万乘之主，而以身轻天下？轻则失根，躁则失君。

27. 善行，无辙迹；善言，无瑕谪；善数，不用筹策；善闭，无关楗而不可开；善结，无绳约而不可解。是以圣人常善救人，故无弃人；常善救物，故无弃物。是谓“袭明”。故善人者不善人之师；不善人者善人之资。不贵其师，不爱其资，虽智大迷，是谓“要妙”。

28. 知其雄，守其雌，为天下谿。为天下谿，常德不离，复归于婴儿。知其白，（守其黑，为天下式。为天下式，常德不忒，复归于无极。知其荣，）守其辱，为天下谷。为天下谷，常德乃足，复归于朴。朴散则为器，圣人用之，则为官长，故大制不割。

29. 将欲取天下而为之，吾见其不得已。天下神器，不可为也，不可执也。为者败之，执者失之。（是以圣人无为，故无败；无执，故无失。）夫物，或行或随，或嘘或吹，或强或羸，或载或隳。是以圣人去甚，去奢，去泰。

30. 以道佐人主者，不以兵强天下。其事好还。师之所处，荆棘生焉。大军之后，必有凶年。善有果而已，不敢以取强。果而勿矜，果而勿伐，果而勿骄，果而不得已，果而勿强。物壮则老，是谓不道，不道早已。

31. 夫兵者，不祥之器，物或恶之，故有道者不处。君子居则贵左，用兵则贵右。兵者不祥之器，非君子之器，不得已而用之，恬淡为上，胜而不美，而美之者，是乐杀人。夫乐杀人者，则不可得志于天下矣。吉事尚左，凶事尚右。偏将军居左，上将军居右。言以丧礼处之。杀人之众，以悲哀泣之；战胜，以丧礼处之。

32. 道常无名，朴。虽小，天下莫能臣。侯王若能守之，万物将自宾。天地相合，以降甘露，民莫之令而自均。始制有名，名亦既有，夫亦将知止，知止可以不殆。譬道之在天下，犹川谷之于江海。

33. 知人者智，自知者明。胜人者有力，自胜者强。知足者富，强行者有志。不失其所者久，死而不亡者寿。

34. 大道氾兮，其可左右。万物恃之以生而不辞，功成而不有。衣被万物而不为主，可名于“小”；万物归焉而不为主，可名为“大”。以其终不自为大，故能成其大。

35. 执大象，天下往。往而不害，安平泰。乐与饵，过客止。道之出口，淡乎其无味，视之不足见，听之不足闻，用之不足既。

36. 将欲歙之，必固张之；将欲弱之，必固强之；将欲废之，必固兴之；将欲取之，必固与之。是谓“微明”。柔弱胜刚强。鱼不可脱于渊，国之利器不可以示人。

37. 道常无为而无不为。侯王若能守之，万物将自化。化而欲作，吾将镇之以无名之朴。镇之以无名之朴，夫亦将不欲。不欲以静，天下将自正。

下篇·德经

38. 上德不德，是以有德；下德不失德，是以无德。上德无为而无以为；下德无为而有以为。上仁为之而无以为；上义为之而有以为。上礼为之而莫之应，则攘臂而扔之。故失道而后德，失德而后仁，失仁而后义，失义而后礼。夫礼者，忠信之薄，而乱之首。前识者，道之华，而愚之始。是以大丈夫处其厚，不居其薄；处其实，不居其华。故去彼取此。

39. 昔之得一者：天得一以清，地得一以宁，神得一以灵，谷得一以盈，万物得一以生，侯王得一以为天下正。其致之也，天无以清，将恐裂；地无以宁，将恐发；神无以灵，将恐歇；谷无以盈，将恐竭；万物无以生，将恐灭；侯王无以正，将恐蹶。故贵以贱为本，高以下为基。是以侯王自称孤、寡、不穀。此非以贱为本邪？非乎？故至誉无誉。不欲琭琭如玉，珞珞如石。

40. 反者，道之动；弱者，道之用。天下万物生于“有”，有生于“无”。

41. 上士闻道，勤而行之；中士闻道，若存若亡；下士闻道，大笑之。——不笑，不足以为道。故建言有之：明道若昧，进道若退，夷道若纇。上德若谷，广德若不足，建德若偷，质真若渝。大白若辱，大方无隅，大器晚成。大音希声，大象无形，道隐无名。夫唯道，善贷且成。

42. 道生一，一生二，二生三，三生万物。万物负阴而抱阳，冲气以为和。（人之所恶，唯孤、寡、不穀，而王公以为称。故物或损之而益，或益之而损。人之所教，我亦教之。强梁者不得其死，吾当以为教父。）

43. 天下之至柔，驰骋天下之至坚。无有入无间。吾是以知无为之有益。不言之教，无为之益，天下希及之。

44. 名与身孰亲？身与货孰多？得与亡孰病？甚爱必大费，多藏必厚亡。知足不辱，知止不殆，可以长久。

45. 大成若缺，其用不弊。大盈若冲，其用不穷。大直若屈，大巧若拙，大辩若讷，大赢若绌。躁胜寒，静胜热。清静，为天下正。

46. 天下有道，却走马以粪；天下无道，戎马生于郊。咎莫大于欲得，祸莫大于不知足。故知足之足，常足矣。

47. 不出户，知天下；不窥牖，见天道。其出弥远，其知弥少。是以圣人不行而知，不见而明，不为而成。

48. 为学日益，为道日损。损之又损，以至于无为。无为而无不为。取天下常以无事，及其有事，不足以取天下。

49. 圣人常无心，以百姓心为心。善者，吾善之；不善者，吾亦善之，德善。信者，吾信之；不信者，吾亦信之，德信。圣人在天下，歙歙焉，为天下浑其心。百姓皆注其耳目，圣人皆孩之。

50. 出生入死。生之徒，十有三；死之徒，十有三；人之生，动之于死地，亦十有三。夫何故？以其生生之厚。盖闻善摄生者，陆行不遇兕虎，入军不被甲兵；兕无所投其角，虎无所措其爪，兵无所容其刃。夫何故？以其无死地。

51. 道生之，德畜之，物形之，势成之。是以万物莫不尊道而贵德。道之尊，德之贵，夫莫之命而常自然。故道生之，德畜之，长之育之，亭之毒之，养之覆之。（生而不有，为而不恃，长而不宰，是谓“玄德”。）

52. 天下有始，以为天下母。既得其母，以知其子；既知其子，复守其母。没身不殆。塞其兑，闭其门，终身不勤；开其兑，济其事，终身不救。见小曰“明”，守柔曰“强”。用其光，复归其明，无遗身殃。是为“袭常”。

53. 使我介然有知，行于大道，唯施是畏。大道甚夷，而人好径。朝甚除，田甚芜，仓甚虚，服文采，带利剑，厌饮食，财货有余，是为盗夸。非道也哉！

54. 善建者不拔，善抱者不脱，子孙以祭祀不辍。修之于身，其德乃真；修之于家，其德乃余；修之于乡，其德乃长；修之于邦，其德乃丰；修之于天下，其德乃普。故以身观身，以家观家，以乡观乡，以邦观邦，以天下观天下。吾何以知天下之然哉？以此。

55. 含德之厚，比于赤子。毒虫不螫，猛兽不据，攫鸟不搏。骨弱筋柔而握固。未知牝牡之合而朘作，精之至也。终日号而不嗄，和之至也。知和曰“常”，知常曰“明”，益生曰祥，心使气曰强。物壮则老，谓之不道。不道早已。

56. 知者不言，言者不知。（塞其兑，闭其门，）（挫其锐，解其纷，和其光，同其尘，）是谓“玄同”。故不可得而亲，不可得而疏；不可得而利，不可得而害；不可得而贵，不可得而贱。故为天下贵。

57. 以正治国，以奇用兵，以无事取天下。吾何以知其然哉？以此：天下多忌讳，而民弥贫；人多利器，国家滋昏；人多伎巧，奇物滋起；法令滋彰，盗贼多有。故圣人云：“我无为，而民自化；我好静，而民自正；我无事，而民自富；我无欲，而民自朴。”

58. 其政闷闷，其民淳淳；其政察察，其民缺缺。祸兮，福之所倚；福兮，祸之所伏。孰知其极？其无正。正复为奇，善复为妖。人之迷，其日固久。是以圣人方而不割，廉而不刿，直而不肆，光而不耀。

59. 治人事天，莫若啬。夫唯啬，是谓早服；早服，谓之重积德；重积德，则无不克；无不克，则莫知其极；莫知其极，可以有国；有国之母，可以长久。是谓深根固柢、长生久视之道。

60. 治大国，若烹小鲜。以道莅天下，其鬼不神。非其鬼不神，其神不伤人；非其神不伤人，圣人亦不伤人。夫两不相伤，故德交归焉。

61. 大邦者下流，天下之牝，天下之交也。牝常以静胜牡，以静为下。故大邦以下小邦，则取小邦；小邦以下大邦，则取大邦。故或下以取，或下而取。大邦不过欲兼畜人，小邦不过欲入事人。夫两者各得其所欲。大者宜为下。

62. 道者，万物之奥。善人之宝，不善人之所保。美言可以市尊，美行可以加人。人之不善，何弃之有？故立天子，置三公，虽有拱璧以先驷马，不如坐进此道。古之所以贵此道者何？不曰：求以得，有罪以免邪？故为天下贵。

63. 为无为，事无事，味无味。大小多少。（报怨以德。）图难于其易，为大于其细。天下难事，必作于易；天下大事，必作于细。是以圣人终不为大，故能成其大。夫轻诺必寡信，多易必多难。是以圣人犹难之，故终无难矣。

64. 其安易持，其未兆易谋；其脆易泮，其微易散。为之于未有，治之于未乱。

合抱之木，生于毫末；九层之台，起于累土；千里之行，始于足下。（为者败之，执者失之。是以圣人无为，故无败；无执，故无失。）民之从事，常于几成而败之。慎终如始，则无败事。（是以圣人欲不欲，不贵难得之货，学不学，复众人之所过，以辅万物之自然而不敢为。）

65. 古之善为道者，非以明民，将以愚之。民之难治，以其智多。故以智治国，国之贼；不以智治国，国之福。知此两者，亦稽式。常知稽式，是谓“玄德”。“玄德”深矣，远矣，与物反矣，然后乃至大顺。

66. 江海所以能为百谷王者，以其善下之，故能为百谷王。是以圣人欲上民，必以言下之；欲先民，必以身后之。是以圣人处上而民不重，处前而民不害。是以天下乐推而不厌。以其不争，故天下莫能与之争。

67. （天下皆谓我："道"大，似不肖。夫唯大，故似不肖。若肖，久矣其细也夫！）我有三宝，持而保之：一曰慈，二曰俭，三曰不敢为天下先。慈故能勇；俭故能广；不敢为天下先，故能为成器长。今舍慈且勇，舍俭且广，舍后且先，死矣！夫慈，以战则胜，以守则固。天将救之，以慈卫之。

68. 善为士者，不武；善战者，不怒；善胜敌者，不与；善用人者，为之下。是谓不争之德，是谓用人之力，是谓配天，古之极也。

69. 用兵有言："吾不敢为主，而为客；不敢进寸，而退尺。"是谓行无行，攘无臂，扔无敌，执无兵。祸莫大于轻敌，轻敌几丧吾宝。故抗兵相若，哀者胜矣。

70. 吾言甚易知，甚易行。天下莫能知，莫能行。言有宗，事有君，夫唯无知，是以不我知。知我者希，则我者贵。是以圣人被褐而怀玉。

71. 知不知，尚矣；不知知，病也。夫唯病病，是以不病。圣人不病，以其病病，是以不病。

72. 民不畏威，则大威至。无狎其所居，无厌其所生。夫唯不厌，是以不厌。是以圣人自知不自见，自爱不自贵。故去彼取此。

73. 勇于敢则杀，勇于不敢则活。此两者，或利或害。天之所恶，孰知其故？（是以圣人犹难之。）天之道，不争而善胜，不言而善应，不召而自来，繟然而善谋。天网恢恢，疏而不失。

74. 民不畏死，奈何以死惧之？若使民常畏死，而为奇者，吾得执而杀之，孰敢？常有司杀者杀。夫代司杀者杀，是谓代大匠斫。夫代大匠斫者，希有不伤其手矣。

75. 民之饥，以其上食税之多，是以饥。民之难治，以其上之有为，是以难治。民之轻死，以其上求生之厚，是以轻死。夫唯无以生为者，是贤于贵生。

76. 人之生也柔弱，其死也坚强；草木之生也柔脆，其死也枯槁。故坚强者死之徒，柔弱者生之徒。是以兵强则灭，木强则折。故坚强处下，柔弱处上。

77. 天之道，其犹张弓欤？高者抑之，下者举之；有余者损之，不足者补之。天之道，损有余而补不足；人之道则不然，损不足以奉有余。孰能有余以奉天下？唯有道者。（是以圣人为而不恃，功成而不处，其不欲见贤。）

78. 天下莫柔弱于水，而攻坚强者莫之能胜，以其无以易之。弱之胜强，柔之胜刚，天下莫不知，莫能行。是以圣人云："受国之垢，是谓社稷主；受国不祥，是为天下王。"正言若反。

79. 和大怨，必有余怨，（报怨以德，）安可以为善？是以圣人执左契，而不责于人。有德司契，无德司彻。天道无亲，常与善人。

80. 小国寡民。使有什伯之器而不用，使民重死而不远徙。虽有舟舆，无所乘之；虽有甲兵，无所陈之。使民复结绳而用之。甘其食，美其服，安其居，乐其俗。邻国相望，鸡犬之声相闻，民至老死，不相往来。

81. 信言不美，美言不信。善者不辩，辩者不善。知者不博，博者不知。圣人不积，既以为人，己愈有；既以与人，己愈多。天之道，利而不害；圣人之道，为而不争。

图书在版编目（CIP）数据

道德经全集：洞见真谛的为人之道/(春秋）老子著．—苏州：古吴轩出版社，2013．6

(家藏御书房/刘乔周主编）

ISBN 978-7-5546-0090-0

Ⅰ．①道…　Ⅱ．①老…　Ⅲ．①道家②《道德经》—研究　Ⅳ．①B223.15

中国版本图书馆CIP数据核字(2013)第119585号

策　　划：禹成豪
责任编辑：王　琦
见习编辑：陆九渊
封面设计：视觉共振设计工作室

书　　名：道德经全集：洞见真谛的为人之道
著　　者：（春秋）老子
出版发行：古吴轩出版社
地址：苏州市十梓街458号　　邮编：215006
Http://www.guwuxuancbs.com　E-mail：gwxcbs@126.com
电话：0512-65233679　　传真：0512-65220750
经　　销：新华书店
印　　刷：三河市兴达印务有限公司
开　　本：710×1000　1/16
印　　张：19.5
版　　次：2013年8月第1版 第1次印刷
书　　号：ISBN 978-7-5546-0090-0
定　　价：35.00元

如发现印装质量问题，影响阅读，请与印刷厂联系调换。0316-3515999